Bernhard Pollmann · Wolfgang Schwartz

Bremen – Oldenburg

Die schönsten Küsten-, Moor- und Geestwanderungen

50 ausgewählte Touren

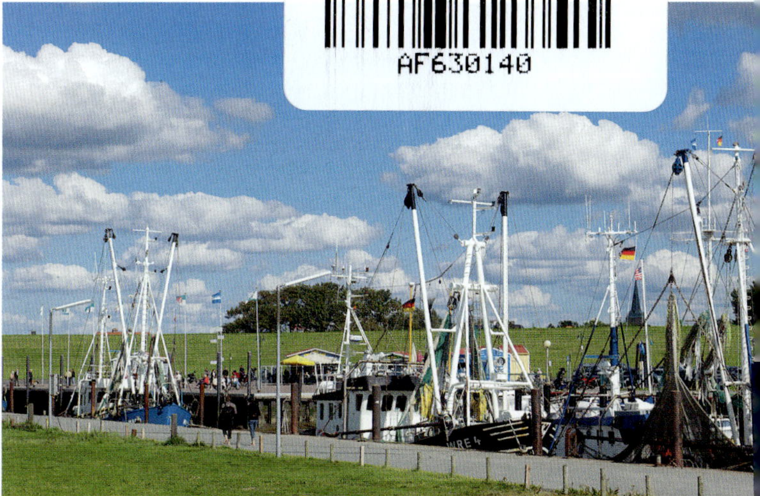

ROTHER BERGVERLAG

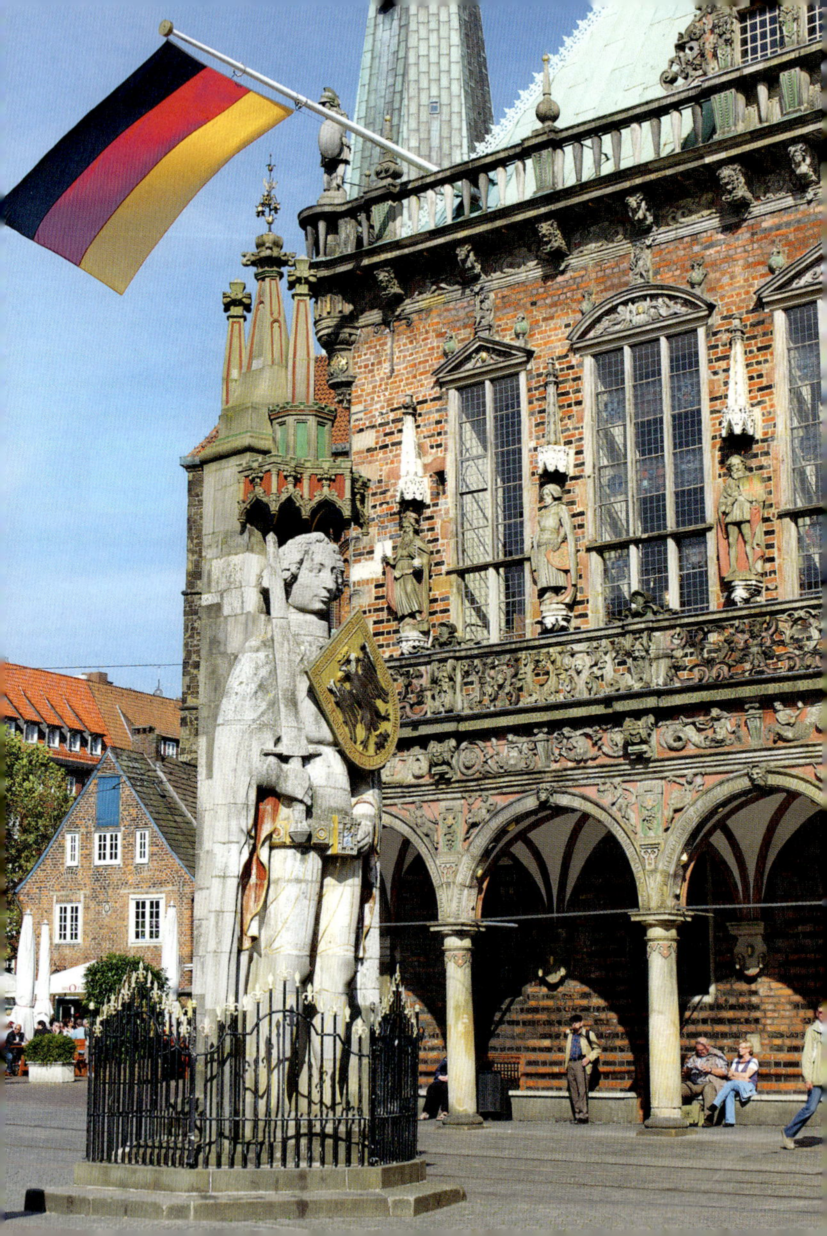

VORWORT

Zwischen der Freien Hansestadt Bremen an der Weser und der Residenzstadt Oldenburg an der Hunte erstreckt sich ein vielfältiges Wandergebiet, das von der Domstadt Verden an der Mündung der Aller bis zur südlichen Nordsee reicht sowie vom Teufelsmoor bis in den Naturpark Wildeshauser Geest mit seinen Hünengräbern und jahrhundertealten Eichen.
Wanderer erwarten parkartige Geestlandschaften, Wälder, Wiesen bei Weser und Wümme sowie das Weltnaturerbe Wattenmeer an der Nordseeküste.
Zu den kulturhistorischen Höhepunkten gehören vorgeschichtliche Steinsetzungen, die gotische Klosterkirchenruine Hude, die sehenswerte Altstadt der Hansestadt Bremen und die mit einer modernen Museumslandschaft angereicherte Hafenstadt Bremerhaven. Das Oldenburger Land umfasst auch den Osten der ostfriesischen Halbinsel.
Die Naturschönheit dieses abwechslungsreichen Raums hat seit jeher auch Künstler inspiriert: Lebendige Kunstzentren sind Dangast auf einem Geestsporn am Jadebusen und Worpswede am aussichtsreichen Weyerberg im Teufelsmoor; die Wümmewiesen am Rand des Künstlerdorfs Fischerhude sind ein Paradies, in dem die Zeit stehen geblieben zu sein scheint.
Der Wanderführer »Bremen – Oldenburg« präsentiert 50 Touren vom Lehrpfad im Huvenhoopsmoor bis zum Zwischenahner Meer im Ammerland, vom Bederkesaer See am Europäischen Fernwanderweg 9 bis Wildeshausen am Jakobsweg, von der Domstadt Verden an der Mündung der Aller bis zum Salzwiesenlehrpfad beim Krabbenkutterhafen Fedderwardersiel.
Diese dritte Auflage bietet einige neue Touren, bestehende wurden teilweise ergänzt oder verändert. Dazu kommen bei allen Touren zusätzliche Hinweise in den Kurzinfos etwa bzgl. Erreichbarkeit oder Kombinationsmöglichkeiten mit anderen Touren.

Tiendeveen, Herbst 2021 — Wolfgang Schwartz

Der Roland vor dem Bremer Weserrenaissance-Rathaus.

INHALTSVERZEICHNIS

Umland Bremen

Umland Oldenburg

Nordseeküste

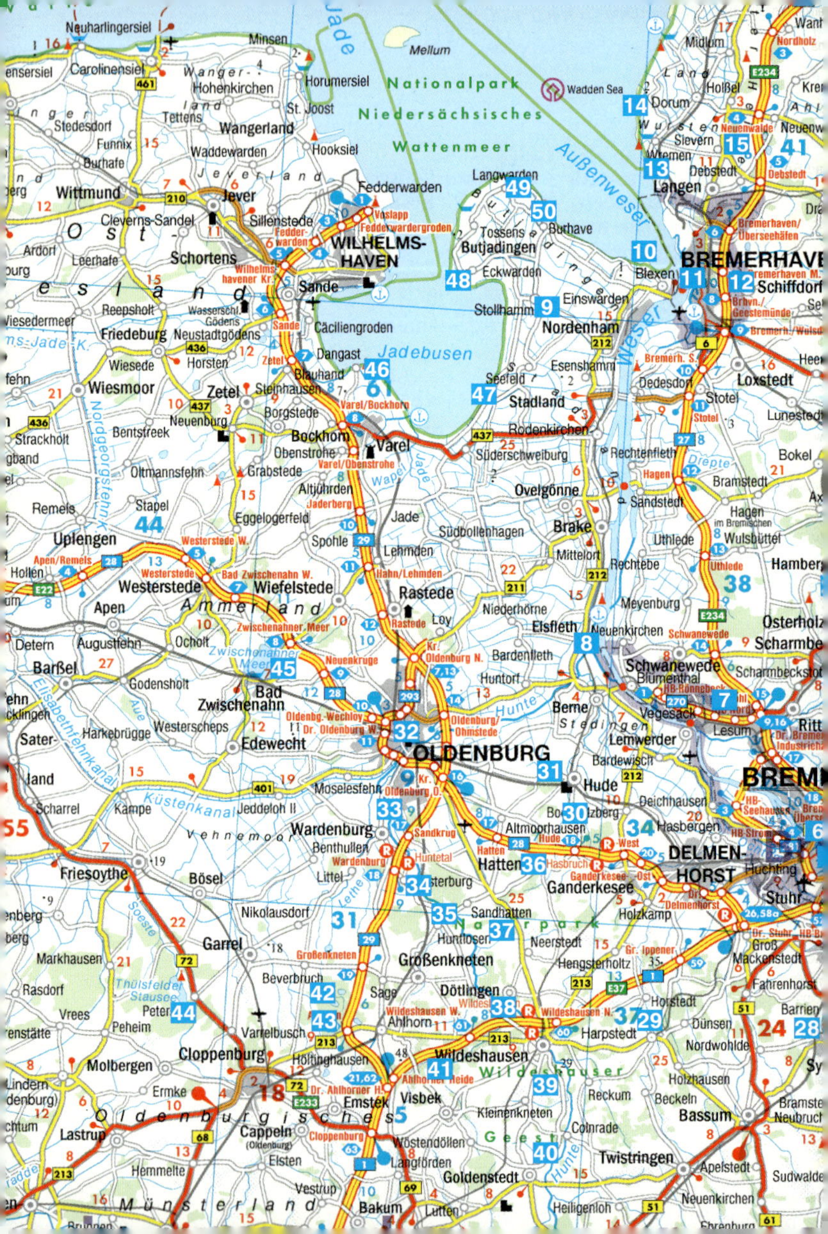

Neuharlingersiel
Carolinensiel
Minsen
Wanger-
Hohenkirchen
Horumersiel
St. Joost
Mellum
Nationalpark
Niedersächsisches
Wattenmeer
Wadden Sea
Jade
Außenweser
Stedesdorf
Funnix
Burhafe
Wangerland
Waddewarden
Hooksiel
Jeverland
Wittmund
Jever
Fedderwarden
Langwarden
Butjadingen
Tossens
Burhave
Cleverns-Sandel
Sillenstede
Voslapp
Fedderwardergroden
WILHELMS-
HAVEN
Ostfriesland
Schortens
Leerhafe
Ardorf
Sande
Eckwarden
Stollhamm
Einswarden
Nordenham
Blexen
Reepsholt
Wiesedermeer
Friedeburg
Neustadtgödens
Cäciliengroden
Dangast
Jadebusen
Wiesede
Horsten
Zetel
Wiesmoor
Steinhausen
Blauhand
Borgstede
Seefeld
Stadland
Esenshamm
Rodenkirchen
Neuenburg
Bentstreek
Bockhorn
Varel
Obenstrohe
Strackholt
Grabstede
Oltmannsfehn
Altjührden
Süderschweiburg
Ovelgönne
Rechtenfleth
Sandstedt
Uthlede
Brake
Remels
Stapel
Eggelogerfeld
Jade
Südbollenhagen
Mittelort
Rechtebe
Uplengen
Spohle
Lehmden
Hollen
Westerstede
Wiefelstede
Rastede
Ammerland
Apen
Niederhörne
Elsfleth
Neuenkirchen
Meyenburg
Detern
Augustfehn
Ocholt
Zwischenahner Meer
Loy
Bardenfleth
Barßel
Godensholt
Bad
Zwischenahn
Huntorf
Berne
Schwanewede
Blumenthal
Vegesack
Lesum
Stedingen
Lemwerder
Sater-
land
Harkebrügge
Westerscheps
Edewecht
OLDENBURG
Hude
Bardewisch
Deichhausen
Hasbergen
Scharrel
Kampe
Küstenkanal
Jeddeloh II
Moselesfehn
Wardenburg
Benthullen
Littel
Vehnemoor
Bookholzberg
Altmoorhausen
Hatten
Ganderkesee
DELMEN-
HORST
Holzkamp
Friesoythe
Bösel
Nikolausdorf
Garrel
Sandhatten
Huntlosen
Neerstedt
Hengsterholz
Markhausen
Rasdorf
Vrees
Peheim
Beverbruch
Großenkneten
Dötlingen
Sage
Ahlhorn
Wildeshausen
Harpstedt
Thülsfelder Stausee
Varrelbusch
Cloppenburg
Molbergen
Ermke
Höltinghausen
Emstek
Visbek
Kleinenkneten
Reckum
Colnrade
Beckeln
Holzhausen
Dünsen
Nordwohlde
Bassum
Lindern
Lastrup
Cappeln
Elsten
Hemmelte
Wöstendöllen
Langförden
Goldenstedt
Vestrup
Bakum
Lutten
Heiligenloh
Twistringen
Apelstedt
Neuenkirchen
Sudwalde
Oldenburgisches Münsterland
Wildeshauser Geest
Naturpark
Dorum
Wremen
Slevern
Debstedt
Langen
BREMERHAVEN
Schiffdorf
Loxstedt
Stotel
Dedesdorf
Lunestedt
Bokel
Bramstedt
Hagen
im Bremischen
Wulsbüttel
Hamberg
Osterholz-
Scharmbeck
BREMEN
Stuhr
Huchting
Groß
Mackenstedt
Fahrenhorst
Horstedt
Barrien
Weser
Hunte

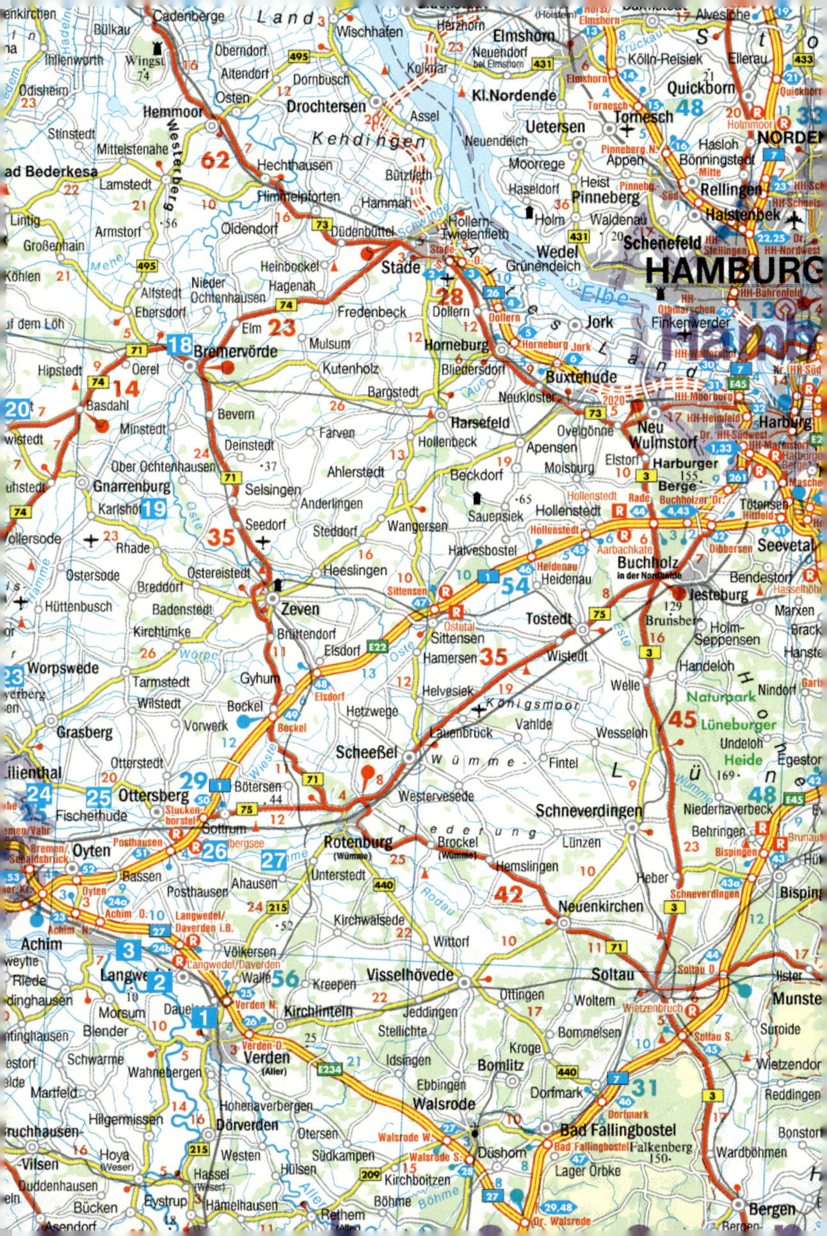

DIE TOP-TOUREN UM BREMEN UND OLDENBURG

Die Vielfalt der Landschaft spiegelt sich in der Auswahl der Top-Touren wider: Wanderungen um Seen wie dem Zwischenahner Meer und den Moorseen Bederkesaer See sowie Flögelner See. Wald und Wasser bieten die Flusswanderungen bei der Ahauser Schleuse an der Wümme, bei Harpstedt an der Delme und bei Huntlosen entlang der Hunte. In die Steinzeit entführen Sie die Touren bei Dötlingen und Engelmannsbäke. Wanderungen zum Künstlerdorf Fischerhude und dem Wasservogeleldorado Langwarder Groden komplettieren die Vielfalt.

Bederkesaer See
Die Runde um den Bederkesaer See begeistert mit ihrer Autofreiheit in naturschöner Umgebung *(Tour 16, 1.45 Std.).*

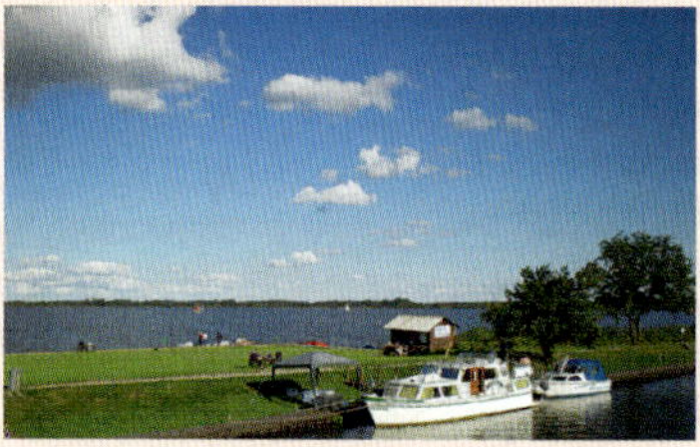

Ahlenmoor und Flögelner See
Diese abwechslungsreiche Rundwanderung erschließt das renaturierte Ahlenmoor mit Moorweiden, Hochmoor und Birkenwäldern, woran sich eine Runde um den Flögelner See und das nette Örtchen Flögeln anschließt *(Tour 17, 2.30 Std.).*

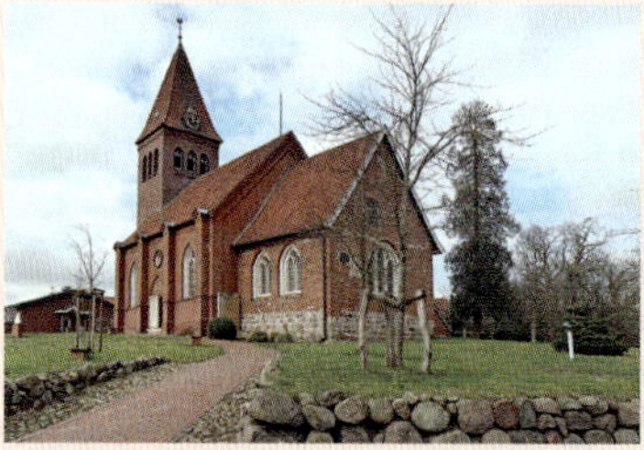

Fischerhude – Bredenau
Zwischen alten Bäumen schlängeln sich die Flussarme der Wümme durch das Reetdach-Künstlerdorf Fischerhude und seine Umgebung. Die artenreichen Fischerhuder Wümmewiesen sind ein Paradies natürlicher Schönheit und Stille *(Tour 25, 1.30 Std.).*

Ahauser Mühle – Ahauser Schleusen
Von der Ahauser Mühle tief in Buchenwäldern führt ein Waldweg in die Farbenpracht der Wümmewiesen *(Tour 27, 1.30 Std.).*

Harpstedt – Horstedt – Amerika
Durch die Wälder am Flüsschen Delme führt der idyllische Delme-Wanderweg zur »Ozeanbrücke« in saisonal weitflächig überschwemmten Bruch- und Erlenwäldern sowie durch Wiesenland, mit schönen Ausblicken *(Tour 29, 2.30 Std.).*

Huntlosen – Hunte – Dehlandbrücke
Die Pfade an der Hunte führen durch das urtümlichste Fluss- und Waldgebiet zwischen Elbe und Ems, erreichbar per Bahn ab Huntlosen *(Tour 35, 2.15 Std.).*

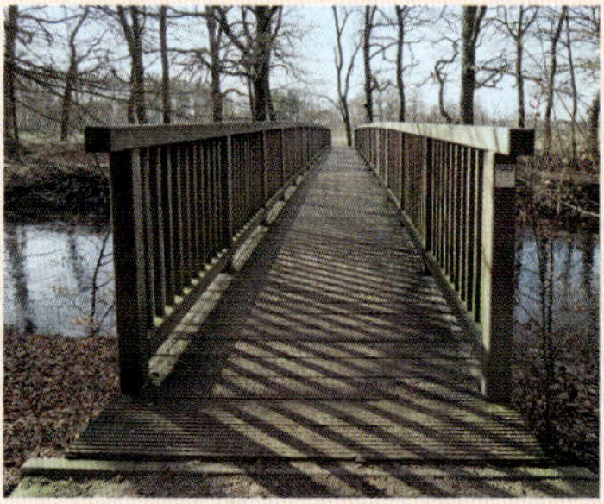

Dötlingen – Glaner Braut
Vom Reetdachdorf Dötlingen folgt der Huntepadd idyllischen Pfaden durch die Wald-, Fluss- und Heidelandschaft an der Hunte zur 4000 Jahre alten Steinsetzung Glaner Braut. Auf den nur 5 km erwartet einen ein Höchstmaß an Naturschönheit *(Tour 38, 1.00 Std.).*

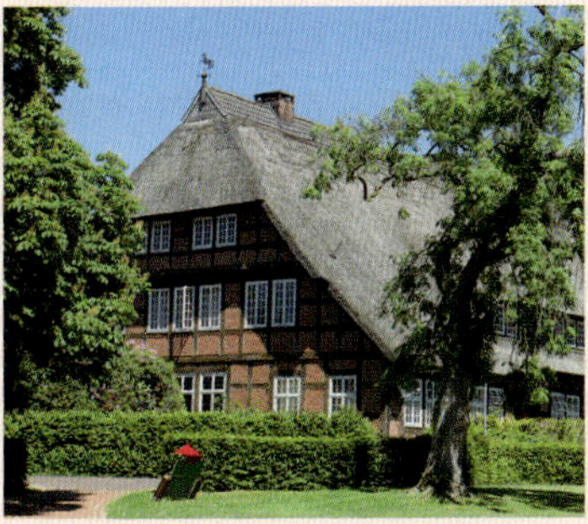

Engelmannsbäke – Visbeker Braut
Der sogenannte Visbeker Brautzug in den Wäldern der Ahlhorner Heide zählt zu den bedeutendsten Megalithanlagen in Deutschland. Der »Brautweg« und der »Steingräberweg« am Bachtal der Engelmannsbäke erschließen die jahrtausendealten sagenumwobenen Steinmonumente und sind ungeachtet der nahen Autobahn beeindruckende Wanderwege *(Tour 41, 3.15 Std.).*

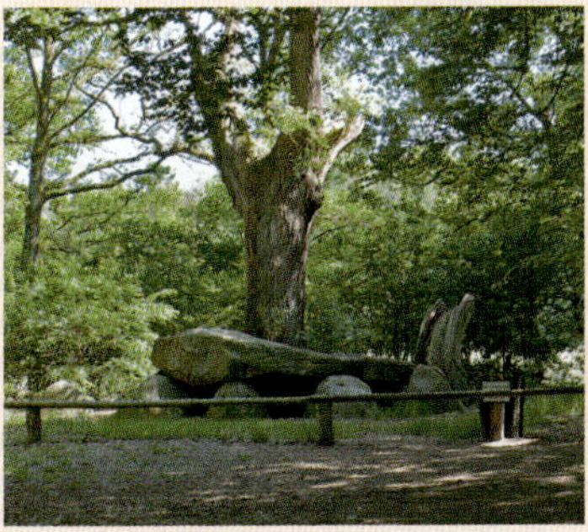

Zwischenahner Meer
Uferpromenaden, Waldwege und Pfade wechseln in den Buchen-Eichen-Gehölzen, Wiesen und Parkanlagen rund um das Zwischenahner Meer, den größten See im Raum Bremen – Oldenburg und zweitgrößten See Niedersachsens. Ausgangsort ist das Moorheilbad Bad Zwischenahn mit dem Ammerländer Freilichtmuseum und der Kirche am Meer *(Tour 45, 3.45 Std.).*

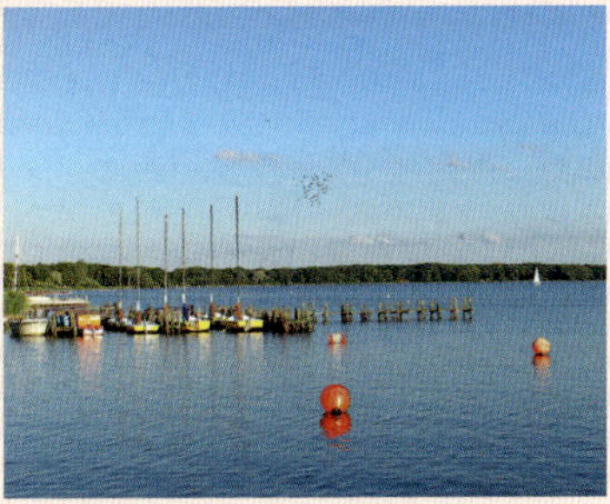

Fedderwardersiel – Langwarder Groden
Vom Krabbenkutterhafen Fedderwardersiel leitet ein Naturerlebnispfad zum Vogelschutzgebiet Langwarder Groden. Dahinter führt der Sommerdeich in der natürlicher Stille der Salzwiesen zwischen den Mündungen von Weser und Jade zum alten Kirchdorf Langwarden – saisonal in Begleitung riesiger Vogelschwärme *(Tour 49, 2.00 Std.).*

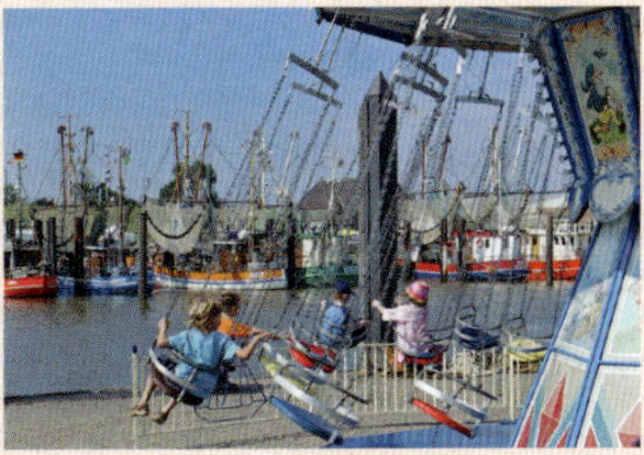

WICHTIGE HINWEISE FÜR UNTERWEGS

Anforderungen

Alle Wanderungen folgen deutlichen Wegen und Pfaden und sind technisch als leicht einzustufen. Die Länge einiger Wanderungen sowie in Küstennähe der oft vorhandene Wind können dennoch die Wanderungen herausfordernder gestalten.

Die Schwierigkeiten aller beschriebenen Wanderungen fallen in die Kategorie »Leicht«, die mit der Farbe Blau gekennzeichent ist:

SCHWIERIGKEITSKATEGORIE

■ = Leicht

Die Wanderungen stellen keine allzu großen Anforderungen an die Kondition. Sie sind in der Regel auch für Kinder und Senioren geeignet.

Gehzeiten

Die Stundenangaben beziehen sich auf die reine Gehzeit. Bei Strandwanderungen an der Wasserlinie wurden die Gehzeiten nach der mittleren Hochwasserlinie berechnet; bei Niedrigwasser können sich die Gehzeiten nicht unerheblich verlängern, da sich die Wasserlinie dann bis zu mehrere Hundert Meter von der mittleren Hochwasserlinie entfernt.

Ruhezone des Nationalparks Niedersächsisches Wattenmeer beim Vareler Siel.

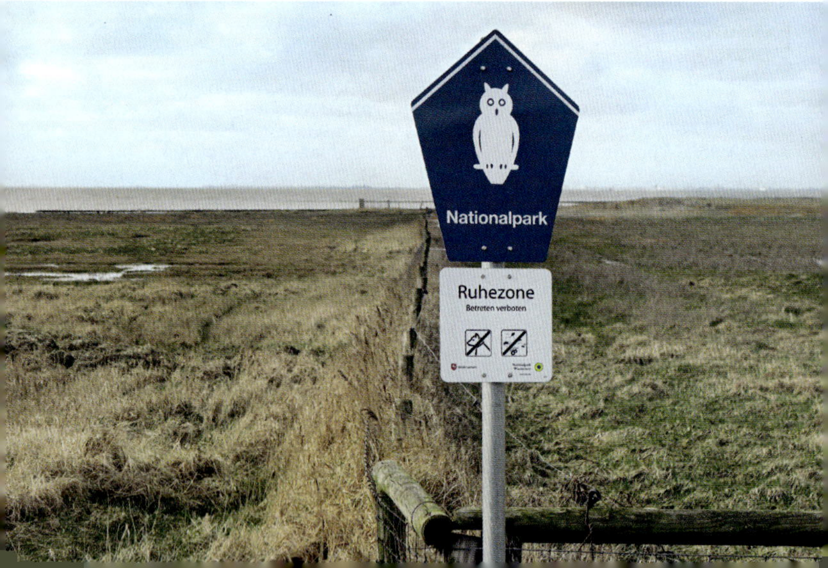

Ausrüstung

Sonnen- und Windschutz sowie eine Wasserflasche im Rucksack sind neben guten Schuhen die wichtigsten Ausrüstungsgegenstände. Je nach Witterung und Saison werden sie ergänzt durch Regen- und Kälteschutz oder durch Badesachen und Handtuch sowie UV-Schutz. Das Schuhwerk sollte fest und leicht sein und idealerweise der Witterung wie dem Untergrund (→ Anforderungen) angepasst. Gelegentlich empfehlen Hinweisschilder der Nationalparkverwaltung Gummistiefel; im Sommer lassen sich die Gummistiefel-Passagen barfuß durchwaten.

Wandern mit Hund

Wanderer mit Hund sollten beachten, dass die meisten Touren am Deich mit Hunden ganzjährig oder zumindest zwischen Frühjahr und Herbst nicht möglich sind, weil viele Deiche in dieser Zeit von Schafen begrast werden. Verbote oder Anleinpflicht gelten auch für die meisten Naturschutzgebiete im Landesinneren.

Wandern am Deich

Mehrere Wanderungen verlaufen an der Nordseeküste entlang dem Seedeich (Touren 9, 12, 13, 46–50) sowie entlang von Flussdeichen (etwa Tour 34). An Seedeichen gibt es prinzipiell drei Möglichkeiten zum Wandern: binnendeichs zur Landseite (meistens Radweg), außendeichs an den Salzwiesen oder aussichtsreich auf der Deichkrone.
Das niedersächsische Deichgesetz verbietet in §14 generell jede Nutzung

SYMBOLE

Symbole im Tourenkopf

- Mit Bahn/Bus erreichbar
- Einkehrmöglichkeit unterwegs
- für Kinder geeignet

Symbole im Höhenprofil

- Bahnhof/S-Bahn-Haltestelle
- Ort mit Einkehrmöglichkeit
- Einkehrmöglichkeit
- Schutzhütte
- Campingplatz
- Parkplatz
- Aussicht
- Aussichtsturm
- Leuchtturm
- Burg, Schloss, Ruine
- Kloster, Kirche, Kapelle
- archäologische Stätte
- Windmühle
- Rast-, Picknickplatz
- Abzweigung links
- Abzweigung rechts
- Abzweigung weg von der Route
- Abzweigung weg von der Route
- Brücke, Steg
- Badestelle, Freibad
- markanter Baum

Der Umwelt zuliebe ...

Auch beim Wandern hinterlassen wir einen ökologischen Fußabdruck, aber im Einklang mit der Natur unterwegs zu sein, ist gar nicht so schwer!

VORBEREITUNG UND ANFAHRT

- Sich vorab informieren, worauf in Bezug auf Natur und Umwelt in der jeweiligen Wanderregion besonders zu achten ist.
- Soweit möglich mit Bahn und Bus anreisen, Wander- und Rufbusse nutzen.
- Ist eine Anfahrt mit dem Auto nötig, Fahrgemeinschaften bilden.
- Bei weiten Anfahrten Mehrtagestouren planen oder von einem Quartier vor Ort aus mehrere Touren absolvieren.
- Flugreisen möglichst reduzieren und durch Beiträge zu Klimaschutzprojekten kompensieren.

KLEIDUNG UND AUSRÜSTUNG

- Beim Kauf von Outdoor-Kleidung auf umweltfreundliche und faire Herstellung achten und Kleidungsstücke möglichst viele Jahre nutzen.
- Ausrüstung kann man eventuell auch gebraucht kaufen oder ausleihen.
- Reparieren statt neu kaufen.

VERPFLEGUNG

- Beim Einkauf Bio-Ware, regionale und saisonale Erzeugnisse bevorzugen.
- Hütten und Gasthäuser auswählen, die regionale Produkte verwenden.
- Auf Einwegflaschen und Plastikverpackungen verzichten, stattdessen wiederverwendbare Trinkflaschen und Brotzeitboxen benutzen.

ÜBERNACHTUNG

- Bei lokalen Anbietern buchen, damit Menschen vor Ort profitieren.
- Auf Hütten und in anderen Unterkünften Strom und Wasser sparen.

UNTERWEGS

- Wege benutzen und Abkürzer vermeiden.
- Sperrungen von Wegen und Schutzgebieten respektieren.
- Keine Blumen pflücken und keine Pflanzen entnehmen.
- Waldbrandgefahr beachten.
- Müll wieder mit nach Hause nehmen und dort entsorgen.
- Toilettengänge in freier Natur möglichst vermeiden.
- Lärm vermeiden.
- Hunde an die Leine nehmen.

ROTHER
BERGVERLAG

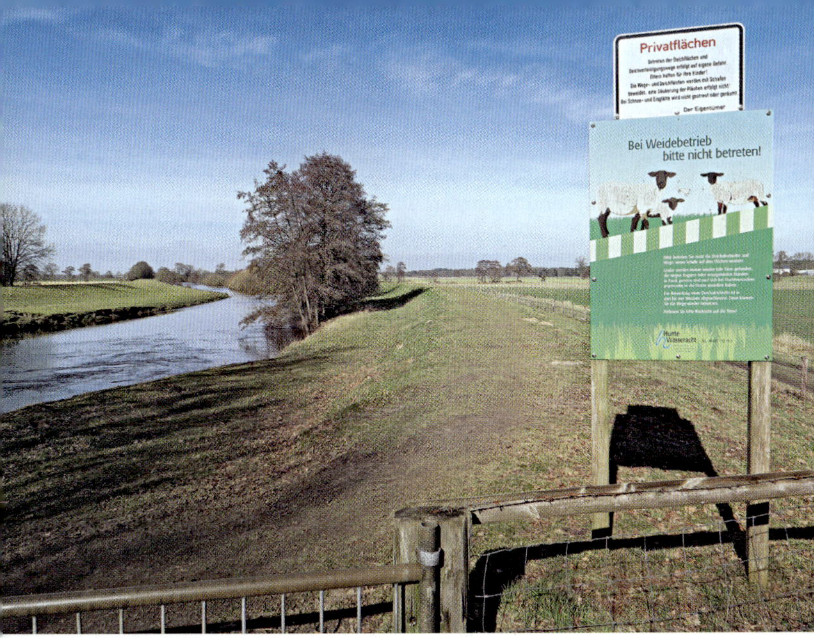

Der Huntedeich darf betreten werden, wenn nicht gerade Schafe dort weiden.

des Deiches »außer zum Zweck der Deicherhaltung durch ihren Träger«. Es müsste daher für jedes Betreten des Deiches streng genommen eine Einzelfall-Ausnahmegenehmigung eingeholt werden, wie es ein Deichverband mitteilte. Die 22 Hauptdeichverbände – zuständig für die Unterhaltung der Deiche – dulden aber in Abstimmung mit touristischen Partnern und Gemeinden stellenweise die Freizeitnutzung in Form der Begehung gepflasterter oder asphaltierter Wege außendeichs auf den sogenannten »Teekabfuhrwegen« oder auf der Deichkrone, wenn das durch Ausschilderungen, befestigte Pfade oder zu öffnende Gatter erkennbar ist. Das intensive Begehen von Deichen außerhalb gepflasterter und asphaltierter Wege würde zu Schäden an der Grasnarbe führen. Abgezäunte Bereiche sollten auf jeden Fall nicht betreten werden, Hunde sind an den meisten Deichen verboten.

Welche Abschnitte wann/wo begangen werden dürfen, ändert sich öfter, zumal in den letzten Jahren viele Deichabschnitte im Zuge der zu erwartenden Seespiegelsteigung mit umfangreichen Bauarbeiten erhöht werden. Achten Sie auf entsprechende Hinweise auf Schildern. Außerdem kann man unterwegs die Deichwege über Triften – diagonal querende Asphaltwege – sowie andere Übergänge immer wieder wechseln.

INFORMATIONEN UND ADRESSEN

■ Öffentliche Verkehrsmittel
Der öffentliche Nahverkehr im Großraum Bremen – Oldenburg ist im Verkehrsverbund Bremen/Niedersachsen VBN organisiert, darunter fallen mehr als 30 Bahn- und Busunternehmen, die jeweils bei den Touren angegeben sind und meistens auf ihrer Website Fahrpläne zum Download bereit stellen. Ansonsten lassen sich die Verbindungen auch auf den Internetseiten der Deutschen Bahn (www.bahn.de) und dem VBN darstellen. Die App »FahrPlaner« gibt in Echtzeit alle Bahn- und Busverbindungen Niedersachsens (und weitere) an und ermöglicht den Online-Fahrkartenkauf.
Verkehrsverbund Bremen/Niedersachsen (VBN), Am Wall 165–167, 28195 Bremen, Tel. +49/421/596059, www.vbn.de.

■ Parken
Die bei den Ausgangspunkten angebenen Parkgelegenheiten sind öffentliche Parkplätze; in größeren Städten sowie an Badeorten an der Küste meist gebührenpflichtig. Einige wenige Touren beginnen an Gasthäusern. Wenn dort das Parken ausdrücklich nur Hausgästen erlaubt ist, findet sich der Hinweis »Kundenparkplatz«; dann sollte man vor der Wanderung nach-

WICHTIGE TELEFONNUMMERN UND ADRESSEN

■ Tourismus-Informationen
Tourist Info Bremen, Böttcherstr. 4 (Haus des Glockenspiels), 28195 Bremen, +49 421 3080010, www.bremen-tourismus.de
Tourist Information Oldenburg, Lange Str. 3, 26122 Oldenburg, +49 441 36161366, www.oldenburg-tourismus.de

■ Wattenmeer & Wildeshauser Geest
Nationalparkverwaltung «Niedersächsisches Wattenmeer", Virchowstr. 1, 26382 Wilhelmshaven, Tel. +49 4421 911-0, www.nationalpark-wattenmeer.de/nds
Naturpark Wildeshauser Geest, Delmenhorster Str. 6, 27793 Wildeshausen, Tel. +49 4431 85351, www.wildegeest.de

■ Internet-Adressen/Apps
www.nationalpark-wattenmeer.de/nds, Nationalpark Niedersächsisches Wattenmeer
www.bsh.de, Website des Bundesamtes für Seeschifffahrt und Hydrographie mit vielen maritimen Infos, unter anderem den Gezeiten unter → Daten → Gezeiten (Ort angeben)
www.geolife.de, Freizeitportal der Niedersächsischen Landesvermessung
www.nordpfade.info, 24 ausgezeichnete Rundwege im Landkreis Rotenburg
www.vbn.de, Verkehrsverbund Bremen/Niedersachsen
App »Grenzenlos aktiv im Nordwesten« (App Store/Play Store)

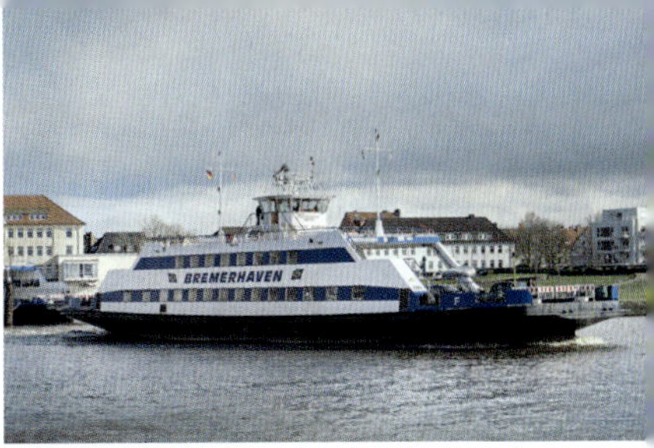

Die Weserfähre verkehrt mehrmals stündlich zwischen Bremerhaven und Nordenham.

fragen, ob man dort vor/nach dem Konsum sein Fahrzeug auch während der Wanderung abstellen kann. Als Alternative sind die nächstgelegenen öffentlichen Parkgelegenheiten angegeben oder welche entlang der Tour.

Wanderkarten

Gedruckte Wanderkarten sind flächendeckend nicht erhältlich, lediglich der westliche und nördliche Bereich ist abgedeckt (s. u.). Eine Alternative sind Radkarten für die Region sowie digitale Karten (s. u.).
»Ammerland« der »freizeit«-Reihe der KV-Pläne des Kommunalverlags Tacken, Maßstab 1:60.000, westlicher Bereich (Touren 33, 45, 46), www.kv-plan.de/shop/ostfriesland.html.
Kompass-Wanderkarte 400 »Bremerhaven, Cuxhaven«, Maßstab 1:50.000, Gebiet westlich der Wesermündung (Touren 11 – 17).
Kompass-Kartenset 410 »Ostfriesland, Oldenburg«, Maßstab 1:50.000. Karte 3 des dreiteiligen Sets deckt das Oldenburger Umland bis zur Wesermündung ab (Touren 9, 10, 13, 14, 46 – 50).

Digitale Karten

Für digitalen Gebrauch bieten sich die ausgezeichneten OSM-Karten an (OpenStreetMap), die in verschiedener Form bzw. für zahlreiche Zielgruppen auf vielen Internetseiten und Apps angeboten werden für unterschiedlichste digitale Anwendungen – in bestimmten Apps auf dem Smartphone oder Tablet (z. B. Komoot, Alltrails, bergfex), für Programme wie Basecamp auf dem PC oder GPS-Outdoor-Empfängern wie denen von Garmin.

GPS-TRACKS UND KOORDINATEN DER AUSGANGSPUNKTE

Zu diesem Wanderführer stehen auf www.rother.de GPS-Tracks und Koordinaten der Ausgangspunkte zum kostenlosen Download bereit.
3. Auflage, Passwort: **440503gLx**
Die GPS-Daten wurden vom Autor im Gelände erfasst und nachträglich digital bearbeitet. Verlag und Autor haben die Tracks und Wegpunkte nach bestem Wissen und Gewissen überprüft. Dennoch können wir Fehler oder Abweichungen nicht ausschließen, außerdem können sich die Gegebenheiten vor Ort zwischenzeitlich verändert haben. GPS-Daten sind zwar eine hervorragende Planungs- und Navigationshilfe, erfordern aber nach wie vor sorgfältige Vorbereitung, eigene Orientierungsfähigkeit sowie Sachverstand in der Beurteilung der jeweiligen (Gelände-)Situation. Man sollte sich für die Orientierung auch niemals ausschließlich auf GPS-Gerät und -Daten verlassen.

WANDERN IM RAUM BREMEN – OLDENBURG

Watt, Marsch und Geest

Die von fruchtbaren Marschen begleitete Weser, die vergleichsweise hoch gelegene Geest und das Wattenmeer an den Mündungen von Weser und Jade im Bereich des Jadebusens, der Halbinsel Butjadingen und dem Land Wursten bilden den landschaftlichen Dreiklang im Wandergebiet rund um Bremen und Oldenburg.

Weser

Die Weser ist der größte deutsche Fluss, dessen Quellen in Deutschland liegen und der in Deutschland in die See mündet. Einschließlich ihrer Hauptquell- und Nebenflüsse ist sie 732 km lang, werden Wehr-, Alt- und Nebenarme hinzugerechnet, ergibt sich eine Länge von 810 km.
Werra und Fulda vereinigen sich in Hannoversch Münden zur Weser, die als »Oberweser« das Weserbergland durchfließt. In der Westfälischen Pforte (Porta Westfalica) durchbricht der Fluss den Bergkamm, der das Weserbergland wie ein Wall nördlich begrenzt, und tritt in die Moor- und Sandgeest des Norddeutschen Tieflands ein. Die Tieflandstrecke von der Domstadt Minden bis zur Hansestadt Bremen (Schleuse Hemelingen, Weser-km 362) wird als »Mittelweser« bezeichnet. Auf diesem Flussabschnitt nimmt die Weser bei Verden die Aller als wichtigsten Zufluss auf. Die Kilometrierung der »Unterweser« als Wasserstraße beginnt in Bremen unterhalb der Wilhelm-Kaisen-Brücke (Weser-km 366,72). Nahe Elsfleth mündet die aus dem Oldenburger Land herbeiströmende Hunte, in Bremerhaven geht die Weser in die »Außenweser« über (Unterweser-km 65). Sie strömt zwischen den

Jachthafen an der Mündung der Hunte in die Weser bei Elsfleth.

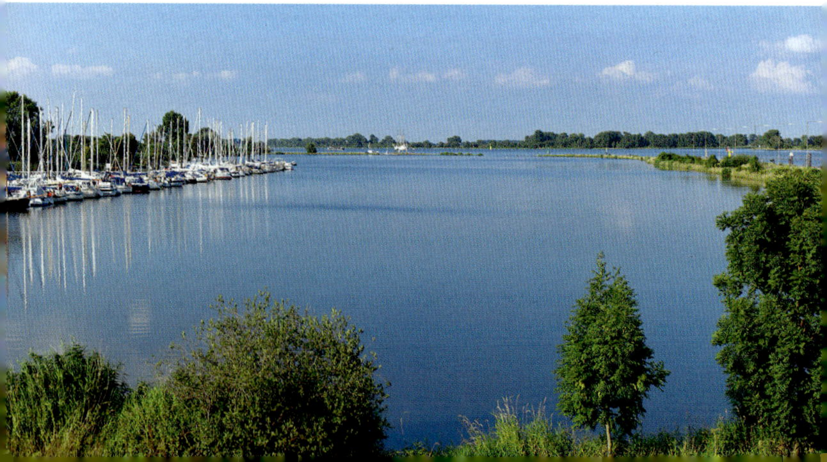

Der Pingelturm markiert die Einfahrt zur Kaiserschleuse bei der Wesermündung.

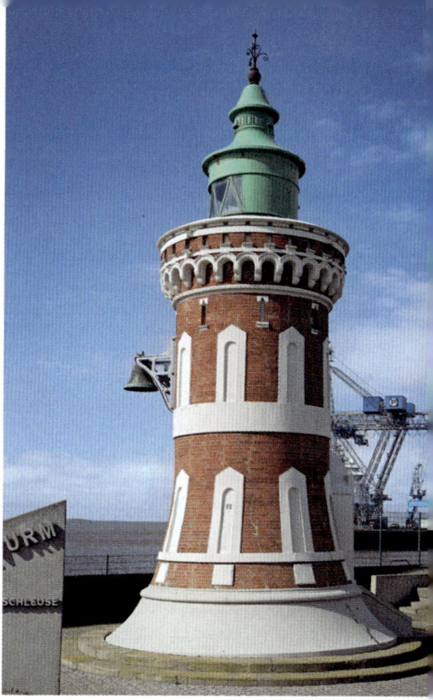

Küsten der Halbinsel Butjadingen und des Landes Wursten hinaus in die Nordsee.

Wattenmeer

Als Nationalpark, UNESCO-Biosphärenreservat und -Weltnaturerbe zählen die Wattenmeerküsten vor Bremen und Oldenburg zu den ökologisch bedeutendsten Landschaften auf nationaler und internationaler Ebene. Die Gezeitenküste fällt sehr flach in Richtung der offenen See ab, das Gefälle beträgt vielfach weniger als 1 Promille, d. h. weniger als einen Höhenmeter pro 1000 m. Infolge des sachten Gefälles kann sich hier leicht Feinmaterial ablagern, vor allem Sand und toniger Schlick. Die von den Gezeiten geprägte Landschaft mit Sand-, Queller-, Misch- und Schlickwatten, Düneninseln, Sandstränden und Salzwiesen bildet einen einzigartigen Lebensraum für Pflanzen und Tiere. Die Watten zählen zu den produktivsten marinen Ökosystemen der Erde und sind eine wichtige »Kinderstube« für zahlreiche Fischarten der Nordsee (Scholle, Seezunge, Makrele, Hering, Sandgarnele). Die Fische wiederum bilden eine Nahrungsgrundlage für den Seehund.

Geführte Wattwanderungen, z. B. zum Leuchtturm Arngast im Jadebusen, zählen zu den attraktivsten Tourenmöglichkeiten im Weltnaturerbe Wattenmeer. Die staatlich geprüften Wattführer sind oftmals zugleich Nationalpark-Ranger, kennen bei jedem Wetter die beste Route und erläutern während der Wanderung ökologische Zusammenhänge sowie das Leben der Tiere und Pflanzen im Wattenmeer. Wattwanderungen werden in jedem Seebad angeboten, in den Tourenbeschreibungen werden Ausgangspunkte von Wattwanderungen erwähnt, z. B. Dangast oder Eckwarderhörne.

Gezeiten

Im Wechsel der etwa halbtägigen Hauptmondtiden von zwölf Stunden und 25 Minuten überflutet die Nordsee weite Teile der flachen Wattenmeerküste und lässt sie wieder trocken fallen. Küstenwanderungen sind am beeindruckendsten bei auflaufendem Wasser, etwa kurz vor Hochwasser, und besonders elementar, wenn es noch dazu stürmt und die Wellen wild tanzen; deshalb ist es bei der Tourenplanung von Vorteil – und für ein geplantes Bad an der Seebadestelle unerlässlich –, die Hoch- und Niedrigwasserzeiten zu kennen. Diese kann man auf der Website des Bundesamts für Seeschifffahrt und Hydrografie (www.bsh.de) abrufen, im Gezeitenkalender nachschlagen und in der Presse und auf Anschlägen in Hotels und Häfen in Erfahrung bringen. Außerdem verraten viele – auch kostenlose – Apps die Tidezeiten, etwa »Gezeiten ...« oder »NAUTIDE«.

Das Wirken der Gezeiten endet wegen des Ästuarcharakters der Weser nicht an der Küste. Ästuare sind durch die Einwirkung der Gezeiten oft schlauch- oder trichterförmig erweiterte Mündungen großer Flüsse, in denen sich Süßwasser und Salzwasser vermischen und in denen sich tidebedingt die Fließrichtung ändert: Bei auflaufendem Wasser fließt die Weser »flussaufwärts« nach Bremen, wo das mittlere Tidehochwasser bis etwa 2,80 m über NN aufläuft (mittleres Niedrigwasser: 1,30 m unter NN), bei ablaufendem Wasser strömt sie wieder der Nordsee zu. Da weite Teile des Bremer Stadtgebiets unter dem Meeresspiegel liegen, sind sie prinzipiell überflutungsgefährdet; die Altstadt mit Rathaus und Dom hingegen wurde auf einer überflutungssicheren Düne gegründet. Das »Flussaufwärtsfließen« bei auflaufendem Wassers betrifft nicht nur große Flüsse wie Weser und Hunte, weshalb die vergleichsweise kleine Geeste gleich zwei Sperrwerke erhalten: Das Geestesperrwerk an der Kennedy-Klappbrücke in Bremerhaven ist ein Sturmflutsperrwerk bei Geeste-km 62 oberhalb der Mündung; ohne das

Buhne beim Wurster Watt vor Wremen und Wesermündung.

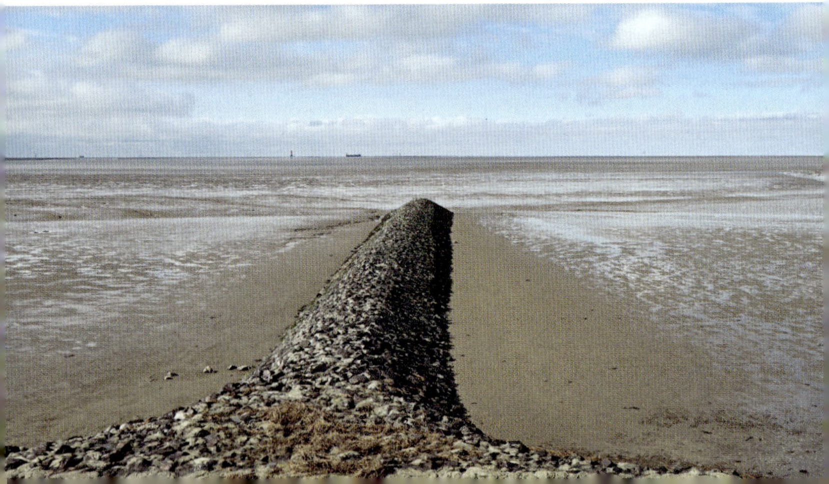

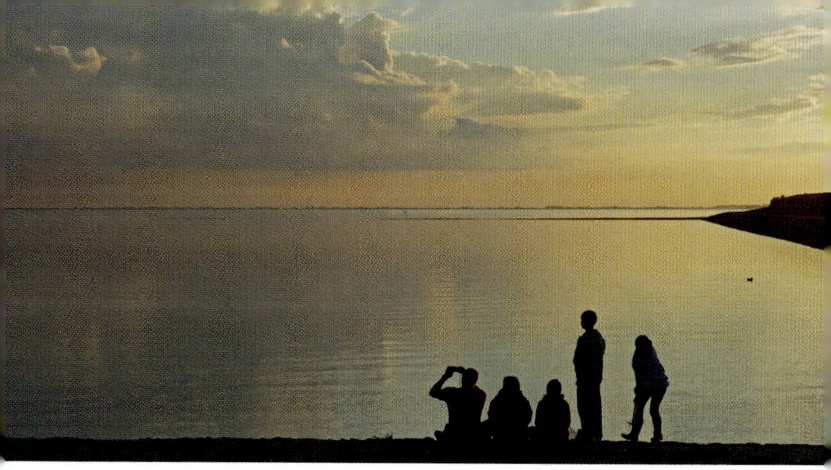

Vogelbeobachtung am Jadebusen beim Hafen von Eckwarden.

Tidesperrwerk bei Geeste-km 57 würden sich die Gezeiten noch viel weiter landeinwärts bemerkbar machen.

Jadebusen

Der Jadebusen ist die größte Nordseebucht im Nationalpark Niedersächsisches Wattenmeer. Die 190 km² große Wasser-, Watt- und Salzwiesenfläche erstreckt sich zwischen der Seebäder-Halbinsel Butjadingen, der Friesischen Wehde und der Seehafenstadt Wilhelmshaven. Ursprünglich war der Jadebusen eine Hochmoorlandschaft, die sich infolge menschlicher Abtragung, Sturmfluten und Meeresspiegelsteigung im Mittelalter zur Bucht wandelte. Benannt ist die Bucht nach dem 22 km langen Küstenfluss Jade, der bei Schloss Rastede entspringt, den Jadebusen durchfließt und als »Außenjade« beim Tiefseehafen JadeWeserPort in die Nordsee mündet. Während der Jadebusen so flach ist, dass er bei Ebbe weitgehend trocken fällt – der Tidenhub liegt bei 3,5 m –, ist die (Außen-)Jade Deutschlands tiefstes Fahrwasser.

Die Salzwiesen und vorgelagerten Wattflächen des Jadebusens sind ein wichtiges Rastgebiet für zahlreiche Vogelarten. Das Wattenmeer bietet den Vögeln bei Ebbe eine Fülle von Nahrung wie Würmer, Schnecken und Krebse. Große Vogelschwärme rasten hier im Frühjahr auf dem Weg in die nordischen Brutgebiete und im Herbst während des Rückzugs in die südlichen Winterquartiere. Neben Regenpfeifern, Brachvögeln, Strandläufern u. a. Wat- und Wasservögeln finden sich zeitweise auch mehr als 10.000 Säbelschnäbler ein. Seit 1986 gehört der größte Teil des Jadebusens zum Nationalpark Niedersächsisches Wattenmeer, darunter der gesamte Küstenstreifen von Wilhelmshaven bis Eckwarderhörne.

Marsch

Die Marsch ist der zwischen dem Wattenmeer und der Geest gelegene Bereich der Küstenebene, entstanden im Verlauf von Jahrtausenden durch natürliche Verlandung des Watts. An den ehemals oder noch immer tidebeeinflussten Flussmündungen reicht die Marsch weit ins Landesinnere hinein (Wesermarsch, Huntemarsch), seit etwa 1000 Jahren wird dem Meer Marschland, auch durch Deiche, abgerungen. Der ehemalige Meeresboden mit überwiegend landwirtschaftlicher Nutzung heißt »Kleiboden«, an der Küstenlinie wird das vom Meer aufgeschwemmte Neuland als »Groden« bezeichnet: Der noch nicht genutzte Außengroden ist das meist aus Salzwiesen bestehende Deichvorland und ein wichtiges Rückzugsgebiet für Vögel. Der Sommergroden ist die landwirtschaftliche Nutzfläche zwischen dem niedrigen Sommerdeich (der das Land vor Sturmfluten im Sommer schützt) und dem weiter landeinwärts errichteten höheren Seedeich (der das Land ganzjährig vor Sturmfluten schützt).

Wildeshauser Geest

Der Naturpark Wildeshauser Geest ist die von Laubwäldern, Wallhecken und 1000-jährigen Eichen geschmückte Hochfläche zwischen der Wesermarsch im Norden und der Diepholzer Moorniederung im Süden. Bis zu mehr als 40 m erheben sich die sanft gewellten Moränen, Heideflächen, aufgewehten Dünen und fruchtbaren Flottsandböden aus den umgebenden Marsch- und Moorniederungen. Wegen der außergewöhnlichen Dichte jungsteinzeitlicher Steinsetzungen und bronzezeitlicher Kultstätten ist die Wildeshauser Geest eine klassische Quadratmeile der Megalith-Archäolo-

Herbst im Pestruper Gräberfeld.

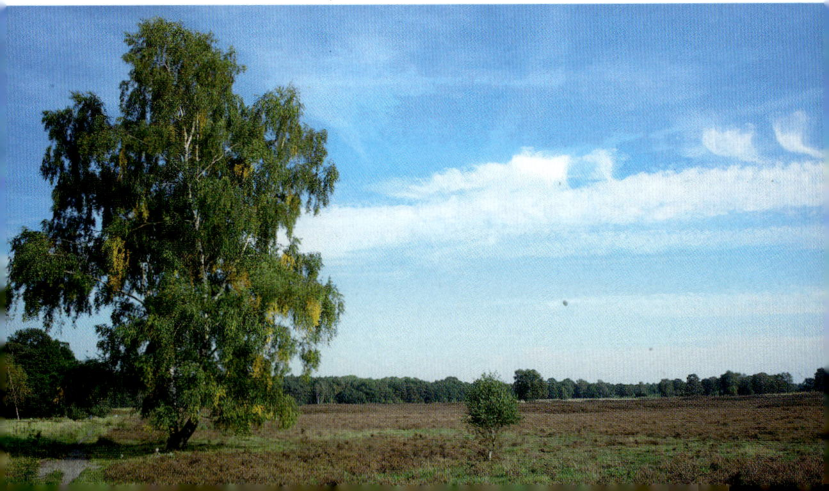

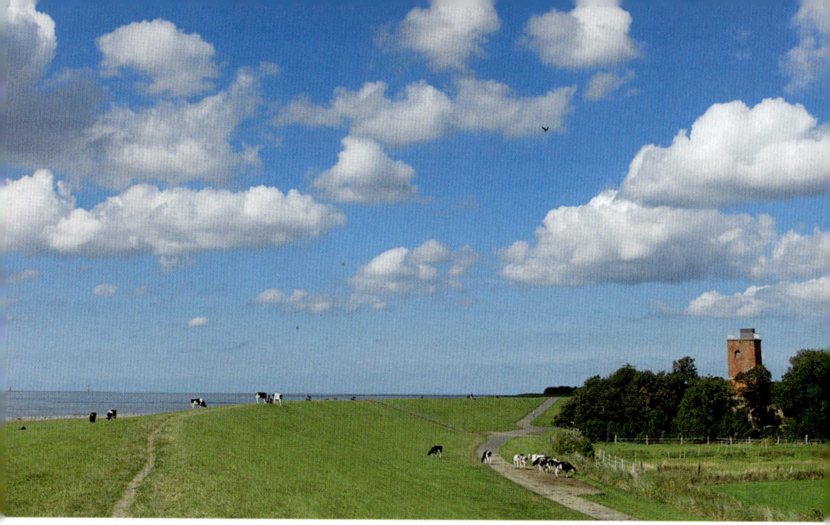

Blick vom Seedeich auf den Weserradweg und zum Ochsenturm.

gie in Deutschland, die Ferienstraße ist die »Straße der Megalithkultur« (siehe S. 30), ein Hauptwanderweg ist der »Steingräberweg«. Namensgeber des Naturparks ist der Luftkurort Wildeshausen an der Hunte.
Die Hunte ist das Fuß-, Kanu- und Radwanderparadies des Naturparks. In unzähligen Mäandern windet sich der Fluss in einer eiszeitlichen Schmelzwasserrinne durch die Geest, vorbei an Sandstränden, Steilufern und Urwäldern, ehe bei Oldenburg der kanalisierte Unterlauf zur Weser beginnt. Ab der industriellen Revolution im 19. Jh. wurde der Flusslauf zwischen Wildeshausen und Oldenburg von 57 auf 42 km verkürzt: Mehr als 30 Schleifen wurden durchstochen und verlandeten als Altarme. Im ausgehenden 20. Jh. begann ein Umdenken: 1996 wurden beim Bilderbuchdorf Dötlingen die ersten beiden Altarme erfolgreich wieder an den Fluss angebunden. Von der Huntequelle auf dem Wiehen bis zur Mündung in die Unterweser am Huntesperrwerk bei Elsfleth sind es 189 km – die Renaturierung schreitet voran.

Wümmewiesen

Die artenreichen Wümmewiesen sind das Naturparadies zwischen Bremen und den Ausläufern der Lüneburger Heide. Am Dodenberg zwischen Ahausen und Ottersberg verästelt sich die Wümme in mehrere Arme und bildet in weitem Wiesenland ein Binnendelta. Von diesem sind noch drei Haupt- und einige Verbindungsarme übrig, Mitte des 19. Jhs. waren es noch mehr als 80 Arme. Das etwa 15 km lange und bis zu 5 km breite Delta endet am Borgfelder Hexenberg, wo mit den Borgfelder Wümmewiesen das größte

Naturschutzgebiet Bremens beginnt. Im Blockland im Norden Bremens holt die Wümme zu fantastischen Mäandern aus (begleitet von Fahrradwegen), ehe sie sich bei Ritterhude mit der aus dem Teufelsmoor fließenden Hamme zur Lesum vereinigt und der Weser bei Vegesack zufließt. In ihrem gesamten Verlauf steht die Wümme unter Natur- oder Landschaftsschutz, Stück für Stück wird sie renaturiert, Stauwehre und Schleusen werden durch Sohlgleiten ersetzt, alte Flussarme werden reaktiviert.
Ein Paradies für Wanderer ist das Binnendelta in Fischerhude, wo schmale Wanderpfade Wümmearmen durch malerische Wiesenlandschaft folgen (Tour 25), auch der Weg durch die Wümmewiesen zählt hier zu den schönsten Wanderungen (Tour 27).

Teufelsmoor

Das Teufelsmoor an der Hamme zwischen Bremen und Bremervörde ist mit 500 km² das größte (ehemalige) Moor Norddeutschlands, einige erhaltene Moore erreichen noch heute eine Torfmächtigkeit von über 10 m. Die in einer eiszeitlichen Schmelzwasserrinne mit hohem Grundwasserpegel im Verlauf von Jahrtausenden entstandenen Hoch- und Niedermoore werden von der Hamme entwässert, die sich am Stadtrand von Bremen mit der Wümme zur Lesum vereinigt – weshalb die Wümmewiesen und das Teufelsmoor oft unter dem Landschafts-Begriff »Teufelsmoor-Wümme-Niederung« zusammengefasst werden. Kultiviert wurde das Teufelsmoor ab dem 16. Jh., ab 1720 planmäßig vor allem unter dem »Moorvater« Jürgen Christian Findorff. Das Teufelsmoor ist ein Mythos, der neben dem Naturerleben auch die künstlerischen Aktivitäten umfasst: Worpswede auf einer Geestinsel im Teufelsmoor ist seit Ende des 19. Jhs. eine berühmte Künstlerkolonie, als Ableger wurde Fischerhude an der Wümme zum Malerdorf.
Die weitflächige Entwässerung des Teufelsmoors hat dazu geführt, dass die meisten Wege fahrradfähig sind, und diejenigen Wege, die Wanderern vorbehalten sind, sind meist recht kurz: Doch auch auf diesen kurzen Wanderungen lässt sich die Schönheit des Teufelsmoors erleben, etwa auf dem familienfreundlichen Naturlehrpfad im Huvenhoopsmoor (Tour 19).

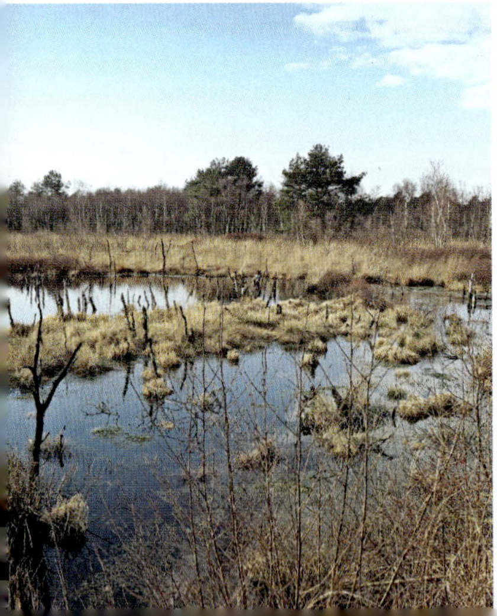

Links: Renaturierte Moorlandschaft. Rechts: Holzbohlenwege erlauben einen bequemen Moorzugang – wie hier im Sehestedter Moor.

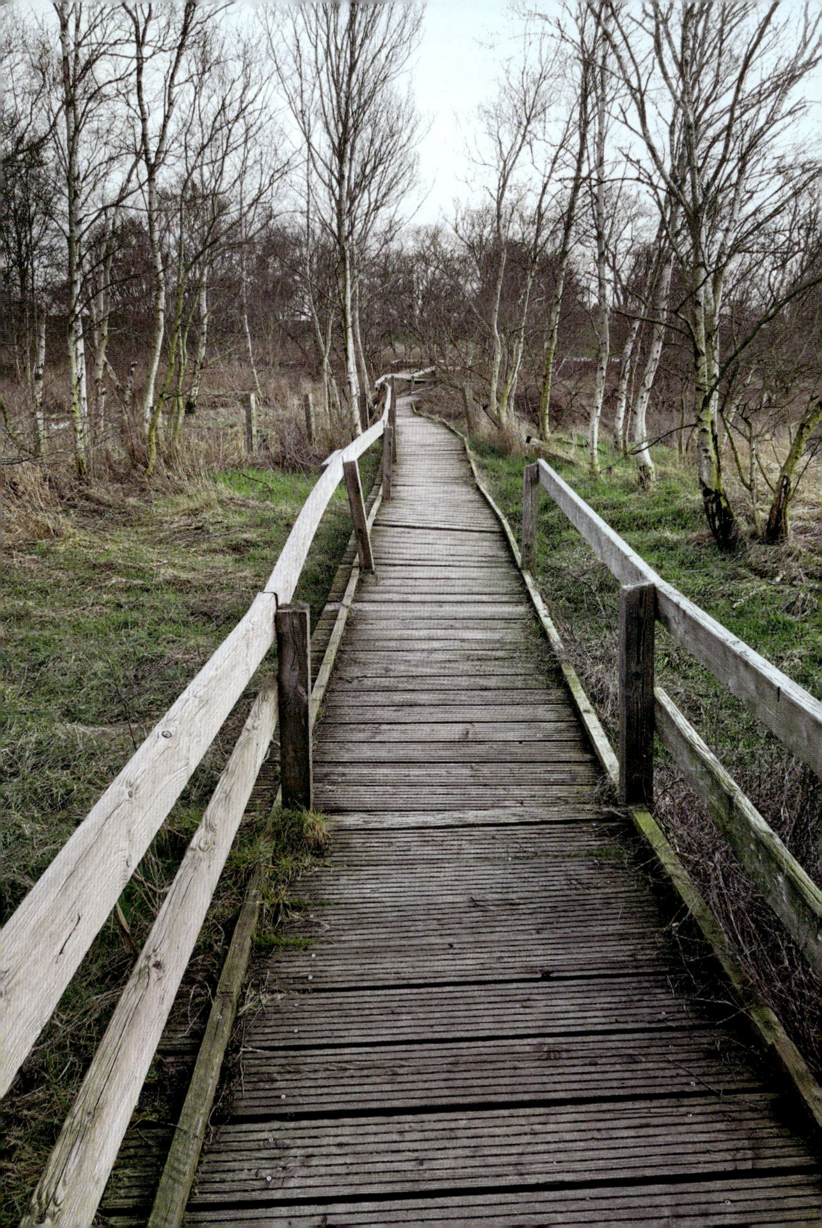

FERNWANDERWEGE IM RAUM BREMEN – OLDENBURG

E 9 Butjadinger Weg

Als Teilstück des Europäischen Fernwanderwegs 9 (E9) folgt der Butjadinger Weg vom Seebad Dangast der Wattenmeerküste des Jadebusens zum Vareler Siel (Tour 46), führt weiter zu den Salzwiesen von Neuwapelergroden und zum »schwimmenden Moor« von Sehestedt (Tour 47). Bei Stollhamm wechselt der Weg auf einen ehemaligen Kleinbahndamm durch die Wesermarsch (Tour 9) nach Nordenham an der Unterweser. Dort endet der mit dem Buchstaben »B« markierte Wanderweg nach 51 km an der Weserfähre in Blexen, gegenüber von Bremerhaven.

E 9 Elbe-Weser-Weg

Der Elbe-Weser-Weg setzt den Butjadinger Weg als Teilstück des nördlichen Küstenwanderwegs Festlandeuropas fort. Von Bremerhaven führt er zum Moorheilbad Bad Bederkesa am Bederkesaer See (Tour 16) und durch die Wingst zur Elbfähre Glückstadt – Wischhaven.

Geestweg

Der Geestweg führt von der Weser im Gleichlauf mit dem Jakobsweg vorbei an Syke (Tour 28) zum Visbeker Brautzug (Tour 41), zu den Ahlhorner Teichen (Tour 42), streift den Urwald Baumweg (Tour 43). Vorbei am Marienwallfahrtsort Bethen, dem Niedersächsischen Freilichtmuseum in Cloppenburg und der Thülsfelder Talsperre (Tour 44), zieht er hinauf zu den Hünengräbern in den Wäldern des Hümmlings. Nach 200 km endet der mit einem weißen Steingrab oder einem weißen »G« gekennzeichnete Wanderweg in Meppen an der Ems, der gleichnamige und parallel verlaufende Radweg ist etwas kürzer (177 km).

Oldenburger Wanderweg

Der 120 km lange und mit einer roten Raute markerte Oldenburger Wanderweg ist ein Rundwanderweg durch die Wildeshauser Geest. Vom Oldenburger Schloss führt er durch Moor, Marsch, Wälder sowie Geest und erschließt Glanzpunkte wie das Wittemoor, die Klosterkirchenruine in Hude, den Urwald Hasbruch, das Bilderbuchdorf Dötlingen. Auf dem Pfad längs der Hunte am Fuß der Osenberge leitet er zurück zum Oldenburger Schloss.

Ringweg um Oldenburg

Der vom Oldenburger Turnerbund angelegte Ringweg ist ein Klassiker mit zuletzt lückenhafter Beschilderung. Der 122 km lange und mit weißem Ring auf schwarzem Grund markierte Fernwanderweg beginnt am Oldenburger Schloss und führt über Hude, Kirchhatten, Littel, Moslesfehn, Dreibergen und Rastede in weitem Bogen zurück zum Oldenburger Schloss.

Jadeweg

Der 130 km lange Jadeweg folgt von der Seehafenstadt Wilhelmshaven der Wattenmeerküste des Jadebusens bis Petershörn im Gleichlauf mit dem E 9. Hier schwingt er landeinwärts zum Neuenburger Urwald, führt vom Zwischenahner Meer (Tour 45) bis Oldenburg parallel mit dem Ems-Hunte-Weg und folgt der Hunte an den Osenbergen vorbei (Touren 33, 34) ins und durch das Reetdachdorf Dötlingen (Tour 38) nach Wildeshausen.

■ Ems-Hunte-Weg

Der Ems-Hunte-Weg führt von der Hafenstadt Leer durch die Hammriche und Fehnlandschaften des südlichen Ostfrieslands, wechselt bei Apen in die Parklandschaft des Ammerlandes und vereinigt sich am Zwischenahner Meer mit dem Jadeweg. Nach 87 km erreicht der mit dem Zeichen »Klappbrücke« markierte Wanderweg das Oldenburger Schloss an der Hunte.

■ Pickerweg

Der Pickerweg führt von der Domstadt Osnabrück über den Wiehen und die Dammer Berge, erreicht nach Durchqueren des Oldenburger Münsterlandes den Visbeker Brautzug (Tour 41) auf der Ahlhorner Heide und endet nach 119 km in Wildeshausen an der Hunte. Der im nördlichen Teil mit dem Buchstaben »P« markierte historische Handelsweg (»pickern« = antreiben der Zugpferde) wird schon im 9. Jh. erstmals erwähnt (er führte weiter nach Bremen); in gegenläufiger Richtung folgt ihm der Jakobsweg nach Osnabrück.

■ Jakobsweg

Der Baltisch-Westfälische Jakobsweg erreicht aus dem Ostseeraum kommend bei Ottersberg an der Wümme das Bremer Umland und führt fast durchgehend auf fahrradfähigen Wegen durch die Wümmewiesen zum Künstlerdorf Fischerhude (Tour 24), ehe Pilger das Kloster Lilienthal und die Domstadt Bremen erreichen. Vorbei am Werdersee, führt der Jakobsweg weiter nach Kirchweyhe, über Barrien (Tour 4) in die Wildeshauser Geest, überquert beim Sonnenstein von Harpstedt die Delme (Tour 29) und leitet zur Alexanderkirche von Wildeshausen, das älteste romanische Gotteshaus des Oldenburger Landes. Von Wildeshausen führt der Jakobsweg zu den steinernen Monumenten des Visbeker Brautzugs (Tour 41) und weiter nach Visbek, ehe sich der Weg nach Überschreiten des Wiehen in die Domstadt Osnabrück hinabsenkt.

■ Weserweg

Der mit dem Zeichen »XW« markierte Weserweg folgt von Bremen dem Strom via Kirchweyhe (Tour 4), Thedinghausen und Eissel nach Verden an der Aller (Tour 1) und erreicht nach 193 km auf großteils fahrradfähigen Wegen die Westfälische Pforte, durch die die Weser aus dem Bergland ins Tiefland fließt.

■ Nordpfade

Als »Nordpfade« wird ein Netz von 25 Rundwegen zwischen 6 und 32 km Länge im Landkreis Rotenburg an der Wümme vermarktet (www.nordpfade.info), die 2019 als »Qualitätsweg Traumtour – Wanderbares Deutschland« zertifiziert wurden, d. h. mindestens 35% der Strecke sind naturnahe Wege. Die Touren 18, 19 sowie 25 – 27 verlaufen stellenweise entlang dieser Nordpfade oder grenzen direkt an sie.

FREIZEITAKTIVITÄTEN

Radwandern

Weser-Radweg, Wümme-Radweg und Hunte-Radweg sind die drei Top-Radfernwege im Bereich Bremen – Oldenburg, an der Küste kommt als vierter der Nordseeküsten-Radweg (North Sea Cycle Route) hinzu, der mit ca. 6000 km längste Radfernweg der Erde, davon 570 km entlang der niedersächsischen Nordseeküste. Die vier Radfernwege sind eingebunden in ein regionales und lokales Radrundwegenetz, teils als Themenradwege wie die Radrundkurse »Faszination Archäologie« im Bereich der Wildeshauser Geest oder die 380 km lange »Radroute der Megalithkultur« zwischen Oldenburg und Osnabrück. Die gute öffentliche (S-)Bahninfrastruktur ermöglicht problemlos Streckenwanderungen mit dem Rad.

Kanuwandern

Wümme und Hunte (oberhalb des Seewasserstraßenbereichs) sind die herausragenden Wasserwanderwege im Raum Bremen – Oldenburg, beide strömen der Unterweser zu, die bei auflaufendem Wasser die Unterläufe von Hunte und Wümme (Hamme) quellwärts fließen lässt. Die Hunte-Kanustrecke von Wildeshausen nach Oldenburg ist als Wasserwander-Lehrpfad eingerichtet. Die beliebtesten Touren auf der Wümme führen von Rotenburg nach Fischerhude und zum Hexenberg bei Borgfeld.

Moorkate Ströhe bei Spreddig.

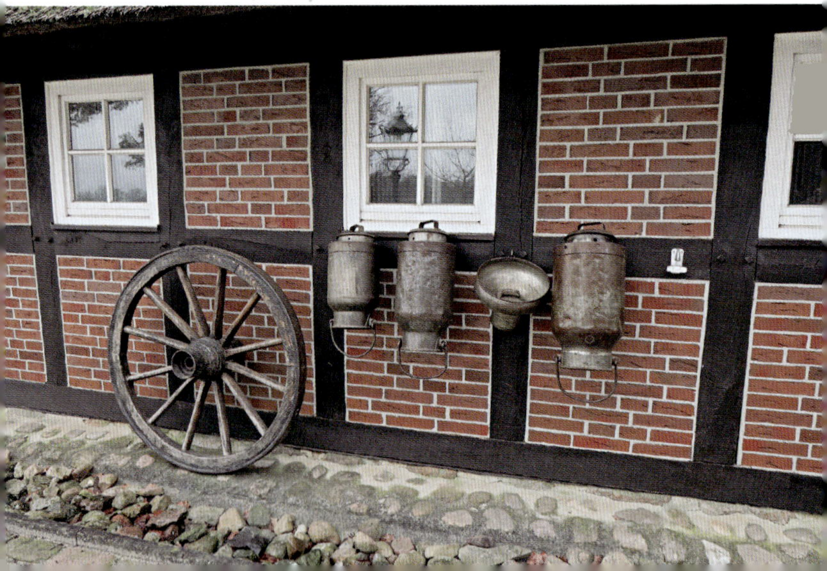

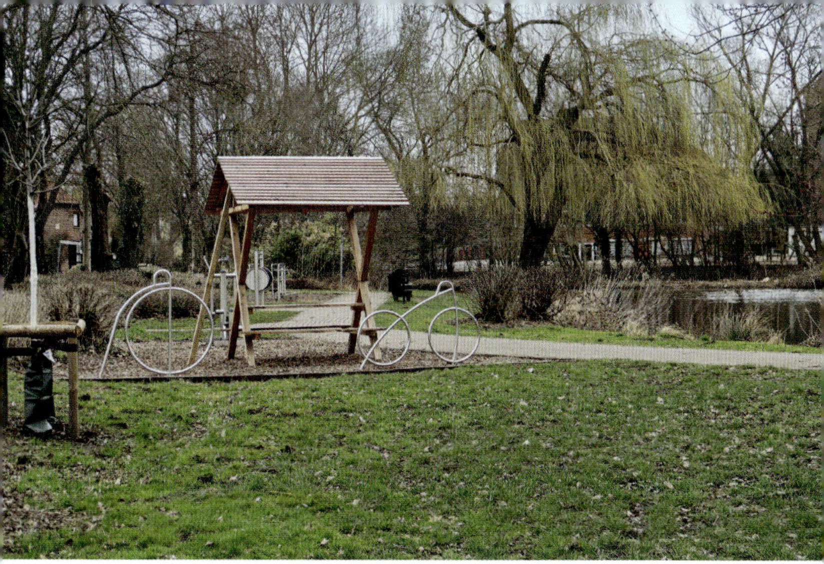

Rastplatz für Wanderer und Radfahrer am Mühlenteich in Barrien.

Wattenmeerhaus: Nationalparkzentrum Wilhelmshaven
Das Wattenmeerhaus am Südstrand in Wilhelmshaven ist das Haupt-Informationszentrum des Nationalparks Niedersächsisches Wattenmeer. In einer Dauerausstellung informiert es über Flora und Fauna, Geschichte und Geografie des Weltnaturerbes Wattenmeer, über Salzwiesen, Vögel und Fischerei, das Wattwandern usw. Hinzu kommen ein multimedialer »Sturmerlebnisraum«, ein Aquarium und Sonderausstellungen. Wattenmeerhaus, Südstrand 110 B, 26382 Wilhelmshaven, +49 4421 910733, www.wattenmeerhaus.de. Weitere (kleinere) Infozentren des Nationalparks entlang der Touren gibt es in Dorum-Neufeld (Tour 14) sowie Fedderwardersiel (Touren 49, 50).

Hochseilgärten/Kletterzentren

- **Kraxelmaxel Hatten:** Der Kletterwald in Kirchhatten neben dem Freibad wartet mit mehr als 60 Stationen auf, angelegt von bayerischen Kletterexperten. Kraxelmaxel Kletterwald, Kreyenweg 10, 26209 Hatten, www.kraxelmaxel.de → Kletterwald Hatten.
- **Klettern im Garten:** Der Klettergarten im Stollhammer Ortsteil Mitteldeich, auf der Halbinsel Butjadingen, bietet in 100-jährigen Eschen Strecken für Kinder und Anfänger ebenso wie für erfahrene Sportler. KiG Klettern im Garten, Burgweg 40, 26969 Butjadingen, Tel. +49 4735 810101, www.klettern-im-garten.de.

- **Kletterwald Nord:** Über Netzbrücken, auf Bohlen und an Seilen arbeiten sich überwiegend Kinder auf zehn verschiedenen Parcours mit 131 Kletterelementen an der Staumauer der Thülsfelder Talsperre von Baum zu Baum. Thülsfelder Straße 1, 26169 Friesoythe- Thülsfeld, Tel. +49 171 9723598, +49 5407 3469229, www.kletterwald-nord.de.
- **Forest 4 Fun:** Der Kletterwald in Wiefelstede bietet neun unterschiedliche Parcours mit verschiedenen Höhen und Schwierigkeitsgraden für Kinder ab sechs Jahren und Wagemutige ab 14 Jahren. Forest 4 Fun, Dorfstraße 8, 26215 Wiefelstede-Conneforde, Tel. +49 4458 9487885, /www.buhl-activity-parks.de/parks/wiefelstede-conneforde.
- **Kletterzentrum Bremen:** 2015 eröffnete bis zu 14 m hohe Kletterhalle der Sektion Bremen des Deutschen Alpenvereins mit 230 Routen und Schwierigkeitsgraden III – X, wo auch Kurse angeboten werden, www.kletterzentrum-bremen.com.

Museen

Bremerhaven und Bremen sind überregional bekannt für einige Leuchttürme des Museumslandschaft, aber auch im Umland gibt es einige bemerkenswerte Museen. Eine Auswahl:

- **Deutsches Auswandererhaus Bremerhaven:** Das zwei Jahre nach seiner Eröffnung 2007 als bestes Museum Europas ausgezeichnete Auswandererhaus zeichnet die Einzelschicksale von Auswanderern nach Amerika nach, die wie 7,2 Millionen Schicksalsgenossen in Bremerhaven im 19. und 20. Jh. europäischen Boden verließen. Das Erlebnismuseum wan-

Schlossgarten des Oldenburger Schlosses mit seinem Landesmuseum.

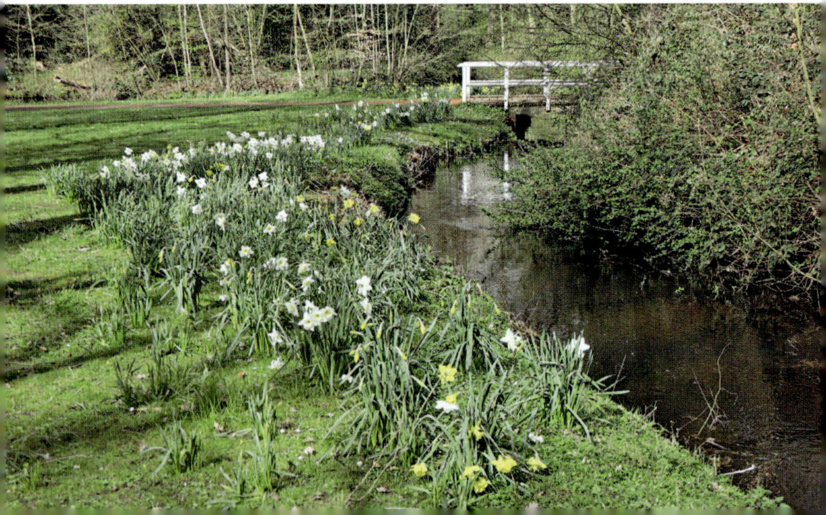

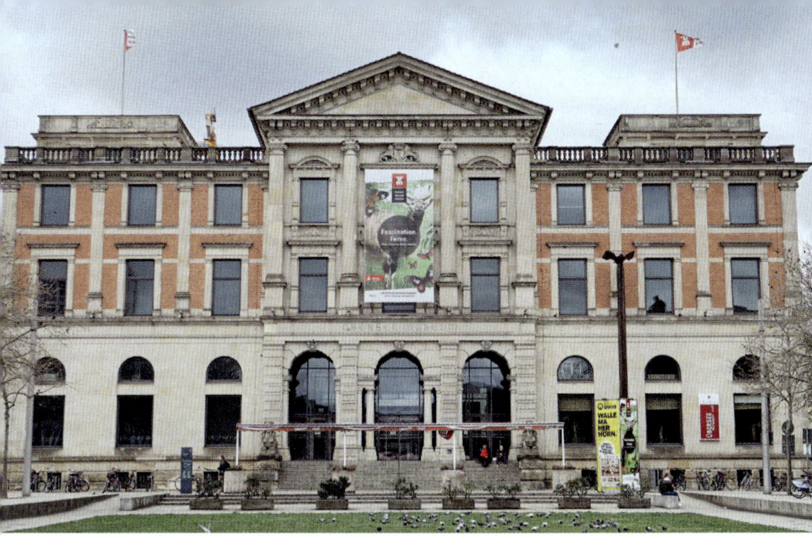

Am Bahnhof Bremen lädt das Übersee-Museum zur Weltreise ein.

delte sich zuletzt durch Erweiterungen zur Einwanderung zu einem Migrationsmuseum. Columbusstraße 65, 27568 Bremerhaven, www.dah-bremerhaven.de.

- **Klimahaus Bremerhaven:** Das 2009 eröffnete Klimahaus 8° Ost bietet eine Reise längs des 8. Längengrades und veranschaulicht dabei interaktiv Klimafaktoren und -zonen ebenso wie den Treibhauseffekt und dessen Folgen. Am Längengrad 8, 27568 Bremerhaven, www.klimahaus-bremerhaven.de.
- **Deutsches Schifffahrtsmuseum Bremerhaven:** Das 2021 neu gestaltete nationale Schifffahrtsmuseum des Leibniz-Instituts dokumentiert den maritimen Sektor mit verschiedenen Ausstellungen vom Mittelalter bis zu aktuellen Themen der Meeresforschung. Höhepunkt ist die Bremer Kogge von 1380, das weltweit am besten erhaltene Handelsschiff der Hanse. Im Museumshafen liegen zahlreiche alte Schiffe vor Anker. Hans-Scharoun-Platz 1, 27568 Bremerhaven, www.dsm.museum.
- **Übersee-Museum Bremen:** Altehrwürdiges Museum von 1896 am Bahnhof, deren geografisch strukturierte Ausstellungen Aspekte zu Kultur, Natur und Handel behandeln. In der Ausstellung »Spurensuche« setzt sich das Museum selbstkritisch mit der Beschaffung bzw. Herkunft von Exponaten in der Kolonial- und NS-Zeit auseinander. Bahnhofsplatz 13, 28195 Bremen, www.uebersee-museum.de.
- **Landesmuseum für Kunst und Kulturgeschichte** im Oldenburger Schloss: Das ehemalige gräfliche und herzogliche Residenzschloss Ol-

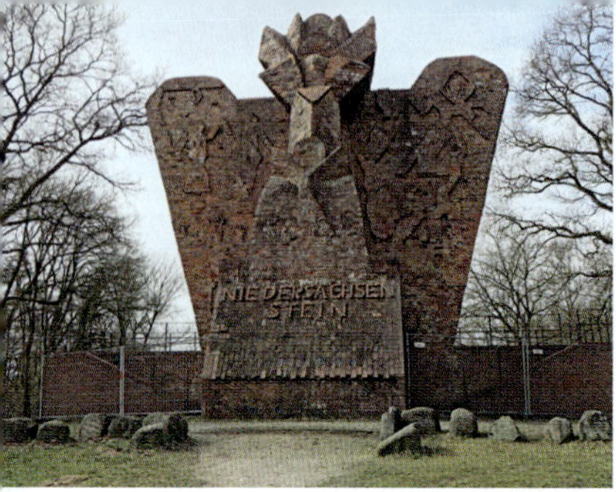

Monumentaler Niedersachsenstein in Worpswede.

denburg beherbergt seit 1923 das Landesmuseum für Kunst und Kulturgeschichte Oldenburg mit den Großherzoglichen Sammlungen als Grundstock. Themenbereiche sind Gemälde Alter und Neuer Meister, Kulturgeschichte, Kunstgewerbe und die historischen Räumlichkeiten des Schlosses. Schlossplatz 1, 26122 Oldenburg, www.landesmuseum-ol.de.

- **Kunstausstellungen in Worpswede:** Worpswede bietet als Ergebnis der im 19. Jh. entstandenen Künstlerkolonie mehrere Kunstausstellungen und Galerien, etwa Worpsweder Kunsthalle, Barkenhoff, Große Kunstschau, Haus im Schluh – zusammengeschlossen im Worpsweder Museumsverbund mit einer kombinierten Eintrittskarte (Museum4-Ticket), www.worpswede-museen.de.
- **Naturschutz- und Informationszentrum (NIZ) »Haus im Moor«:** Das Infozentrum informiert über das 640 ha große Naturschutzgebiet des Goldenstedter Geesthochmoors als südlichstem Ausläufer der Wildeshauser Geest. Weitere Attraktionen im Goldenstedt Moor sind Moorbahnfahrten, ein Aussichtsturm, Barfußpfad, Bohlensteg und der »Moortunnel« mit 4 m hohem Moorprofil. Arkeburger Straße 22, 49424 Goldenstedt, www.niz-goldenstedt.de.

Straße der Megalithkultur

Die Straße der Megalithkultur führt von Oldenburg zu eindrucksvollen Vorgeschichtsdenkmälern und vielen weiteren kulturellen Sehenswürdigkeiten im Naturpark Wildeshauser Geest. Die Ferienstraße ist auch als Anfahrtsroute zu Ausgangspunkten von Wanderungen eine gute Wahl. Wälder, Moore und die sagenumwobenen Großsteingräber aus der Jungsteinzeit (ca. 3500 – 2800 v. Chr.) wechseln sich entlang der lückenlos ausgeschilderten Touristikroute, die Bundesstraßen wohltuend vermeidet, ab mit Wäldern, reetgedeckten Fachwerkhöfen und Bilderbuchdörfern. Auch zahlreiche Radwanderwege führen unter dem Motto »Erlebnisroute Faszination Archäologie« zu Zielen aus »mythischer« Steinzeit.
Am Urwald Baumweg (Tour 43) verlässt die rund 330 km lange Straße der Megalithkultur das Oldenburger Land und führt über den Hümmling weiter ins Emsland (www.strassedermegalithkultur.de).

Rechts: Worpswede bietet auch außerhalb vom Dorf moderne Kunst.
Folgende Doppelseite: Schneeglöckchen im Wald bei Harpstedt.

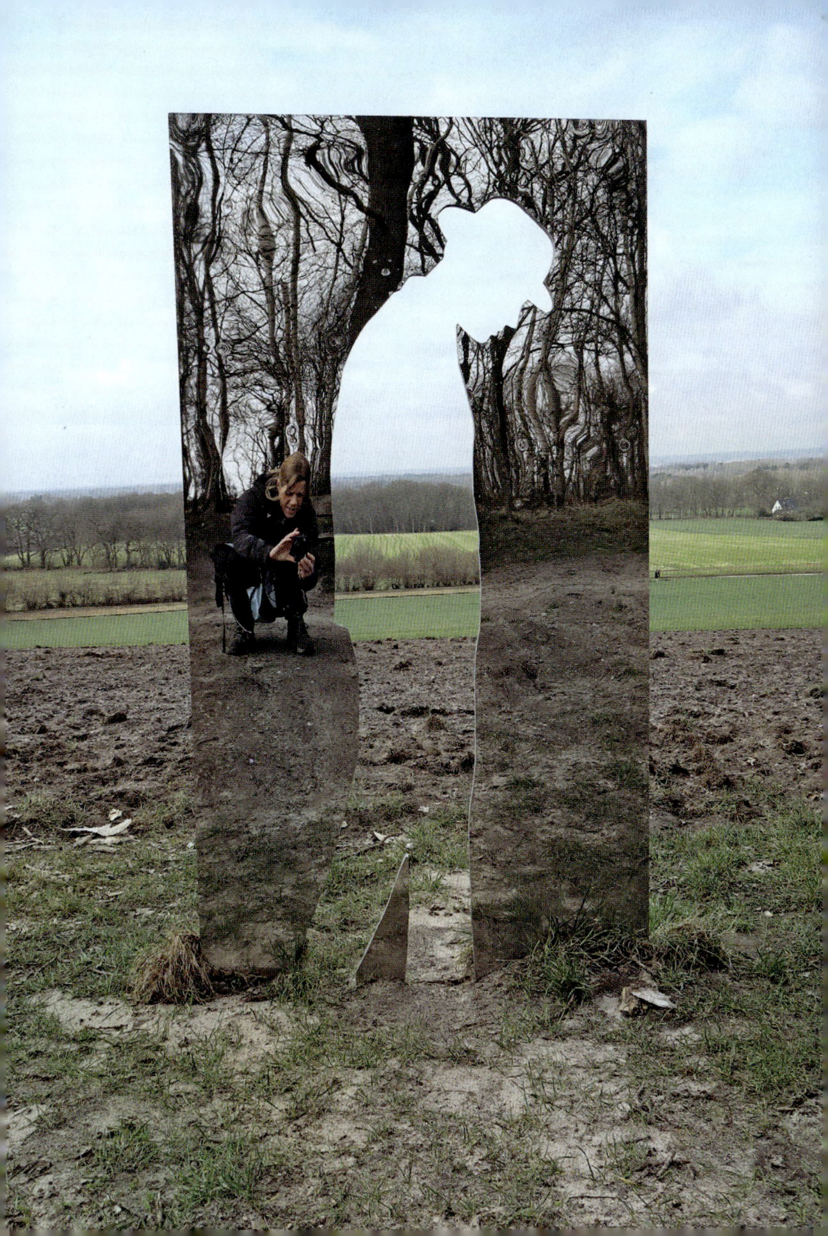

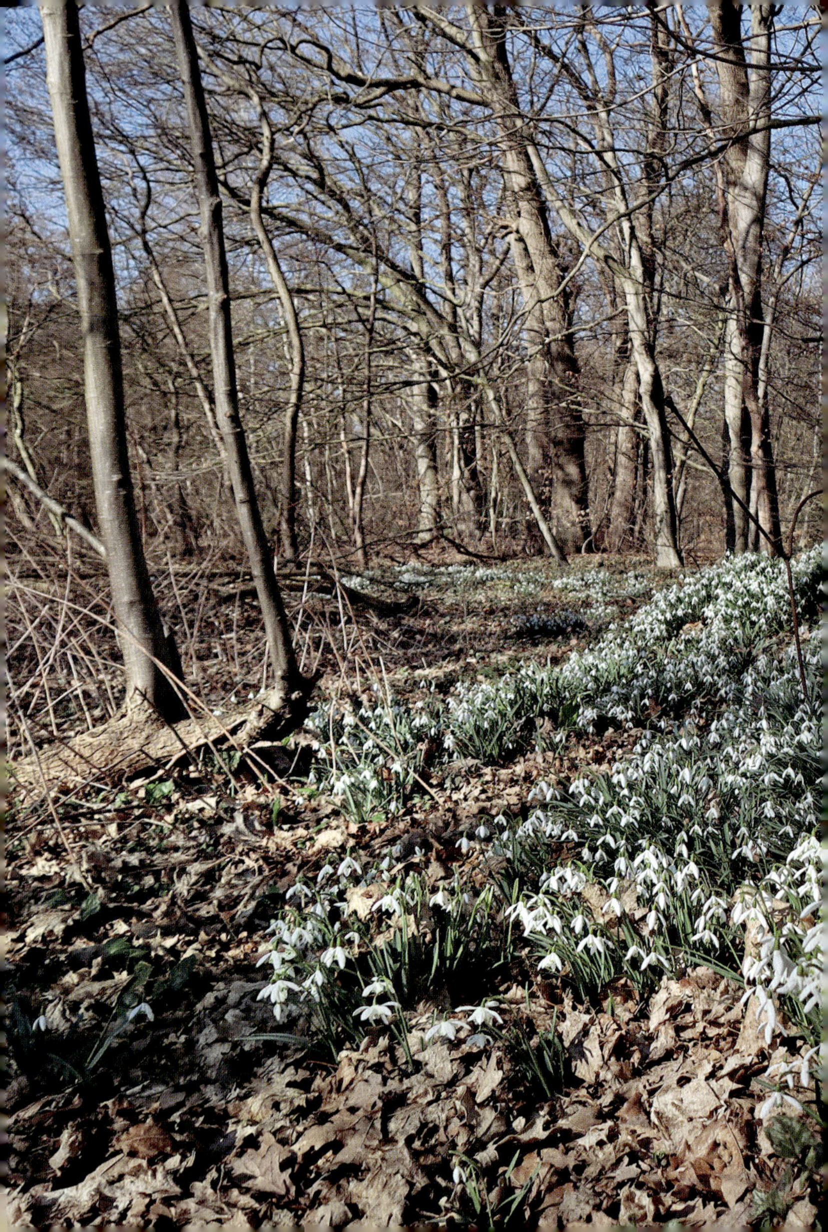

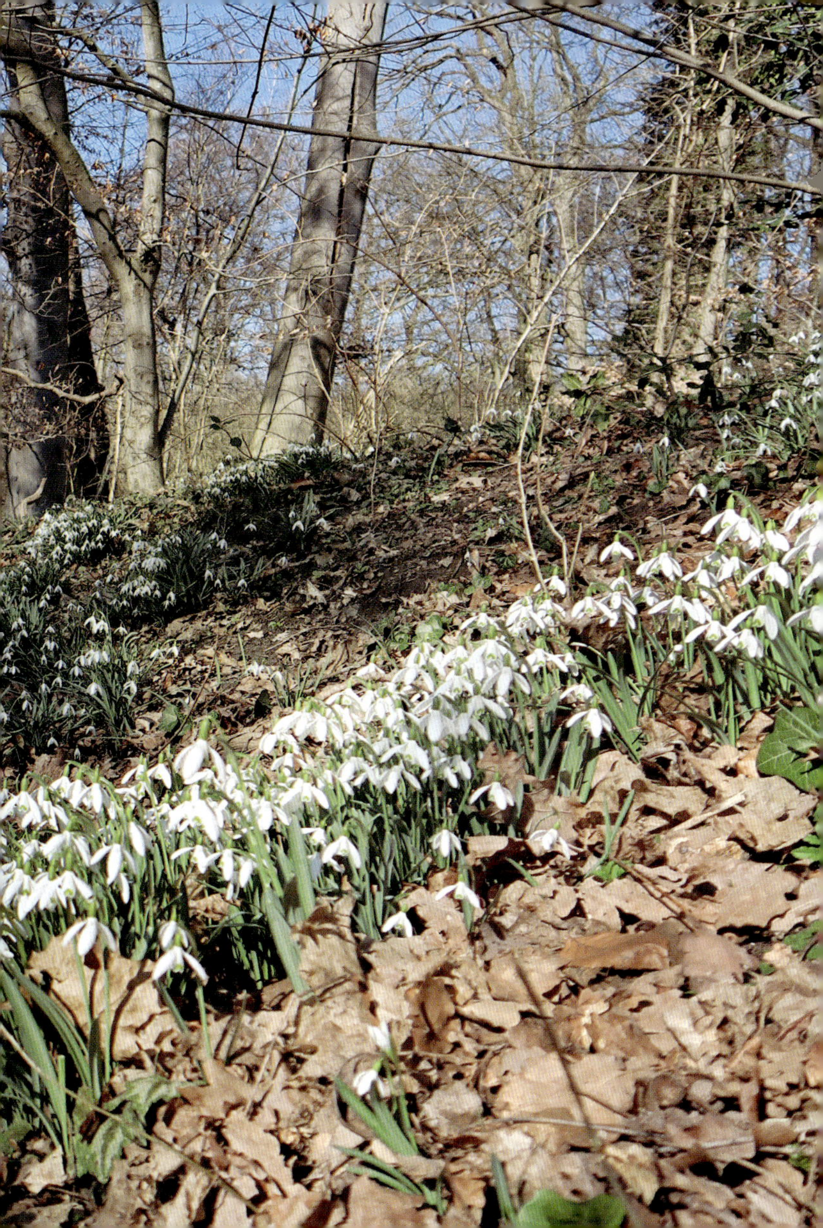

↗ 90 m | ↘ 90 m | 15,2 km

1 Verden – Sachsenhain – Verdener Dünen

3.45 h

Allerpromenade, Allee der 4000 Steine, weiße Wanderdünen

Verden liegt an einer seit der Steinzeit genutzten Allerfurt, die der Stadt den Namen gegeben hat: Der 782 erstmals belegte Name »Ferdi« bedeutet »Furt«. Vom Dom in der Verdener Altstadt über dem Allertal geht es durch die imposante Steinallee des Sachsenhains und durch die schöne Bachlandschaft des Halsetals zu den schneeweißen Wanderdünen im Naturschutzgebiet Verdener Dünen.

Ausgangspunkt: Dom zu Verden (21 m), am Lugenstein. Mehrere größere Parkplätze am Allerufer, etwa P2 nahe Blumenwisch ❸ bis zu 3 Stunden frei (Navi: Reeperbahn, 27283 Verden) oder nördlich der Nordbrücke zwischen ❸ und ❹ (Navi: Am Allerufer, 27283 Verden).
ÖPNV: IC-Bahnhof Verden mit sehr häufigen Verbindungen von/nach Bremen, 500 m östlich vom Zentrum zwischen ❶ und ❸.

Anforderungen: Leichte Promenaden.
Einkehr: Zahlreiche Möglichkeiten in der Altstadt von Verden.
Variante: Wer die Sachsenhain-Runde gesondert durchwandern möchte, findet einen kleinen Parkplatz an der Eisseler Straße an der Einmündung des (autofreien) Halsmühlenwegs.
Tipps: Verdener Dom (täglich 9 – 17 Uhr), Deutsches Pferdemuseum der Reiterstadt Verden (Mo. Ruhetag).

Am Ausgangspunkt am Lugenstein lohnt zunächst der **Dom zu Verden** ❶ einen Besuch: Der gotische Sakralbau prägt die Silhouette der Altstadt von Verden, auf einem Geestvorsprung über dem Allertal. Die dreischiffige Backstein-Hallenkirche ist der Nachfolgebau eines romanischen Doms, von dem der in Portasandstein errichtete Glockenturm für die damalige Kathedrale des Bistums Verden übernommen wurde.
Nun geht es zunächst durch die Parkanlagen südlich des Doms zur romanischen **Andreaskirche**, im 12./13. Jh. als Chorherrenstiftskirche errichtet. Von St. Andreas führt die Strukturstraße westwärts zur Allerpromenade, auf der man aussichtsreich zwischen Fluss und Altstadt in Richtung **Eisenbahnbrücke** ❷ wandert, am Ende links zum Spielplatz und dahinter links auf dem Parkweg zur Straße »Burgberg«, die oberhalb der Allerpromenade verläuft und weite Ausblicke auf das Allertal sowie die Wiesenlandschaft am gegenüberliegenden Ufer gewährt. Am Ende führt die Grüne Straße rechts am Domgymnasium vorbei zur Andreasstraße mit der vom Hinweg bekannten Andreaskirche in den Parkanlagen beim **Dom** ❶.

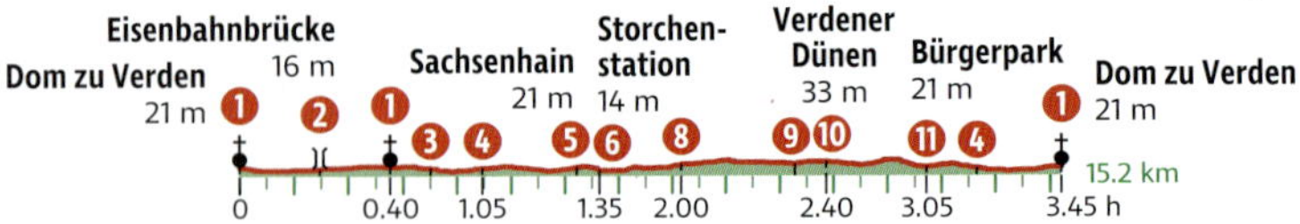

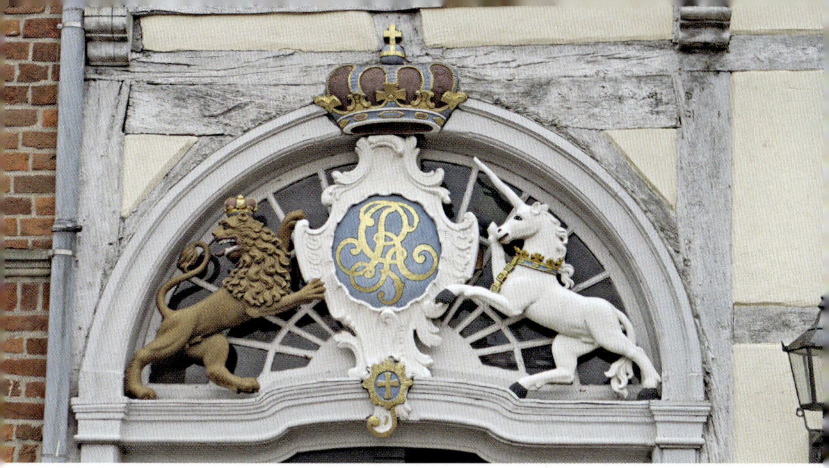

Den Eingang zum Verdener Dom ziert das Wappen von Georg IV.

Vom Dombereich leitet die Fußgängerzone Große Straße nordwärts, gesäumt von Geschäften und Restaurants sowie von Bürgerhäusern vergangener Jahrhunderte. Wo die Ritterstraße halb links abzweigt, fällt der Blick zum Rathaus (1729/1905) mit dem von vier Ecktürmchen gerahmten Turm und zum Turm der romanischen Johanniskirche, einer der ältesten Backsteinkirchen Norddeutschlands. Am Ende der Ritterstraße führt die Parkplatzstraße **Blumenwisch** 3 zur Aller. Dort geht es am Ufer flussabwärts unter der Nordbrücke hindurch. Nach der Brücke links am Parkplatz entlang, links am Poller vorbei zwischen einem Hafenbecken und Schuppen zur Allerstraße, dort für 250 m rechts und dann links in die ruhige Straße **Maulhoop** 4, am Ende wenige Meter links (Memelstraße) und sofort rechts in den durch Poller für Autos gesperrten Halsmühlenweg, der durch Felder zum kleinen Parkplatz vor dem Sachsenhain leitet.

Neben einem Gefallenendenkmal am Anfang des Parks führt eine aus Findlingen gebildete Zubringerallee halb links in den **Sachsenhain** 5, dessen fahrradfreie Hauptallee mit Lageplänen und historischen Exkursen aufwartet. Die Hauptallee führt nach 150 m an der T-Kreuzung zwischen den Steinen links weiter. An einer bastionsartigen, aus Findlingen gebildeten Ausbuchtung fällt der Blick zum Bach Halse, dahinter öffnet sich die Totenwiese, um die herum die Steinallee führt. Die Hauptallee überquert an der nächsten T-Kreuzung rechts die Halse auf einer Holzbrücke, dahinter befindet sich vor dem Wald die **Storchenstation** 6, in der kranke Störche gepflegt werden, während die Hauptallee zum **Evangelischen Jugendhof** 7 weiterführt, wo die höchsten und mächtigsten der insgesamt 4000 Steine aufgestellt sind – ein Nazi-Denkmal an die Tausenden von Karl dem Großen beim Blutgericht von Verden getöteten heidnischen Sachsen.

Vor dem Jugendhof auf dem Parkplatz geht es durch die Ausfahrt rechts aufwärts, dann links in die ruhige Straße Zum Thingplatz, die in wenigen Minuten über die Eisenbahnlinie hinweg zu einer größeren Straße führt, der **Achimer Straße** **8**; dahinter geradeaus. Am Kindergarten, rechts in die Schulstraße, an der Ampelanlage geradeaus (Neue Schulstraße), bis die am Berufsschulzentrum vorbeiführende Neue Schulstraße für den öffentlichen Verkehr gesperrt ist. Nach 200 m hinter dem Zaun, links den Feldweg nehmen und nach 50 m rechts in den Feldweg zur Straße Neumühlen und auf

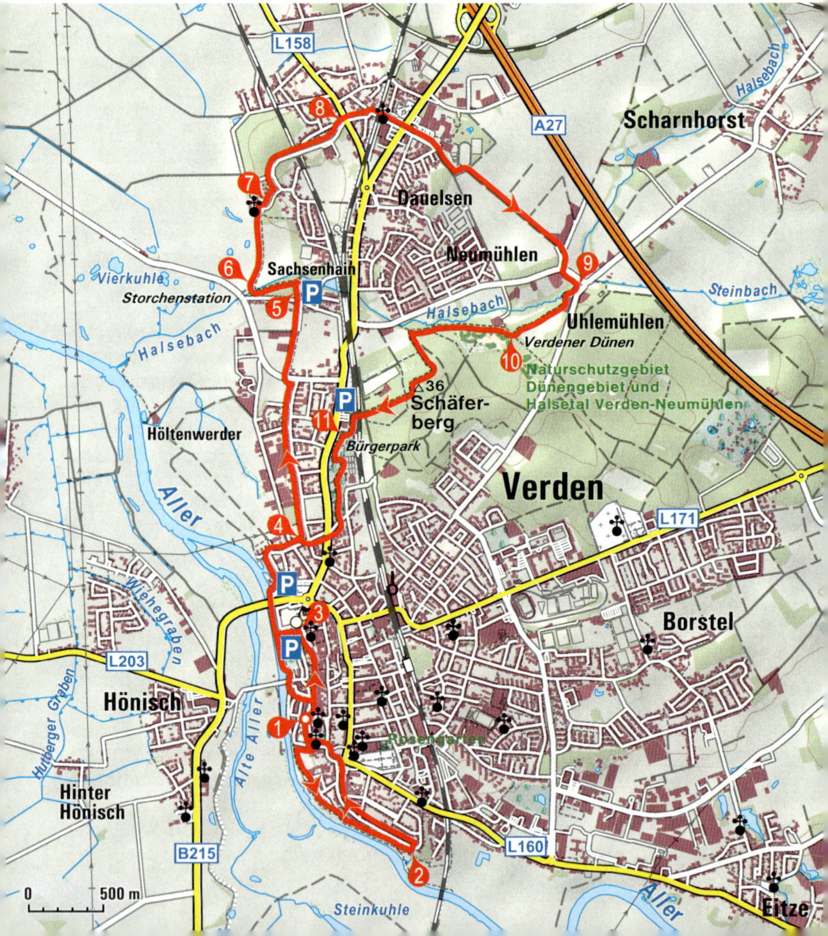

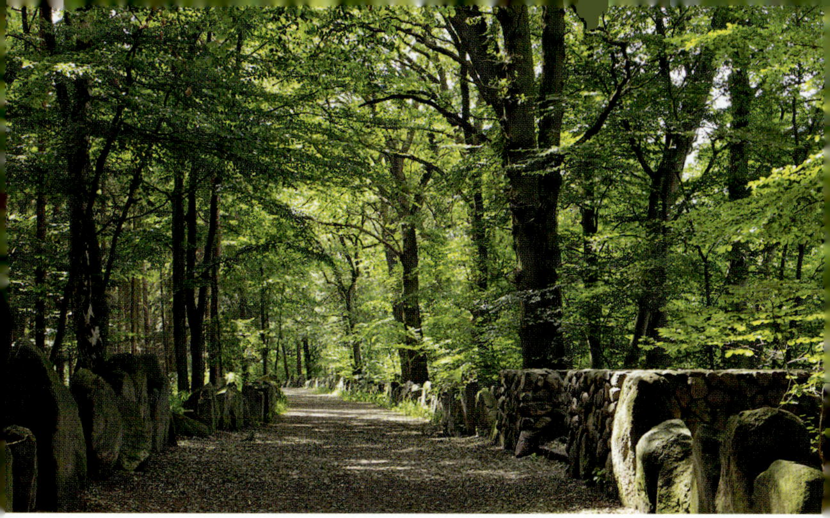

Die Steinallee im Sachsenhain geht zurück auf ein Nazi-Denkmal an Karl den Großen.

dieser links bis kurz vor die **Verzweigung Uhlemühlen** 9. Direkt nach Querung des Bachs und vor der Straße Uhlemühlen folgen wir dem Pfad rechts am Bach entlang in das Naturschutzgebiet Stadtwald Verden und passieren eine Infotafel mit Übersichtsplan. Der Pfad führt am Verdener Brunnen vorbei und erreicht nach 250 m hinter der Treppe am Schullandheim eine Gabelung, wo es rechts weiter geht zu den **Verdener Dünen** 10. Dieses von alten Kiefern bestandene Gebiet mit teils dünner Grasnarbe, teils Sandflächen ist eines der letzten erhaltenen Dünengebiete, die sich nach der letzten Eiszeit auf dem Hochufer des Aller-Weser-Urstromtals erhalten haben. Vor den Dünen an der 5-fach-Kreuzung ganz rechts dem Pfad folgen und danach Abzweigungen nicht beachten. Wenn der Weg nach knapp 10 Min. den Wald vor einer Wiese bei Häusern verlässt, geht es links ab am Waldrand entlang, an der dritten Kreuzung rechts (nach dem Reitweg) und nach 250 m an der Kreuzung bei Betonmauern im Wald geradeaus am Schützenvereinshaus vorbei. Dahinter unterqueren wir die Bahnlinie durch den Fußgänger-/Radtunnel und gehen vor dem Großparkplatz bei Aldi nach links in den **Bürgerpark** 11 mit alten Baumbeständen. Im Park wandern wir in südlicher Richtung zwischen Bahn und Straße. An dessen Südende rechts (Am Bürgerpark) und geradeaus zurück zur Allerstraße, dort auf derselben Route wie beim Hinweg zurück an der Abzweigung **Maulhoop** 4 vorbei, zur Parkplatzstraße Blumenwisch, weiter geradeaus am Allerufer durch den Park, dahinter über die Brückstraße und kurz darauf halb links durch die Straßen Tempelpforte, Lahusentraße und schließlich rechts die Untere Straße zurück zum **Dom** 1 am Lugenstein.

↗ 40 m | ↘ 50 m | 9,0 km

2 Etelsen – Daverden – Langwedel

2.30 h

Am Geestrand über der Alten Aller

Das Kirch- und Windmühlendorf Etelsen ist der größte Ortsteil der Gemeinde Langwedel an der mittleren Weser. Von hier folgt der Langwedeler Wanderweg dem aussichtsreichen Geestrand über der Alten Aller; nördlich der Bahnlinie erwarten Forstwege durch Wälder und Feldfluren mit Blick auf das Daverdener und Berkelsmoor.

Ausgangspunkt: Am Etelser Bahnhof (20 m), in Etelsen, Ortsteil der Gemeinde Flecken Langwedel mit Parkplätzen an beiden Seiten; südlich (Navi: Zur Rampe 1, 27299 Langwedel) oder nördlich (Navi: An der Eisenbahn 602, 27299 Langwedel).
Endpunkt: Bahnhof Langwedel mit Parkplatz (Navi: Alte Hollenstraße 1, 27299 Langwedel).
ÖPNV: Stündlich Regionalbahnverbindungen zwischen dem Ausgangs- und Endpunkt. Außerdem Bushaltestellen Etelsen Bremer Straße am Schloss Etelsen ❷ und Darverden Surfehldstraße zwischen ❻ und ❼ mit Linie 740 zwischen Verden und Bremen, Mo. – Fr. stündlich, am Wochenende seltener, www.vbn.de.
Anforderungen: Leichte Promenaden und Wanderwege, teilweise grasig.
Einkehr: Etelsen, Langwedel.

Variante: Option, um die Runde zu schließen durch Rückweg nördlich der Bahntrasse über breite Schotterwege und Straßen (6,2 km). Dazu auf der Nordseite des Bahnhofs hinter der Fußgängerunterquerung Straße Am Bürgerpark links und durch Wohngebiet Straßen möglichst nah rechts parallel zu Bahngleisen folgen: rechts Moorberg, am Ende links Schwarzer Berg, links Moorstraße, rechts Am Lindfeld und über Schotterwege abwechselnd durch Felder und Wälder, immer möglichst dicht rechts an der Bahn zum Bahnhof Etelsen ❶.
Kombi-Tipp: Verbindung ab Cluvenhagen zu Tour 3 (1 km); ab ❺ rechts Ellernbuschdamm, 200 m nach Querung der Alten Aller rechts Cluvenhagener Straße, nach 50 m links Am Kanal zum Schleusenkanal bei Cluvenhaben zu ❸ von Tour 2.

Westlich vom Bahnhof **Etelsen** ❶ führt die Zufahrt zur Etelser Bahnhofstraße, die sich links zum Ortszentrum hinabsenkt, rechts fällt der Blick durch den Mühlenhof zur Windmühle Jan Wind, einem **Galerieholländer** (1871) mit Heimatmuseum. Nach Queren der Bremer Straße an der Ampelkreuzung geht es kurz rechts, bis links der Weg unter die alten Bäume des Parks von **Schloss Etelsen** ❷ abzweigt (Bildungswerk). Das Schloss wurde um 1886 mit Neorenaissance-Haupt- und Neobarock-Gartenfassade errich-

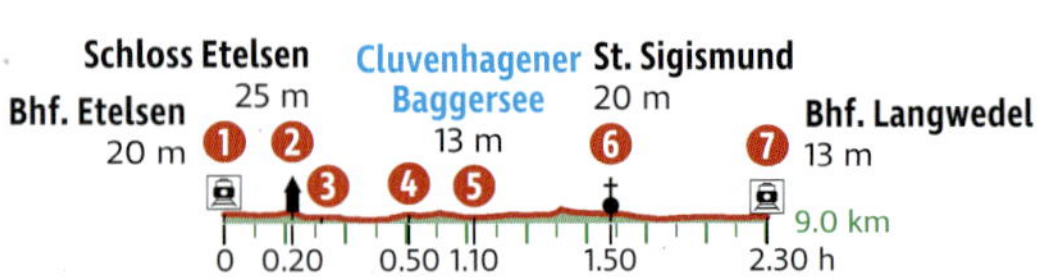

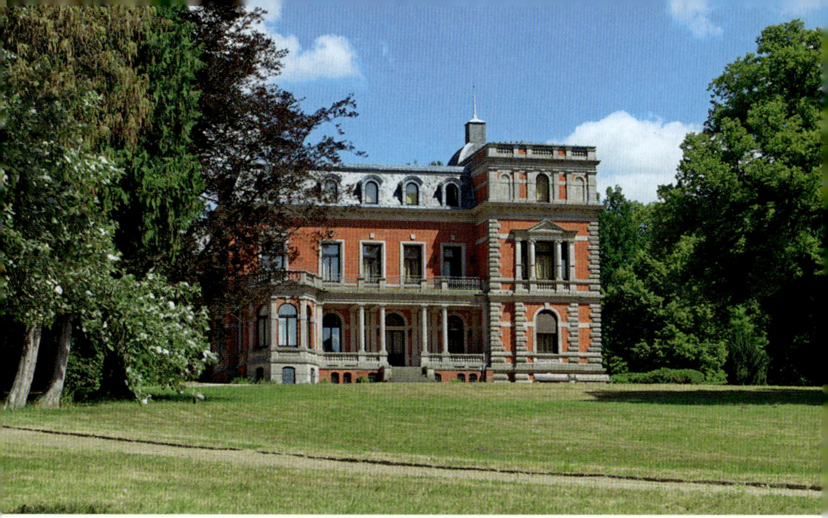

Schloss Etelsen aus dem 19. Jh. ist heute ein Seminar- und Tagungsanwesen.

tet und bildet den Rahmen für Konzerte, Ausstellungen und Theateraufführungen. Am unteren Ausgang des öffentlich zugänglichen Schlossparks geht es kurz links und sofort rechts, bis die Dorfstraße links aufwärtsführt, der Wanderweg rechts in die **Steinfeldstraße** ❸ wechselt und am Ende der Bebauung als von Bäumen flankierter Feldweg in die Wiesen an der Alten Aller hinausführt, hinter der Brücke links, bei einer Stegbrücke mit dahinter weißer Bank weiter geradeaus rechts vom Wassergraben und kurz hinter der nächsten Brücke rechts. Hinter den ersten Häusern von **Speckenholz** ❹ setzt sich der Wiesenweg in der Marschstraße fort, wo wir in der ersten Linkskurve rechts Auf der Wurth folgen. Am kleinen Parkplatz am Waldrand geradeaus. Kurz darauf führt der gepflasterte Weg nach rechts, links am Hof vorbei, mit »Langwedeler Wanderweg« markiert. Dahinter führt der markierte Feldweg am Waldrand weiter zum **Cluvenhagener Baggersee** ❺. Dahinter leitet der Wanderweg im Waldsaumbereich an der Alten Aller entlang durch die »Mördergrube« – hier lauerten in vergangenen Jahrhunderten Mordgesellen den Kutschen auf, die von Bremen in die Domstadt Verden unterwegs waren – bis zu den Treppenstufen, die links zur Freilichtbühne im Daverdener Holz hinaufführen. Oben an der T-Kreuzung der Markierung nach rechts folgen. Nachdem der Pfad etwa 5 Min. die Steilküste begleitet hat, führt eine Treppe hinunter in das Dorf an einem Hof mit frei laufendem Hund vorbei. Nach 200 m an der Kreuzung der Markierung rechts hinunter, dann an der Weserstraße links und sofort nach rechts auf dem markierten Kirchweg zur im 13. Jh. errichteten **Sigismundkirche** ❻, die ab 1400 ihre heutige Gestalt erhielt. Auf dem Friedhof finden sich

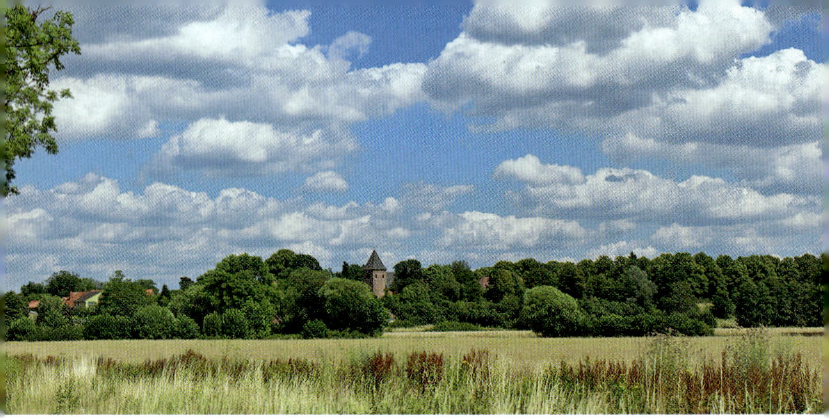

Blick auf Daverden mit der Kirche St. Sigismund.

zahlreiche Grabstelen aus der Zeit des Biedermeier sowie ein spätgotischer Grabstein, die Linde vor der Kirche wurde vermutlich im Gründungsjahr des Ortes Daverden 1258 gepflanzt. Am Friedhof entlang führt die Pfarrgasse hinaus ins Grüne, folgt der Alten Aller über Graswege und erreicht am Sportplatz die Bebauung des Fleckens **Langwedel**: Die Suhrfeldstraße leitet zur Hauptstraße hinauf, dort am Parkplatz rechts, Am Rathaus links, und den Herrenkamp rechts auf der Brücke über den Goldbach. Nach etwa 5 Min. an der Kreuzung den links abzweigenden August-Kranz-Weg zum **Bahnhof Langwedel** ⑦ nahe des Burgbads, wo ab 1220 sechs Jahrhunderte lang die Langwedeler Burg stand.

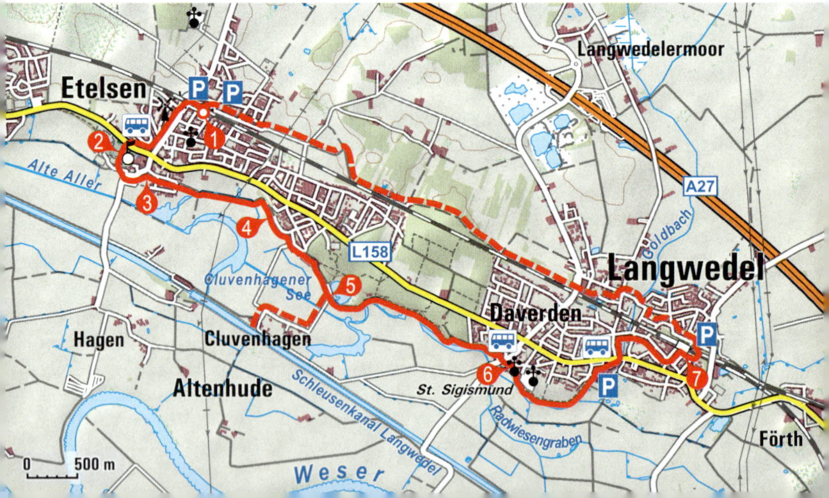

↗ 10 m | ↘ 10 m | 13,7 km

3.15 h

Baden – Cluvenhagen – Hagen

3

Vom Dreistromeck zur Schleuse Langwedel

Der 1000 Jahre alte Höhenort Baden liegt auf einem Geestrücken über dem Wesertal. Vom Dreistromeck an der Mündung der Alten Aller und des Schleusenkanals folgt die Wanderung dem Schleusenkanal durch die grünen Wesermarschen zur Schleuse Langwedel. Das idyllische Gebiet zu Füßen des bewaldeten Achim-Langwedeler Geestrückens profitiert wegen fehlender Straßenverbindungen von der fast völligen Abwesenheit des Autoverkehrs.

Ausgangspunkt: Pfingstwiese (10 m), »Parkplatz an der Weser« am Ende der Straße Am Blocksberg im Achimer Ortsteil Baden (Navi: Am Blocksberg, 28832 Achim).
ÖPNV: Bushaltestelle Achim Holzbaden 250 m von der Route mit u.a. Linie 740 zwischen Verden und Bremen, Mo.–Fr. stündlich, am Wochenende seltener, www.vbn.de. 50 m westlich der Haltestelle südwärts entlang Allerstraße zum Schleusenkanal.
Anforderungen: Leichte meist asphaltierte Wege/Straßen, optional auch stellenweise Grasweg auf Deich.
Einkehr: Keine.
Kombi-Tipp: Verbindung Cluvenhagen zur Tour 2; Ab ❸ auf 1 km langem Weg landeinwärts auf Straße Am Kanal, dann rechts Cluvenhagener Straße und später links Ellernbuschdamm zum Cluvenhagener Baggersee ❺ von Tour 2.

An der Schleuse Langwedel.

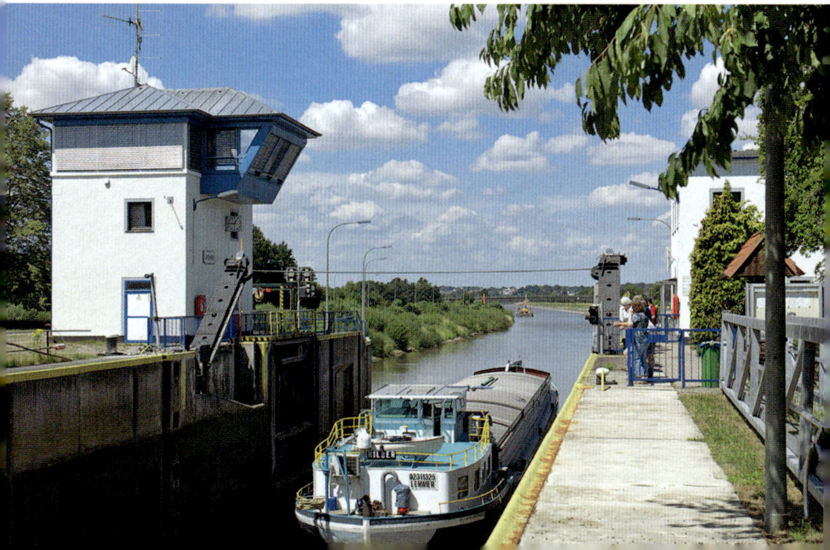

Von **Badens** höchstem Punkt im Stadtwald (47 m) fällt das Gelände steil zur Weser ab, wo die **Pfingstwiese** ❶, die Festwiese Am Blocksberg, den tiefsten Punkt des Ortes markiert. An der Pfingstwiese münden die Alte Aller und der Schleusenkanal in die Weser, weshalb die Stelle »Dreistromeck« genannt wird. Am Beginn des Parkplatzes führt ein kurzer Pfad zur Mündung der Alten Aller. Von der Pfingstwiese leitet die Zufahrt Am Blocksberg am Fuß des Geestrückens entlang und dann unterhalb von Wäldern auf den Schlossort Etelsen zu, bis rechts die Allerstraße in die Wesermarsch abzweigt. Kurz vor dem Schleusenkanal geht es links ab auf dem autofreien Weserradweg oder dem Grasweg auf dem Deich längs des Kanals an einer Stegbrücke vorbei, nach Unterqueren der nächsten Brücke fällt der Blick über die Felder hinweg auf das Schloss und die Windmühle von Etelsen, dann erreicht der autofreie Asphaltweg den Rastplatz an der **Schleuse Langwedel** ❷, wo viele dem Auf- und Abschleusen der Schiffe zusehen. Der 8,51 km lange Schleusenkanal zwischen Verden und Baden wurde 1958 eröffnet; er nutzt zu einem Teil das alte Bett der Aller und verkürzt durch Begradigung den Weser-Schifffahrtsweg um 3,5 km.
Wenig später erreicht der Kanalweg den Weiler **Cluvenhagen** ❸; hier besteht die Möglichkeit, geestwärts zum Cluvenhagener See, einem landschaftlich eindrucksvoll gelegenen Baggersee, zu wandern und dort auf den Langwedeler Wanderweg zu wechseln (→ Tour 2). Bald darauf entfernt sich der autofreie Weg vom Kanal und folgt in den Feldern dem Köthner Marschdamm zur alleeartig von alten Bäumen gesäumten **Kreisstraße** ❹:

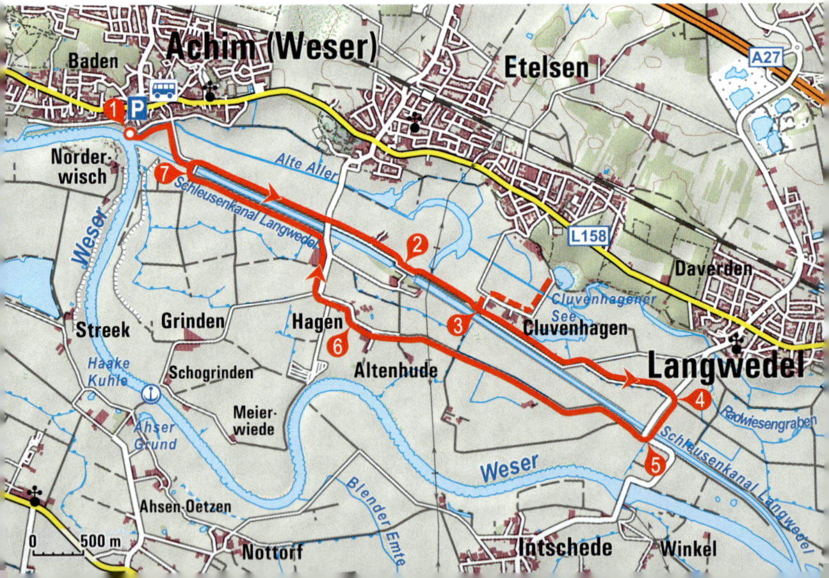

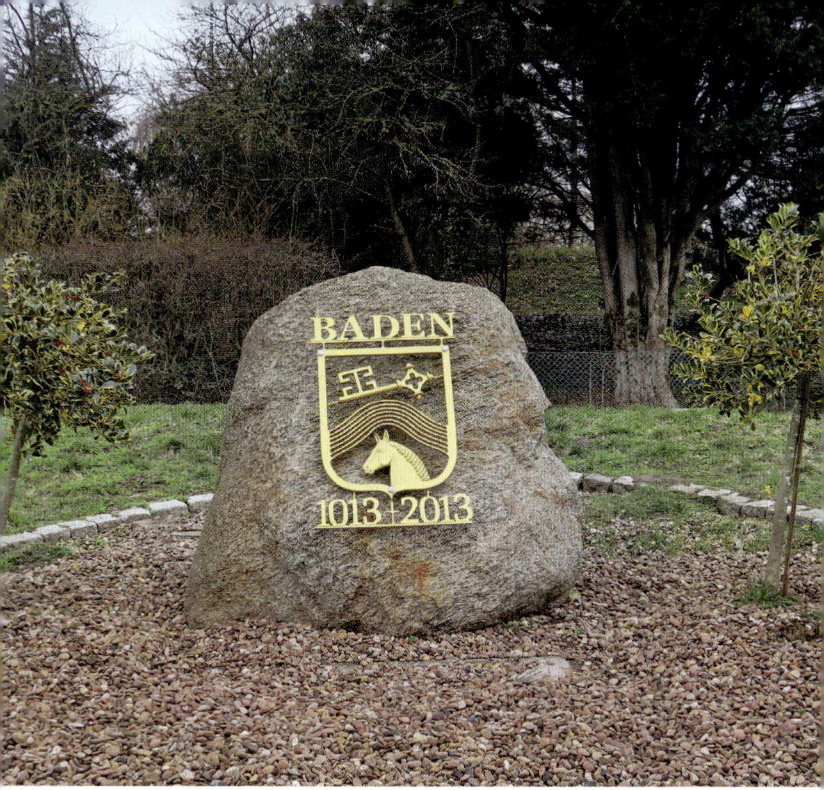

Pfingstwiese mit Badener Wappen und Gedenkstein.

hier auf dem Rad- und Fußweg (Blick zur Kirche von Daverden) rechts zur **Kanalbrücke** 5 und an der Informationstafel dahinter rechts auf den Uferweg (Rottdamm) und in den Weiler **Hagen** 6. Hier kurz rechts (Hagener Straße) und hinter dem Gasthof links ab auf den autofreien Kanaluferweg neben den Bäumen. Kurz vor der Mündung in die Weser überquert eine **Stegbrücke** 7 den Kanal, und die bekannte Route ist wieder erreicht: Sie führt zurück zum Ausgangspunkt, der **Pfingstwiese** 1 am Dreistromeck.

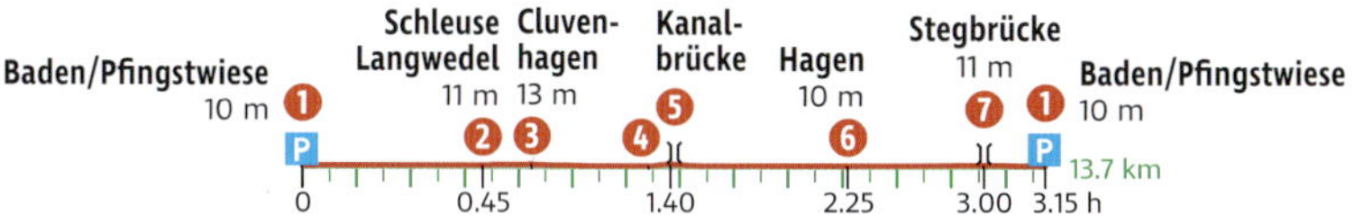

↗ 40 m | ↘ 40 m | 23,6 km

4 Bremen Altstadt – Kirchweyhe – Barrien

5.30 h

Jakobsweg von der Weser zur Wildeshauser Geest

Von der Domstadt Bremen führt der Jakobsweg weseraufwärts nach Dreye und erreicht in Barrien den Naturpark Wildeshauser Geest. Landschaftlicher Höhepunkt ist das Hachetal zwischen Kirchweyhe und der Barrier Schweiz. Bis Kirchweyhe ist die Route identisch mit dem weiter weseraufwärts führenden Weser-Wanderweg.

Ausgangspunkt: Bremen, Am Dom (14 m). Zugang ab Hauptbahnhof entsprechend Tour 6 (zzgl. 1 km).
Endpunkt: Haltepunkt Barrien an der DB-Strecke Bremen – Osnabrück mit gebührenfreiem Parkplatz (Navi: Brückenstraße, 28857 Syke).
ÖPNV: Stündliche Regionalbahnverbindungen zwischen Bremen Hbf. und Barrien mit Halt in Dreye und Kirchweye (→ Varianten).
Anforderungen: Leichte Promenaden, lange Strecke erfordert etwas Kondition.
Markierung: Jakobsmuschel für Pilgerweg.
Einkehr: Altstadt, Kirchweyhe, Lüttje Kaffeestuv am Anfang von Barrien (Mi. – So. außer Sa. 15 – 18 Uhr).
Varianten: Abkürzungsmöglichkeiten mit Rückfahrt per Bahn.
1. bis Dreye (12 km), in Dreye 150 m nach 6 rechts in Dreyer Straße in 1 km zum Bahnhof.
2. bis Kirchweye (16 km), in Kirchweye Bahnhofstraße geradeaus in 10 Gehminuten zum Bahnhof.

Der **Sankt-Petri-Dom** 1 auf einer überflutungssicheren, bis zu 14 m hohen Düne in der Weltkulturerbe-Altstadt ist im Ursprung die älteste Kirche Bremens (789). Mit seiner im 19. Jahrhundert wiederhergestellen Zwei-Turm-Front beherrscht er den angrenzenden Marktplatz und bildet mit dem Weserrenaissance-Rathaus und der gotischen Pfarrkirche Unser Lieben Frauen – der ältesten Pfarrkirche Bremens – eine imposante Baugruppe, in der über Jahrhunderte hinweg das Zusammenwirken weltlicher und kirchlicher Macht Ausdruck gefunden hat. Errichtet wurde er zur Zeit der Romanik und der Backsteingotik. Die Dom-Maus auf dem Ostchor sollte Hexen und Teufel am Betreten des Gotteshauses hindern. Die Turmbläser blasen nach dem Sonntagsgottesdienst Choräle, Quartette, Fugen und Volkslieder von der **Aussichtsplattform des Südturms**: 256 Stufen führen zur Plattform, die ein unvergessliches Panorama bietet. Das Südportal öffnet sich zum **Bibelgarten** mit der Figur des Pilgerpatrons Sankt Jakob – im christlichen Mittelalter war der Dom ein wichtiger Ausgangspunkt der Pilgerfahrten nach Santiago auf dem »Sternenfeld«. Der Bibelgarten auf der Domsheide ist eine Oase der Ruhe, das Gartenrestaurant **Beck's zur Glocke** lädt zur Einkehr ein. Die namengebende »Glocke« ist ein Konzerthaus, das Herbert vom Karajan zu den drei besten Konzertsälen Europas zählte.

Seit über 1200 Jahren steht am Ort des 90 m hohen St.-Petri-Doms eine Kirche.

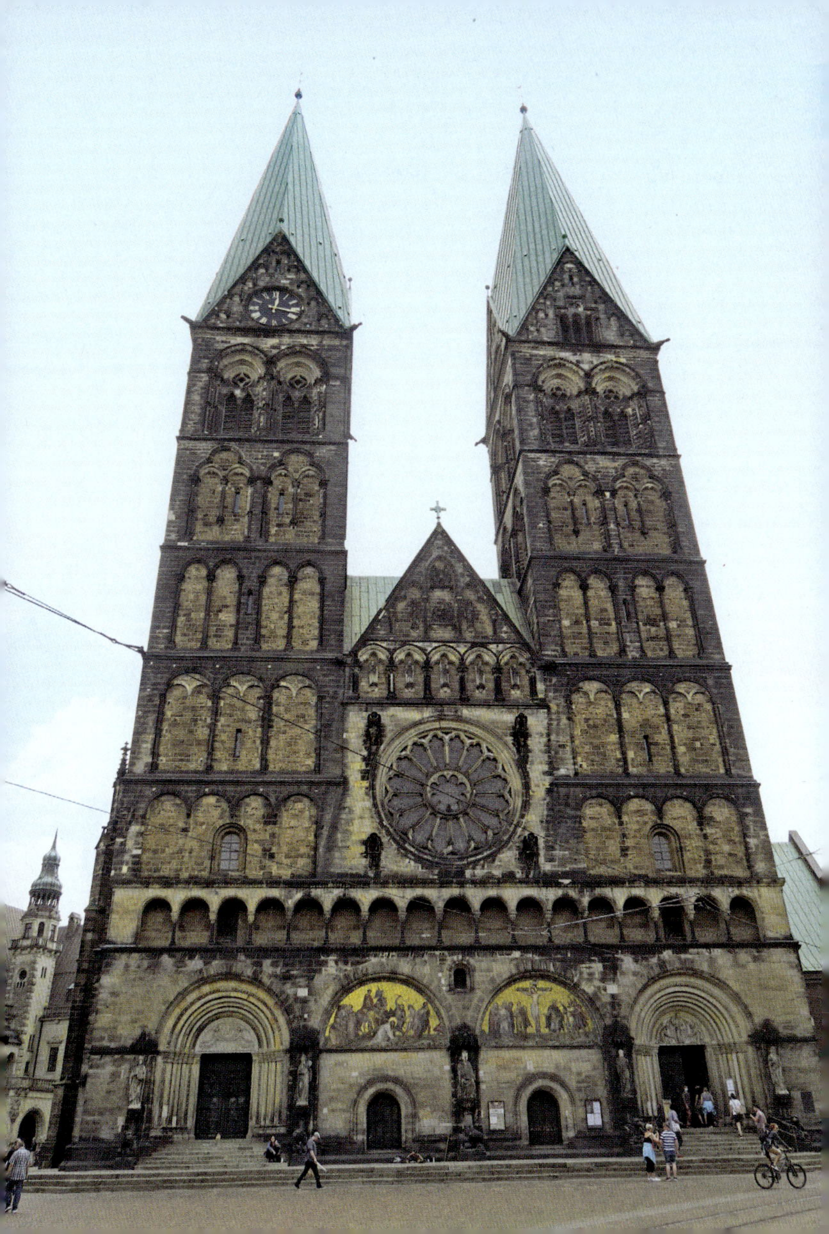

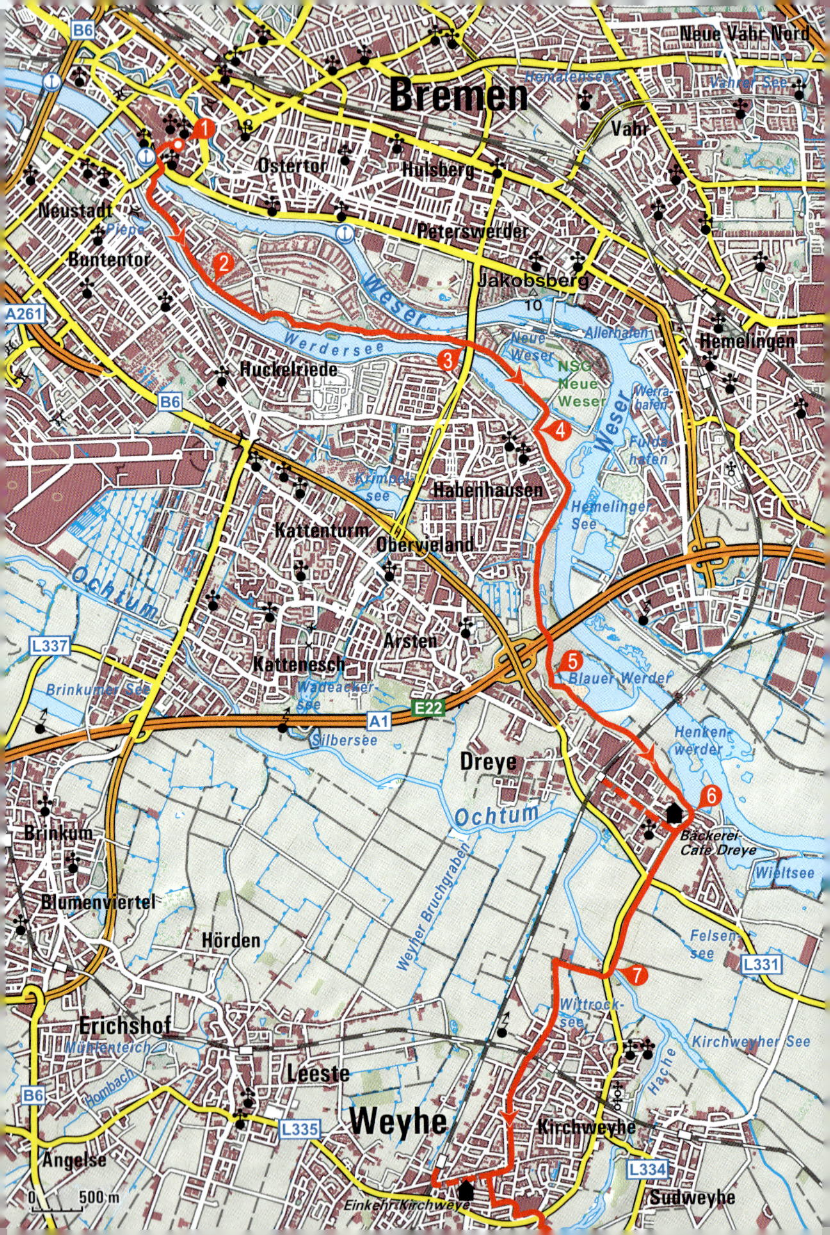

Bremen
Neue Vahr Nord
Vahrer See
Vahr
Ostertor
Hulsberg
Neustadt
Pieper
Buntentor
Peterswerder
Jakobsberg
Weser
Werdersee
Neue Weser
NSG Neue Weser
Allerhafen
Hemelingen
Werrahafen
Fuldahafen
Huckelriede
Krimpelsee
Habenhausen
Hemelinger See
Kattenturm
Obervieland
Ochtum
Arsten
Kattenesch
Blauer Werder
Brinkumer See
Wadeackersee
Silbersee
Henkenwerder
Dreye
Bäckerei-Café Dreye
Wieltsee
Brinkum
Blumenviertel
Hörden
Weyher Bruchgraben
Felsensee
Wittrocksee
Erichshof
Mühlenteich
Kirchweyher See
Leeste
Hombach
Hache
Weyhe
Kirchweyhe
Angelse
Einkehr Kirchweyhe
Sudweyhe
B6
A261
L337
A1
E22
L331
L335
L334
0
500 m

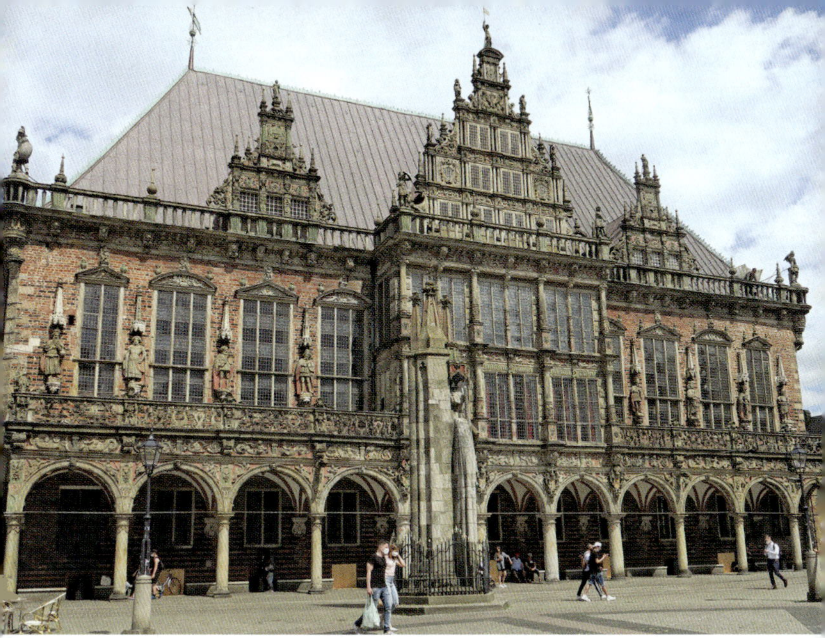

Das Bremer Rathaus gehört zusammen mit dem Roland zum UNESCO-Weltkulturerbe.

Aus den Arkaden vor dem Bibelgarten tretend, fällt der Blick (rechts das Turmbläserdenkmal) zum Roland auf dem **Marktplatz** vor dem **Rathaus**. Die Arkaden der Renaissance-Fassade sind reich geschmückt, das Figurenprogramm in den Zwickeln neben den elf Arkaden enthält 22 symbolische Szenen aus der Geschichte der Stadt bzw. zu beispielhaften Bremer Tugenden wie Fleiß, nackte Wahrheit, Fürsorge für die Armen usw. Der zweite Arkadenbogen von links stellt die Gründung Bremens dar: Eine Frau im Waffenrock legt schützend den Arm um ein Nest, in dem eine Henne mit ihrer Brut sitzt. Die Bremer Gründungssage berichtet, dass eine Anzahl heimatlos gewordener Menschen auf der Weser schiffte und in der Dämmerung einer Henne folgte, die für ihre Küken ein Nachtlager suchte. Wo sich die Glucke auf einer überflutungssicheren Düne niederließ, gründeten die Neuankömmlinge eine Siedlung, aus der die Stadt Bremen hervorging.
Vom Markt geht es (entsprechend Tour 5) über die Weserpromenade Schlachte zum **Werdersee** ❷ und durch die Grünanlagen am See zur **Karl-Carstens-Brücke** ❸. Nach deren Unterqueren folgt der Jakobsweg dem pfadartigen »Weg zum Hastedter Bulten« weiter am Ufer entlang und nach Überqueren des Werdersee-Zuleiters rechts am Ostufer zum **Habenhauser Deich** ❹, der das Obervieland-Stadtviertel Habenhausen von den Weser-

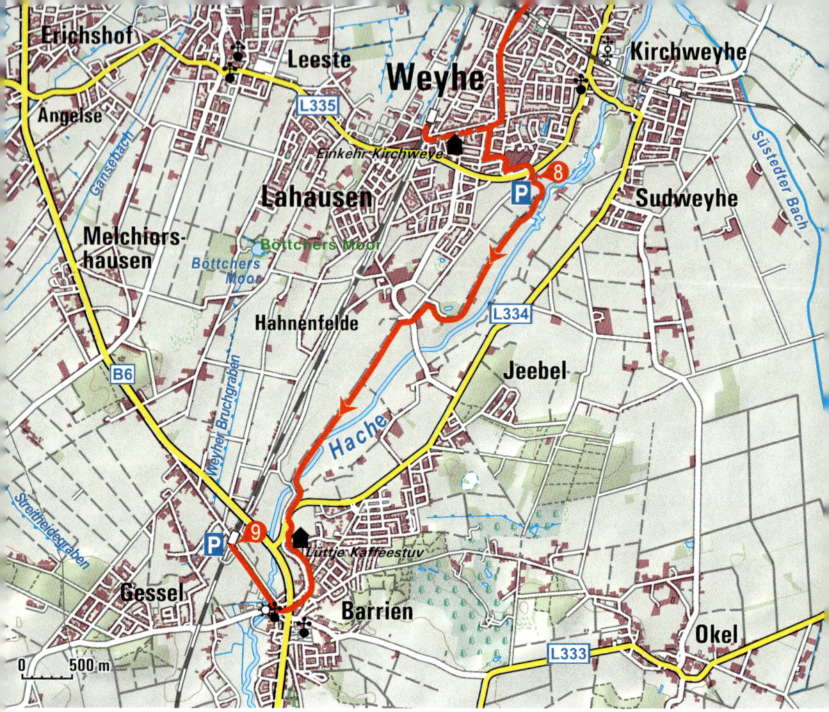

auen scheidet. Der Deich ist ein viel besuchtes Naherholungsgebiet, vor dem Vogelschutzgebiet schwingt er rechts, und die Korbinsel schiebt sich in den Strom. Hier setzt sich der Habenhauser Deich im Arster Deich fort, ebenfalls ein Ausflugsgebiet mit Bootshafen und Kleingärten. Am **Blauen Werder** 5, nach Unterqueren der Autobahnbrücke, sitzen Angler. Dort verlässt der Jakobsweg das Bundesland Bremen und folgt dem Rand des Industriegeländes von **Dreye** in der niedersächsischen Gemeinde Weyhe im Speckgürtel der Hansestadt.

Am Gehölz vor dem Baggersee **Henkenwerder** 6 entfernt sich der Jakobsweg vom Freizeitdeich und der Weser und folgt der Kirchweyher Straße durch das Marschenland zur **Ochtumbrücke** 7; die Ochtum entsteht rund

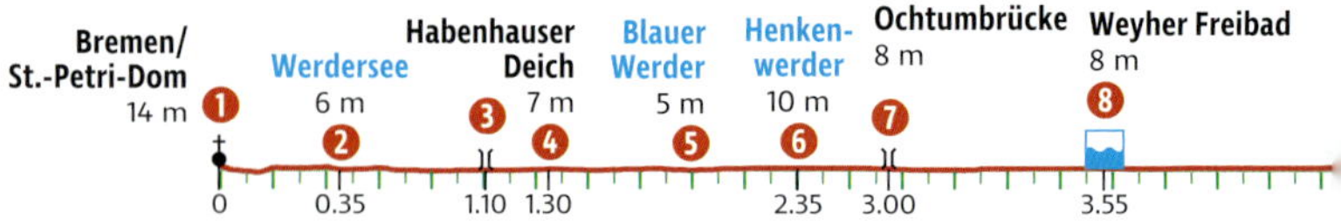

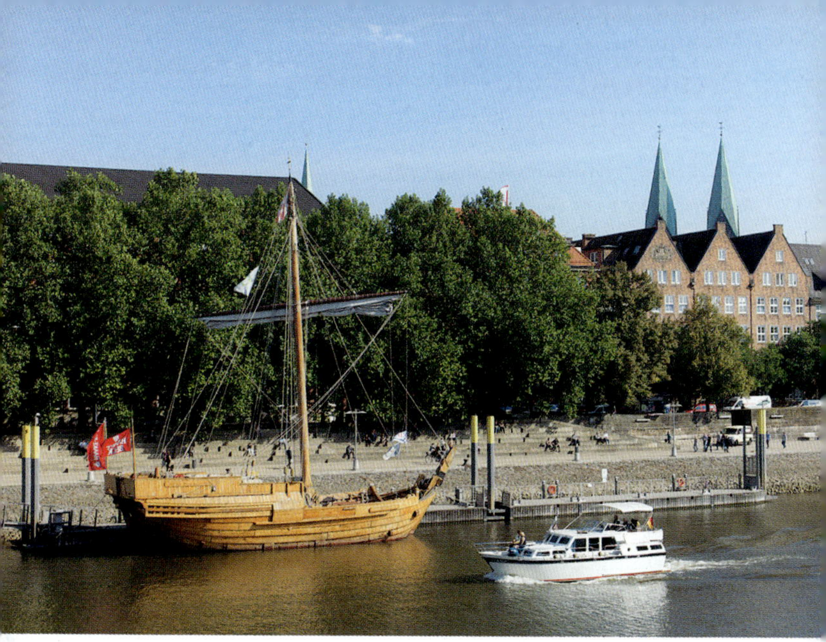

Blick von der Teerhofbrücke auf die Weserpromenade Schlachte und die Domtürme.

1 km weiter östlich, wo sich im Kirchweyher See Hache und Süstedter Bach vereinigen. Hinter der Ochtumbrücke wechselt der Jakobsweg rechts in das Grünland der Kirchweyher Weide und strebt dem Kirchdorf **Kirchweyhe** zu: Geradeaus Am Kuhzaun, übergehend in Kleine Heide, am Ende der Bahnhofstraße kurz rechts – wenige 100 m weiter rechts befinden sich der Marktplatz mit dem Maskenbrunnen und der Bahnhof – , dann die erste links (Heidfeldweg), Ulmenstraße links, am Ende rechts an der Hauptstraße entlang und die erste rechts zum großen **Weyher Freibad** 8.

Vom Freibad folgt der Jakobsweg ohne weitere Ortsberührung dem grünen Hachetal aufwärts und erreicht am Sünden- oder Sonnenberg das Kirchdorf **Barrien**, am Rand der Barrier Schweiz (siehe Tour 28) und des Naturparks Wildeshauser Geest gelegen. Die Bartholomäuskirche in Barrien ist eine im Kern romanische Feldsteinkirche mit kreuzrippengewölbtem gotischem Chor; spätgotische Wandmalereien zeigen eine Deesis mit Christus auf dem Regenbogen zwischen Maria und Johannes dem Täufer.

Bhf. Barrien
9 16 m
23.6 km
.30 h

Die Bremer Straße führt schließlich über die Hache und an den Sportplätzen entlang zur Eisenbahnlinie; rechts kommen wir zum **Bahnhof Barrien** 9.

↗ 40 m | ↘ 40 m | 12 km

5 Bremen Altstadt – Werdersee – Stadtwerder

3.00 h

Auftakt von Jakobs-, Geest- und Weserweg

Am Marktplatz vor dem Bremer Rathaus und dem Dom beginnen Geest-, Weser- und Jakobsweg und führen von der autofreien Weltkulturerbe-Altstadt durch die Grünanlagen am Werdersee.

Ausgangspunkt: Bremen, Am Dom (14 m). Zugang ab Hauptbahnhof entsprechend Tour 6 (zzgl. 1 km). Am Park zahlreiche (gebührenpflichtige) Parkgelegenheiten, etwa nahe ❷ Tiefgarage des Radisson Blu Bremen (Navi: Böttcherstraße 2, 28195 Bremen, Anfahrt über Wachtstraße).

ÖPNV: Zahlreiche Möglichkeiten unterwegs zum Abbrechen der Tour, Rückkehr zum Ausgangspunkt mit Bus oder Straßenbahn, www.vbn.de.

Anforderungen: Die Promenaden am Werdersee sind fahrradfähig.

Einkehr: Zahlreiche innerstädtische Einkehrmöglichkeiten.

Vom **Sankt-Petri-Dom** ❶ geht es (entsprechend Tour 4) zum **Marktplatz** mit dem Roland vor dem Weserrenaissance-Rathaus in der Bremer Altstadt. Vom Markt in südwestliche Richtung durch die schmale Böttcherstraße (Info → Tour 6) erreicht man den **Martinianleger** ❷ an der Weserpromenade Schlachte. Nun führt die Weserpromenade links flussaufwärts. Hinter der ersten Brücke, der **Wilhelm-Kaisen-Brücke** ❸, geht es auf Stufen hinauf und über die Weser zum **Stadtwerder**, der Halbinsel zwischen We-

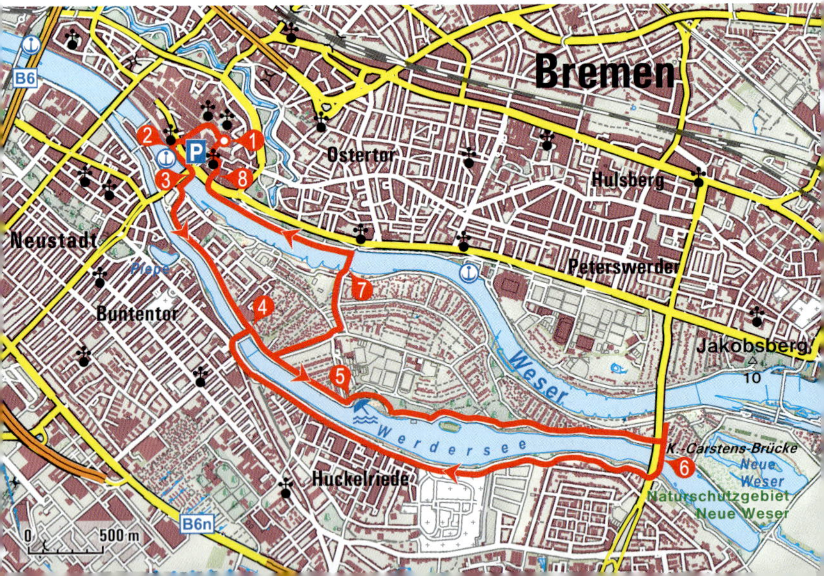

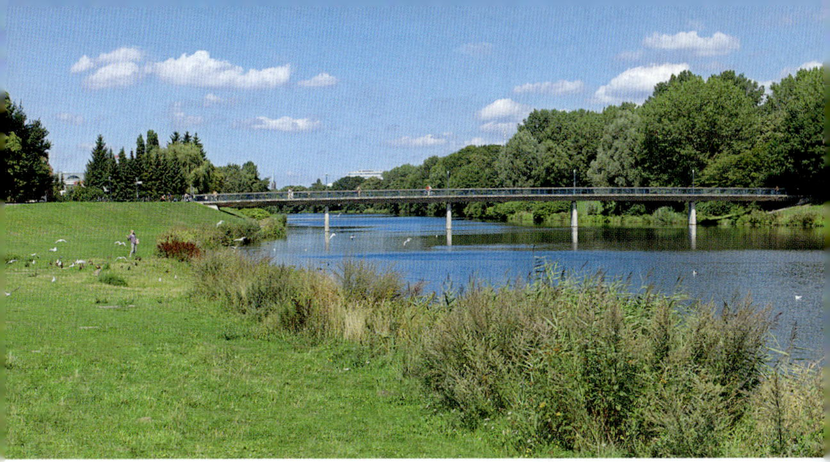

Stegbrücke über den Werdersee am Buntentorsdeichschart.

ser und Kleiner Weser. Am Ende der Brücke links (Franziuseck) und gleich wieder rechts, am Ende links auf dem Uferweg unter alten Bäumen längs der Kleinen Weser. Bald öffnet sich zwischen den Bäumen eine Liegewiese, wenig später erreicht der Weg die **Werdersee-Fußgängerbrücke** 4 beim Buntentorsdeichschart; sie verbindet den Stadtwerder mit dem Neustadt-Viertel Buntentor. Der Parkweg führt geradeaus zum **Strandbad** 5 mit Liegewiesen unter alten Bäumen bei der Station der Deutschen Lebensrettungs-Gesellschaft; dahinter liegt die bewaldete Vogelinsel, im Winter wird links auf dem Rodelberg Schlitten gefahren. Der Weg wechselt auf den aussichtsreichen nördlichen **Habenhauser Deich** und strebt der **Karl-Carstens-Brücke** 6 zu. Vor der Brücke links, dann den Schneckenaufgang hinauf zur Brücke und ans gegenüberliegende Ufer; dort vor der Bushaltestelle links die Stufen hinab, auf der Promenade unter der Brücke hindurch und im Grünen längs des Werdersees westwärts. Der Weg folgt zwischen Wiesen und Gartengrundstücken dem südlichen Habenhauser Deich mit Blick auf die Altstadt-Türme und auf das neugotische Wasserwerk, die »Umgekehrte Kommode«. Links liegt der Friedhof Huckelriede, und beim **Deichschart** erreicht der Weg die autofreie **Stegbrücke** 4, die zum Stadtwerder zurückführt. Hier kurz rechts, dann links auf dem Deichschartweg

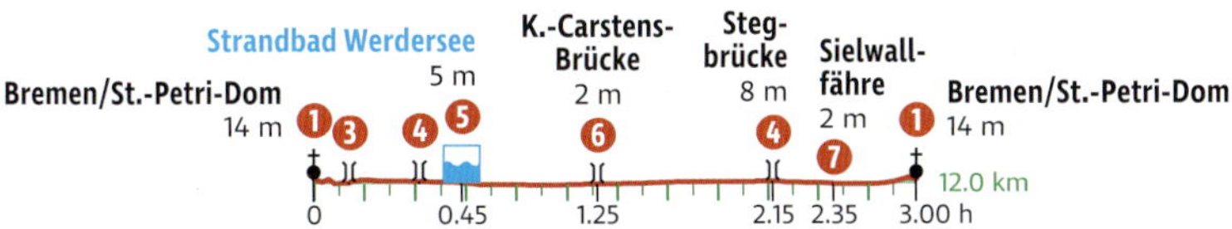

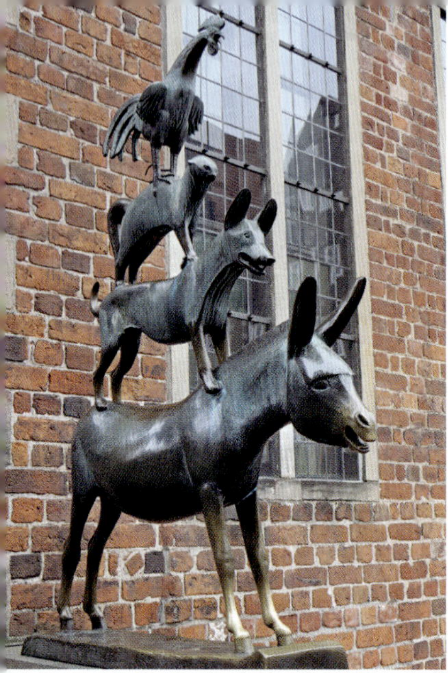

Die vier Bremer Stadtmusikanten.

zum Hotel Zum Kuhhirten und durch den Fährweg zum Café Sand beim Sport-, Freizeit- und Kulturbad Licht- und Luftbad, am Anleger der **Sielwallfähre** ❼, neben dem Sandstrand vor dem Café.
Nach dem Übersetzen mit der als öffentliches Verkehrsmittel betriebenen Fußgänger- und Fahrradfähre folgt die **Weserpromenade** – sie verbindet Altstadt und Weser-Stadion – dem Osterdeich stromabwärts, passiert den Eingang zum Kunsttunnel, durch den die Kunsthalle erreichbar ist (vgl. Tour 6), und wenig später eine weitere Fußgängerunterführung zum Altstadtviertel **Schnoor** ❽ (vgl. Tour 6). Die autofreien Schnoor-Gassen Stavendamm und Am Landherrnamt führen zwischen Restaurants und Geschäften zur Dechanatstraße; hier links zur Balgebrückstraße und rechts zum Ausgangspunkt am **Dom** ❶.

Das Schnoorviertel ist bekannt für seine schmalen Gassen und Kunsthandwerk.

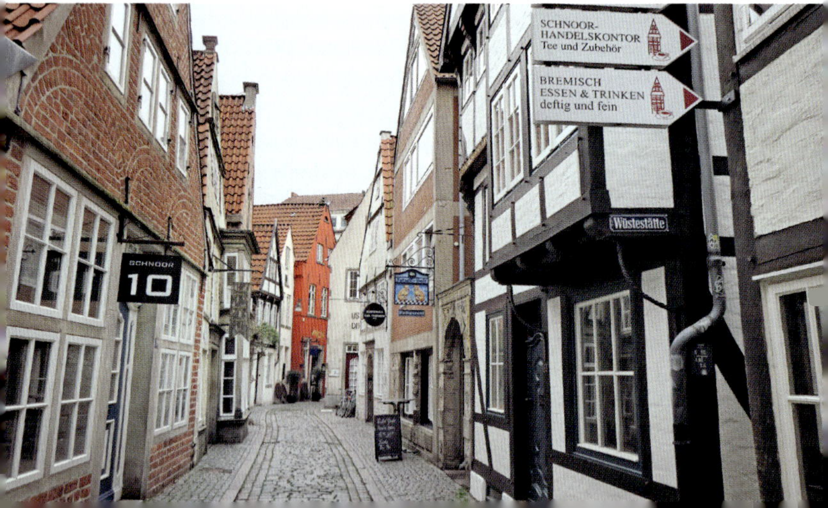

↗ 20 m | ↘ 20 m | 7,8 km

2.00 h

Bremen Bahnhof – Schlachte – Schnoor

6

Weltkulturerbe-Altstadt, Weserpromenade, Kunsthalle

Vom Markt mit den Weltkulturerbe-Stätten Bremens folgt der abwechslungsreiche Altstadtrundgang der Weserpromenade »Schlachte« und den historischen Wallanlagen zur Kunsthalle, ehe es durch die zweite Altstadt, das mittelalterliche Gängeviertel Schnoor, zurück zum Dom am Marktplatz geht.

Ausgangspunkt: Bremen Hauptbahnhof (10 m). Großparkplatz nördlich des Hauptbahnhofs (Navi: Theodor-Heuss-Allee 6, 28215 Bremen, Deutschland); direkt am Weg befindet sich die Tiefgarage des Radisson Blu Bremen (Navi: Böttcherstraße 2, 28195 Bremen, Anfahrt über Wachtstraße); vom Hotel aus tritt man auf die autofreie Böttcherstraße.
ÖPNV: Hbf. Bremen für die An- und Abreise sowie sehr guter Nahverkehr mit Bussen und Straßenbahnen in der Innenstadt, www.vbn.de.
Anforderungen: Leichte Promenaden.
Einkehr: Zahlreiche innerstädtische Einkehrmöglichkeiten.
Variante: Wer die Wanderung in gegenläufiger Richtung unternehmen möchte, wendet sich auf der Promenade am Martinianleger weseraufwärts.

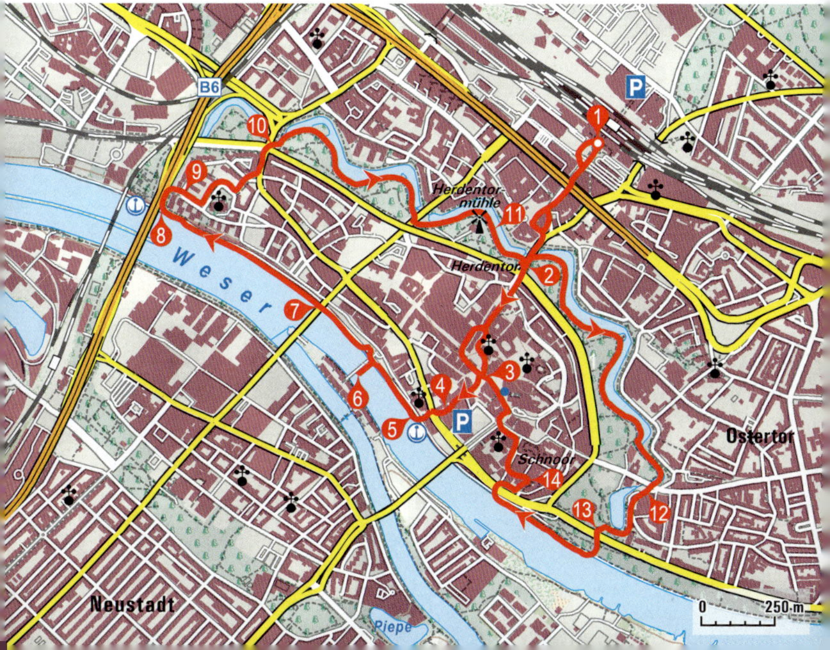

Vor dem Ausgang Zentrum des **Hauptbahnhofs Bremen** ❶ erstreckt sich der autofreie Bahnhofsplatz, rechts begrenzt vom Gebäude des 1896 gegründeten **Überseemuseums**, das Völker-, Handels- und Naturkunde vereinigt. Nach Queren der Hochstraße an der Ampelanlage geht es auf der rechten Seite der Bahnhofstraße geradeaus unter der Brücke hindurch zum ehemaligen **Herdentor** ❷ in den Parks der Wallanlagen mit Blick zur Herdentormühle am Stadtgraben: 1802 wurden die Stadtmauern auf dem Wall geschleift und das Wallgelände in einen Park umgestaltet, die Windmühle auf einer Bastion nahe des Herdentors blieb erhalten. An der Ampel an der Kreuzung Herdentor / Am Wall geht es kurz geradeaus, dann durch die Fußgängerzone zum **Marktplatz** ❸ mit Roland, Rathaus und Dom (Beschreibung siehe Tour 4). Gerhard Marcks schuf anno 1952 die Bronzeskulptur der aufeinanderstehenden **Bremer Stadtmusikanten** auf der Westseite des Rathauses vor dem Liebfrauenkirchhof. Reisende aus aller Welt berühren die Beine des Esels: Das soll Glück bringen.
Von den Stadtmusikanten zurück zum **Roland** mit Blick südwärts, das Rathaus im Rücken: Geradeaus erhebt sich der rekonstruierte Weserrenaissance-Bau Schütting, das Haus der Bremer Kaufmannschaft, links daneben führt die schmale autofreie Schüttingstraße zur autofreien **Böttcherstraße** ❹. Diese 110 m lange »Kunstgasse« ist mit ihrer geschlossenen Bebauung aus der Zeit des Expressionismus und der Neuen Sachlichkeit, versetzt mit Jugendstildekor (v.a. von Worpsweder Künstlern), dem Paula-Modersohn-Becker-Museum, dem Casino Bremen und dem Haus des Glockenspiels

Seit 600 Jahren wacht der Roland am Marktplatz über die bürgerlichen Freiheiten.

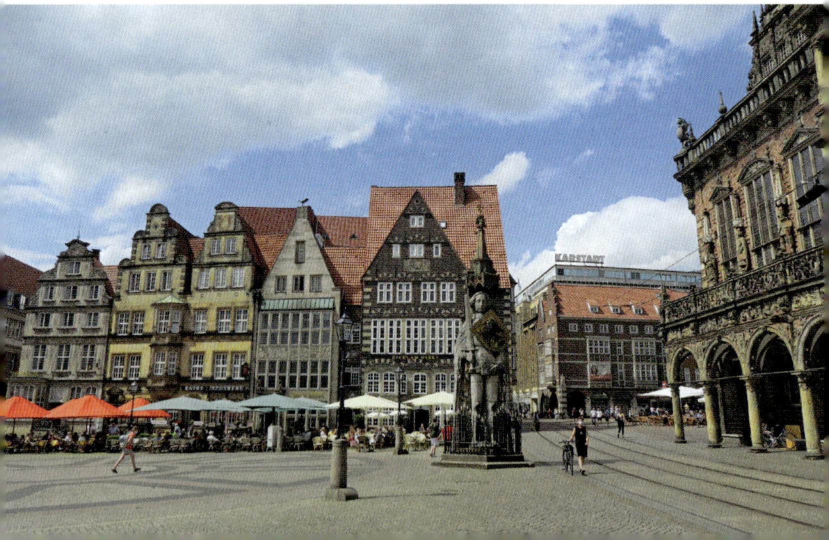

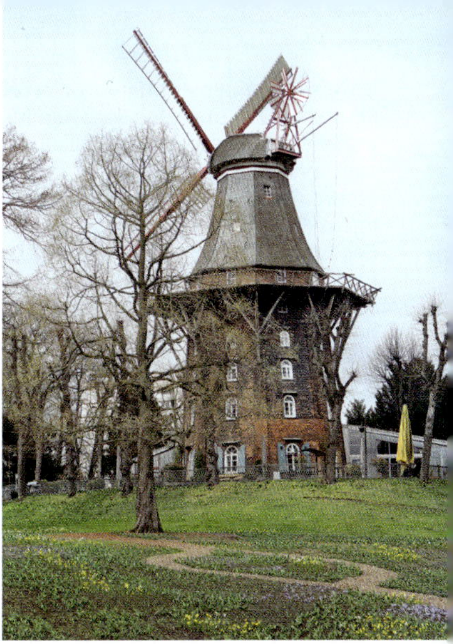

Die Herdentormühle aus dem 19. Jh. war bis 1947 in Betrieb.

(30 Meißener Porzellanglocken) sowie mit Kunsthandwerkläden und Cafés die meistbesuchte Attraktion Bremens – neben dem Markt und dem Schnoorviertel.
Nach Passieren des Hotels Radisson-Blu Bremen endet die Böttcherstraße vor der Martinistraße, unter der eine Fußgängerunterführung zum **Martinianleger** ❺ vor der gotischen Martinikirche und der Tourist-Information an der Weserpromenade Schlachte führt. Am Martinianleger starten Ausflugsschiffe zu Fahrten auf der Weser, im Mittelalter bestiegen hier Jakobspilger die Schiffe.
Die **Schlachte** führt stromabwärts längs der Anleger von Restaurantschiffen; Biergärten und Restaurants laden zum Verweilen ein, im Winter erstreckt sich der Weihnachtsmarkt bis auf die Schlachte, die Keimzelle der Stadt am Fluss. Jahrhundertelang befand sich hier der stadtbremische Hafen, im 19. Jh. verlor er seine Bedeutung wegen der Versandung des Flusses, zu Beginn des 3. Jts. wurde der Kai umfunktioniert zur Flaniermeile mit Sommergärten, Gastronomie und Kultur.
Die autofreie erste Brücke, die **Teerhofbrücke** ❻, führt aussichtsreich zur Halbinsel **Teerhof**, auf deren Werften ab dem 15. Jh. die Fugen zwischen den Planken der Schiffe mit Teer u. a. abgedichtet wurden. Der von einem Zigarrenfabrikanten 1897 an der Spitze des Teerhofs (vor der Bürgermeister-Smidt-Brücke) errichtete Gebäudekomplex mit zwei neugotischen Türmen wird **Weserburg** genannt. Er beherbergt das Museum für moderne Kunst, das Werke renommierter zeitgenössischer Künstler ab den 1960er-Jahren aus europäischen Privatsammlungen präsentiert.
Nach Unterqueren der **Bürgermeister-Smidt-Brücke** ❼ passiert die Schlachte die Letzte Schlachtpforte und führt an der Jugendherberge vorbei auf die **Stephanibrücke** ❽ zu, während sich am gegenüberliegenden Ufer das Besucherzentrum Beck's und Haake-Beck zeigt; wer von der Weserburg aus dem Südwestufer gefolgt ist, kann auf dem Fußgänger- und Fahrradsteg vor der Stephanibrücke ans rechte Ufer zurückwechseln.
Nach Passieren der 1139 erbauten Kulturkirche Sankt Stephani (Konzerte, Ausstellungen im Hauptschiff, Gottesdienste im Nordschiff) geht es vor

Unterqueren der Stephanibrücke rechts hinauf und gleich rechts, vor Sankt Stephani links über den **Stephanikirchhof** ❾. Wenn der Kirchhof zum zweiten Mal rechts schwingt, links durch den Durchlass zwischen den Häusern zur Doventorstraße: an der Ampel auf die rechte Straßenseite wechseln, die Straße **Am Wall** ❿ an der nächsten Ampel queren und dahinter halb rechts in die Parkanlagen des Walls, wo der Uferweg an den teichartigen Wasserflächen des ehemaligen Stadtgrabens die Route weist, immer wieder unter alten Laubbäumen. Bald nach Queren der Bürgermeister-Smidt-Straße steht oberhalb des Stadtgrabens die **Herdentormühle** ⓫. Die einzige erhaltene Windmühle der Bremer Alt- und Neustadt ist das Wahrzeichen der Bremer Wallanlagen (Gastronomie).
Nach Queren der Straße am **Herdentor** ❷ weist der Stadtgraben mit seinen uferbegeleitenden Bäumen die Route zum **Theater** ⓬; rechts davon liegt die Kunsthalle, das Bildhauer-Museum Gerhard-Marcks-Haus und das Design-Museum. Der gesamte Museen- und Theaterkomplex am Rand des Ostertorviertels wird als **Kulturmeile** bezeichnet. Rechts vom Museum biegen wir oberhalb vom Teich in den Uferweg bei den Wallanlagen und steigen nach 150 m rechts über Stufen hinab und gehen am Geländer entlang, um nach dem Anstieg auf der Gegenseite erst rechts und dann links haltend den **Kunsttunnel** ⓭ zu erreichen, der 2016 von dem Bremer Künstler Johan Büsen gestaltet wurde mit surrealen skurrilen und mystischen Motiven. An der Verzweigung in diesem Fußgängertunnel geht es links unter der Straße Osterdeich in die Grünanlagen am **Punkendeich**, auf dem in Bremen nicht geduldete »Punken« ab dem 18. Jh. dem »horizontalen Gewerbe« nachgingen.
Links sind das nahe Weserstadion und der Anleger der Sielwallfähre (fährt zur Werderinsel) in Sicht, während wir autofrei rechts stromabwärts wandern mit Blick auf die Umgedrehte Kommode, den historischen **Wasserturm** (1873) auf der Werderinsel, bis wir nach 5 Gehminuten vor den Arkaden vor dem Theaterschiff kurz vor der Wilhelm-Kaisen-Brücke die Weser rechts durch einen Fußgängertunnel verlassen. Danach kurz rechts, dann links in Hinter der Holzpforte, zwischen Theaterdepot und Teestübchen in die kleine Gasse namens »Wüstestätte« ins **Schnoorviertel** ⓮ und an deren Ende links. Der Schnoor mit seinen wie an einer »Schnur« (daher der Name) aneinandergereihten Häusern mittelalterlicher Flussfischer, Handwerker und Gewerbetreibender ist Bremens Mittelalter-Altstadt: Läden, nostalgische Kneipen, Straßencafés und Restaurants laden in den schmalen, autofreien Gassen zum Bummeln und Genießen ein. Die Bausubstanz stammt aus der Zeit ab dem 15. Jh., viele Giebelhäuser stammen aus dem 15. – 17. Jh., das Haus Schnoor 15 ist inschriftlich auf das Jahr 1402 datiert und damit das älteste Wohnhaus Bremens. Vor einem Laden mit Erzgebirge-Schmuck biegen wir nach rechts ab und verlassen geradeaus die urige Kopfsteinpflastergasse beim Gasthof zum Kaiser Friedrich (Am Landherrnamt).
Am Nordrand des Schnoor führt die Dechanatstraße links zur Balgebrückstraße, die rechts zurück zum Dom vor dem **Marktplatz** ❸ mit dem

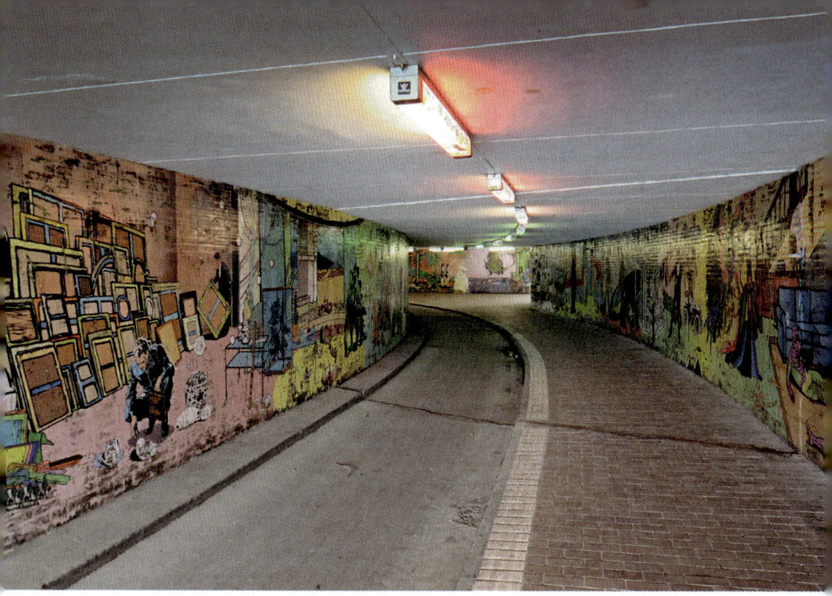

Moderne Kunst auf 500 qm Fläche im Kunsttunnel an der Weser.

Rathaus und dem Roland führt. Die **Rolandstatue** symbolisiert seit dem Mittelalter die Freiheit der Stadt. Das ursprüngliche hölzerne Standbild wurde 1366 von Soldaten des Erzbischofs Adalbert II. verbrannt, 1404 wurde die 5,5 m hohe steinerne Mantelstatue aufgestellt, die noch heute hier steht. Die Säule misst vom Sockel bis zur Spitze des Baldachins 10,21 m. Der Überlieferung zufolge ist die Unabhängigkeit der Stadt nicht ernstlich gefährdet, solange der Roland auf dem Marktplatz steht; als Ersatz liegt sicherheitshalber ein hölzerner Roland im Ratskeller. Dem Gehbehinderten zwischen den Füßen des Rolands verdankt der Legende zufolge Bremen seine Bürgerweide: Sich mit den Händen fortbewegend, kroch er einen Tag lang durch die Wische und Weiden, so viel er konnte, und diese »Bürgerweide« wurde von der Gräfin Emma von Lesum den Bremer Bürgern abgetreten; das war im Jahr 1032.
Den Ausgangspunkt erreicht man schließlich wie auf dem Hinweg über das **Herdentor** 2 zum **Hauptbahnhof** 1.

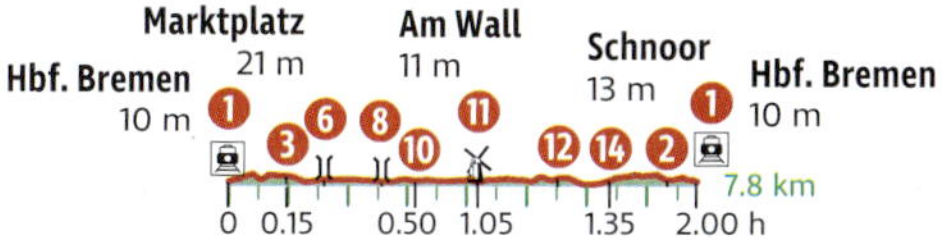

↗ 80 m | ↘ 80 m | 14,7 km

7 Vegesack – Schönebeck – Sankt Magnus

3.45 h

Durch die Bremer Schweiz auf Bremens höchsten Berg

Die von der Schönebecker Aue durchflossenen Geesthügel der Bremer Schweiz warten mit den höchsten Erhebungen der Hansestadt auf und erreichen im Friedehorstpark etwa 40 m über NN. Sie erstrecken sich nördlich des Lesum-Steilufers bis auf Schwaneweder Gebiet und werden geprägt von mehrhundertjährigen Bäumen, reetgedeckten Gehöften und dem Wiesental der Schönebecker Aue, ein Glanzpunkt ist Knoops Park.

Ausgangspunkt: Bahnhof Vegesack (4 m); gebührenpflichtiger PR-Parkplatz P2 neben dem Bahnhof (Navi: Vegesacker Bahnhofsplatz, 28757 Bremen).
ÖPNV: Bahnhöfe Vegesack am Ausgangspunkt und Bremen St. Magnus zwischen ❻ und ❼, jeweils mit viertelstündlichen Regionalbahnverbindungen von/nach Bremen.
Anforderungen: Leichte Wander- und Parkwege, gelegentlich Nebenstraßen.
Einkehr: Vegesack, Bruns Garten (Mi. – Sa. 9 – 13, So. 9 – 18 Uhr), Sankt Magnus, Kunstcafé in Knoops Park (Mi. – So. durchgehend ab 10 Uhr), Grohn.
Variante: Vegesack hat eine 1 km lange Weserpromenade (Kulturdenkmal): Wer ihr vom Fähranleger Lemwerder flussabwärts folgt, kann durch die Fußgängerzone Gerhard-Rohlfs-Straße zum Ausgangspunkt zurückkehren (insgesamt 3 km).
Tipp: Heimatmuseum im Wasserschloss Schönebeck mit Schwerpunkten Wohnkultur, Schifffahrt und Walfang, Di., Mi., Sa. 15 – 17 und So. 10.30 – 17 Uhr, www.museum-schloss-schoenebeck.de; Segelschulschiff Deutschland (an der Maritimen Meile), tägl. 8 –18 Uhr, www.schulschiff-deutschland.de.

Vom Eingang des **Bahnhofs Vegesack** ❶ geht es wenige Dutzend Meter geradeaus am Rand des Vegesacker Bahnhofsplatzes (links der Busbahnhof), bis rechts der »Warnemünder Weg« mit Wanderlogo ausgeschildert ist: Nach wenigen Metern beginnt vor (!) den Sportplätzen rechts der anfangs mit Platten ausgelegte, schmale Wanderpfad neben der von Bäumen eingefassten Schönebecker Aue. Nach dem Unterqueren der Autobahn gibt vorübergehend die schmale Straße An der Aue die Route am Rand der Auenlandschaft vor, bis der Wanderweg rechts zum Bach zurückführt und hinter der ersten Aue-Brücke das spätbarocke **Wasserschloss Schönebeck** ❷ erreicht, das heute als Museum, für Konzerte und Trauungen genutzt wird.

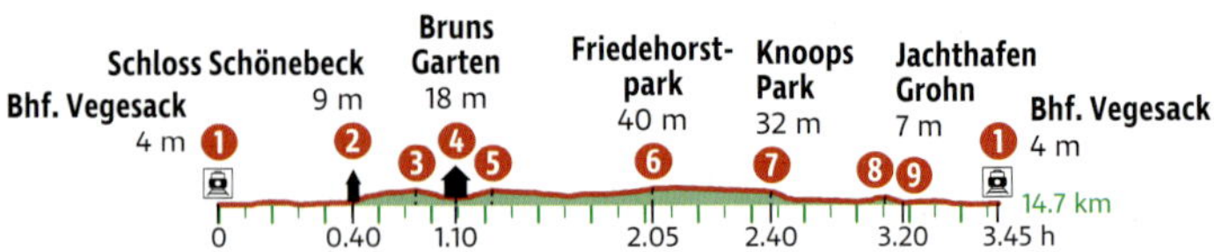

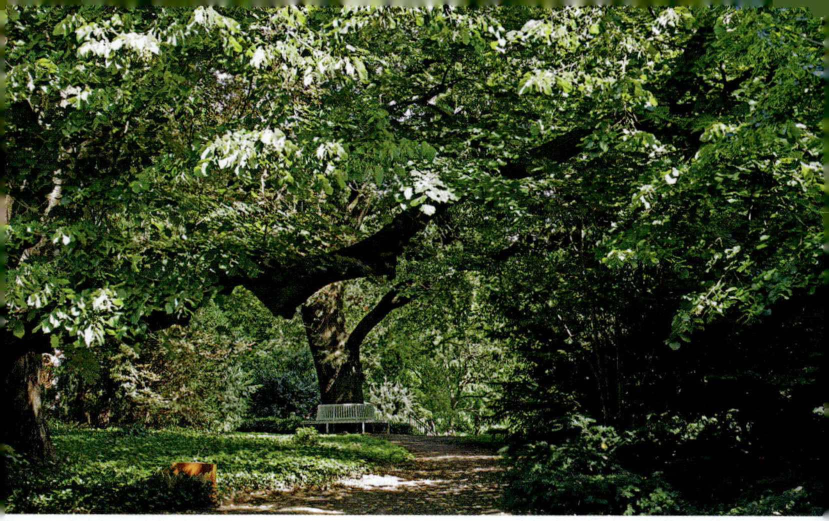

Rastbank in Knoops Park.

Durch den Schlosspark geht es zur von Gartengrundstücken gesäumten Straße Braut-Eichen, die rechts zum weitläufigen Gelände des **Vereins Ökologiestation** ❸ führt; das Hofmeierhaus Am Güthpol 11 beherbergt eine Bildungsstätte für Ökologie und Umweltschutz, dahinter erstreckt sich ein für Wanderer frei zugängliches Naturwald- und Feuchtwiesengelände mit der historischen Kaufmannsvilla Haus Güthpol aus dem Jahre 1912.

Von der Ökologiestation führt der Schulweg in den Schwaneweder Ortsteil Leuchtenburg, wo früher Walfangkapitäne residierten; eine mit Walkieferknochen gerahmte Gartenpforte erinnert daran. Bis zu 400 Jahre alte Eichen flankieren den Schulweg. Am Beginn des Mühlenwegs bietet sich zwischen alten Rotbuchen ein eindrucksvoller Blick in die Wiesenlandschaft der Schönebecker Aue. Zur Tudorstil-Villa (1868) Mühlenweg 8 gehört auch die Parkanlage mit den Quellteichen und Findlingen auf der linken Straßenseite. Am Mühlenweg 14 lädt in einem 1775 errichteten Reetdachhaus das Restaurant Bruns Garten ❹ zur Einkehr ein, wenig später zweigt rechts – gegenüber der ersten Straßeneinmündung – der Thüringer Weg ❺ ab, der einstige Kirchweg nach Lesum. Er überquert die Schönebecker Aue, bietet einen wundervollen Blick zurück auf die Auenlandschaft und mündet dann in den Holthorster Weg. Dieser führt links weiter am Rand des großen Holthorster Feldes zum Friedehorstpark ❻, Bremens »Gipfel« mit etwa 40 m über NN. Den höchsten Punkt bildet eine von Bäumen bestandene Kuppe neben einem Teich.

Im Südosten des Parks folgen wir einem Weg westwärts, bis wir über die Stichstraße Eichenhof links zur Lesumer Heerstraße gelangen: nach Queren der Heerstraße rechts versetzt geradeaus (Am Bahnhof Sankt Magnus)

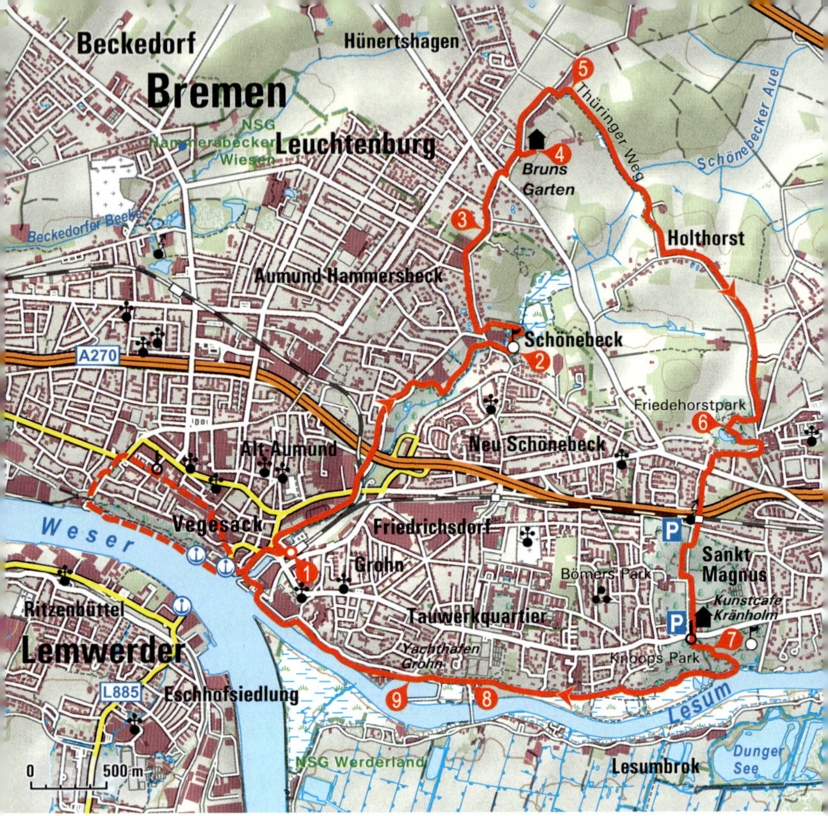

und über Autobahn und Bahnlinie hinweg in **Knoops Park** 7, im Villenvorort **Sankt Magnus** im Stadtteil Burglesum. Verschlungene Wege durchziehen den weitläufigen Park, den der Bremer Kaufmann Ludwig Knoop ab 1859 anlegen ließ. Im Süden des Parks führt der Admiral-Brommy-Weg westwärts zum **Lesumsperrwerk** 8; dahinter befindet sich der **Jachthafen Grohn** 9 mit Liegeplätzen für 4150 Boote. Die Zufahrt Am Wasser führt an Bootshäusern und Anlegern vorbei Richtung Lesummündung. Gegenüber dieser befindet sich an der Mündung der Schönebecker Aue der Vegesacker Hafen, 1622 als erster künstlicher Hafen Nordeuropas gegründet für die Schiffe der Grönlandfahrer. Über die Hafeneinfahrt spannt sich eine Fußgänger-Klappbrücke, die das neue und das alte Vegesack verbindet. Am Hafen entlang geht es zurück zum Ausgangspunkt, dem **Vegesacker Bahnhofsplatz** 1.

↗ 20 m | ↘ 20 m | 11,9 km

3.00 h

Elsfleth – Huntesperrwerk

8

Weserinsel Elsflether Sand vor der Mündung der Hunte

Elsfleth an der Mündung der Hunte war im 19. Jahrhundert einer der größten deutschen Segelschiffhäfen. An der Huntekaje liegt noch das 63,7 Meter lange Museumsschiff »Großherzogin Elisabeth«, ein dreimastiger Gaffelschoner (1909), der als eines der ersten Segelschiffe überhaupt mit einem Dieselmotor ausgestattet war und der heute, im Sommer, auch zu beliebten Törns nach Amsterdam, Helgoland und in die dänische Südsee ausläuft. Bei Elsfleth, vor der Mündung der Hunte in die Unterweser, erstrecken sich die Sandstrände und Vogelrückzugsgebiete der autofreien Flussinsel Elsflether Sand.

Ausgangspunkt: Touristen-Information Elsfleth am Elsflether Hafen (4 m) mit (gebührenfplichtigen) Parkplätzen in der Nähe (Navi: An der Kaje 1, 26931 Elsfleth), freies Parken 200 m vor dem Huntesperrwerk ❸ am Jachthafen.
ÖPNV: Bahnhof Elsfleth an der Linie Hude – Nordenham im S-Bahn-Netz Bremen.
Anforderungen: Straße, Fußwege, Schotterwege und Strand.
Einkehr: Elsfleth.
Variante: Abkürzung auf 7 km fast ohne Straßen durch Start ab Parkplatz am Jachthafen 200 m vor dem Huntesperrwerk ❸ mit beschriebener Runde über die Insel Elsflether Sand.
Tipps: Schifffahrtsmuseum der Unterweser (täglich außer Mo. 11 – 18 Uhr), Bademöglichkeit am Weserstrand ❹.
Hinweise: Wanderer können das Huntesperrwerk zu jeder vollen Stunde 5 Minuten lang passieren. Am Weserstrand ❹ ist die die Mitnahme von Hunden aus Vogelschutzgründen vom 1. April bis zum 30. September verboten.

Im **Elsflether Hafen** an der **Huntekaje** ❶, im Gebäude der Touristinformation beim Museumsschiff »Großherzogin Elisabeth«, lädt ein Restaurant mit Weserblick zur Einkehr ein. Hinter der Huntekaje, vor dem Bahnübergang, erinnert das in Form eines neugotischen Tabernakels gehaltene Denkmal Schwarzer Herzog daran, dass sich der Freiheitskämpfer Friedrich Wilhelm von Braunschweig-Lüneburg-Oels 1809 von Elsfleth aus ins Exil nach Großbritannien begab, wo er weiter gegen die napoleonische Fremdherrschaft kämpfte. 1859 wurde der Grundstein zum Denkmal gelegt.
Vom Parkplatz am Hafen in Elsfleth folgen wir dem Kai Richtung Norden an der Hunte entlang. Am Ende vom Hafen biegen wir nach links, ehe uns beim Schiffahrtsmuseum rechts die Weserstraße aufnimmt. Hinter der

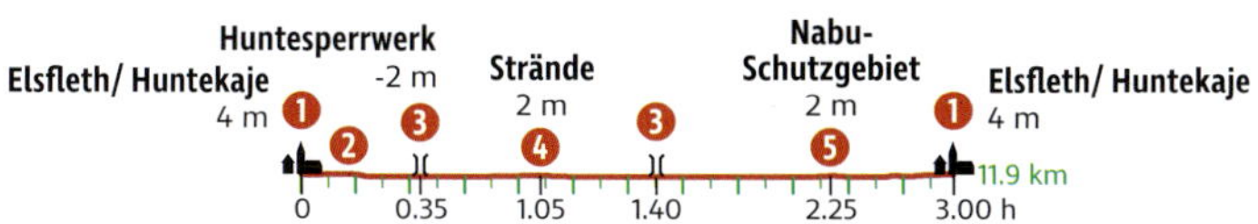

Jade-Hochschule ❷ führt die Straße vom Deich hinunter und geradeaus unterhalb vom Deich weiter. 300 m hinter der Brücke rechts auf Weg Am Jachthafen zum **Huntesperrwerk** ❸. Direkt vor dem Sperrwerk bietet sich der aussichtsreiche Abstecher nach links zum Ende der Mole an (2 x 1 km), ehe wir das Sperrwerk queren, eines der größten Sturmflutsperrwerke Europas. Während seines Baus 1976 – 79 wurde die Hunte so umgeleitet, dass sie durch das 120 m breite Sperrwerk in die Unterweser mündet. Der nördliche Damm des alten Flusslaufs wurde mit einer Sportbootschleuse versehen, dadurch entstand ein tideunabhängiger Jachthafen. Um eine ungehinderte Durchfahrt zu ermöglichen, sind die Klappbrücken bei normalem Wasserstand ständig geöffnet, jede volle Stunde können Rad- und Fußwanderer das Sperrwerk für einige Minuten als Übergang zwischen Insel und Festland nutzen.

Der Weg führt weiter Richtung Süden über die autofreie Insel Elsflether Sand, früher ein berüchtigter Stützpunkt von Piratenbanden gegen die reich beladenen Handelsschiffe. Die Vogelwelt ist interessant; in den Uferröhrichten brüten unter anderem Bartmeise und Rohrdommel. Seit 1898 wird der Elsflether Sand von der Familie Grabhorn bewirtschaftet, weitere Höfe mussten der Sturmflut von 1962 weichen.

Nach 2 km wird eine Kreuzung am Deichübergang erreicht, wo wir 50 m geradeaus gehen und dann links zum **Weserstrand** ❹ abzweigen. Zurück geht es in nördlicher Richtung über den Strand. Die Größe des Strandes

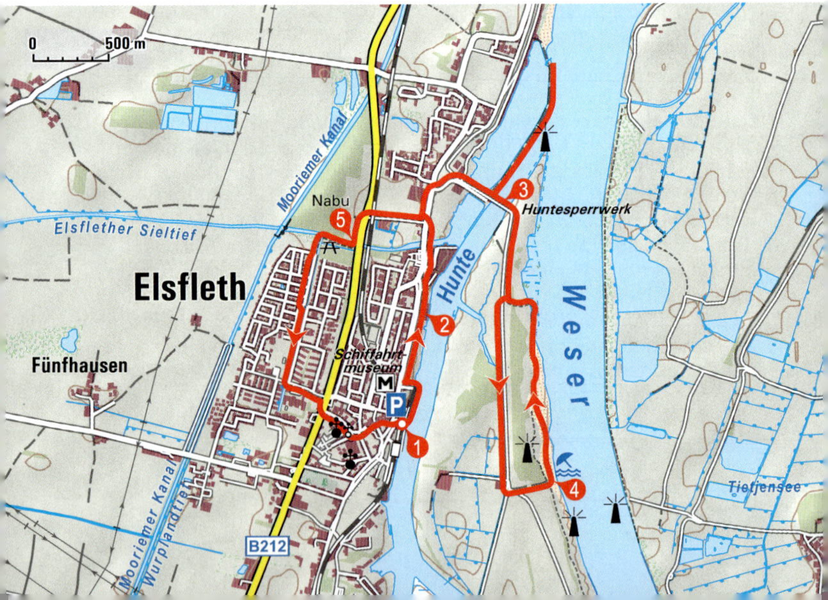

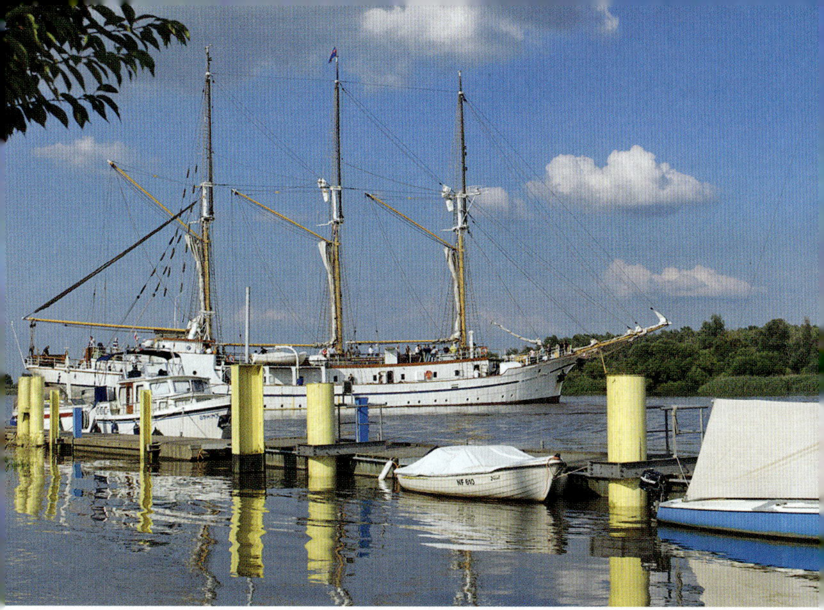

Anleger Elsfleth mit dem Dreimaster-Segelschulschiff »Großherzogin Elisabeth«.

variiert je nach Wasserstand, es gibt weder Badeaufsicht noch sonstige Einrichtungen.
Kurz vor dem Ende der Gehölze verlässt der Pfad das Strandgebiet und folgt der für den öffentlichen Verkehr gesperrten Straße zurück zum **Huntesperrwerk** ❸, das wir erneut queren, um auf der Festlandsseite der Straße Am Jachthafen zu einer T-Kreuzung abwärts zu folgen; dort links, neben der Straße Am Liener Deich und nach 200 m rechts in die Pappelallee Neuenwege, die am Ende die Bahnlinie quert. Danach geht es kurz links über den Radweg neben der Straße und über die Brücke. Direkt hinter der Brücke (148) zweigen wir rechts ab in das **Nabu-Schutzgebiet** ❺ mit Schutzhütte am Rand von Elsfleth und folgen dem Weg am Fluss entlang. Hinter dem kleinen Sperrwerk führt ein Pfad nach links und weiter am Kanal entlang, wo wir bei der ersten Brücke von der rechten auf die linke Seite wechseln. Bei der T-Kreuzung links von einer Straßenbrücke folgen wir links der Wurpstraße, queren bei einer beampelten Kreuzung die B212 und folgen ihr kurz nach rechts, um dann links die Steinstraße zu nehmen. Am Nicolaiplatz folgen wir kurz vor der Grundschule der Straße nach links und promenieren geradeaus durch die Fußgängerzone. An deren Ende geht es geradeaus durch das Hafentor und über die Bahnlinie zurück zum Ausgangspunkt an der **Huntekaje** ❶ mit rechts dem **Bahnhof Elsfleth** ❶.

↗ 20 m | ↘ 20 m | 10,8 km

9 Stollhamm – Moorsee – Nordenham

2.30 h

Kleinbahnwanderweg zur Moorseer Mühle

Dem Damm der 1908 eröffneten und 1968 stillgelegten Butjadinger Bahn durch das vogelreiche Gebiet der Wesermarsch, die Stollhammer Wisch, folgen der Europäische Fernwanderweg 9 und der Butjadinger Wanderweg zwischen Buschwerk und Bäumen zum Mühlenmuseum in der Moorseer Windmühle und weiter zusammen mit dem Planetenweg zum Strandbad in Nordenham an der Weser.

Ausgangspunkt: Bushaltestelle Stollhamm-Bahnhof (2 m) in der Bahnhofstraße, gute Parkgelegenheit am Weg bei der Moorseer Mühle ❸ (Navi: Butjadinger Str. 132, 26954 Nordenham).
Endpunkt: Bahnhof Nordenham mit Parkplatz unterhalb (Navi: Müllerstr. 18B, 26954 Nordenham).
ÖPNV: Zwischen Stollenham und Nordenham verkehrt Mo. – Sa. stündlich, So. zweistündlich Linie 400 mit Halt bei der Moorseer Mühle ❸ und in Abbehausen ❹, www.dbregiobus-nord.de. Vom/zum Bahnhof Nordenham stündlich Regionalbahnverbindung Richtung Bremen.
Anforderungen: Leichter breiter radfähiger Weg.
Markierung: E9, »B« für Butjadinger Wanderweg, ab ❷ Planetenweg.
Einkehr: Café Moorseer Mühle (Museumöffnungszeiten → Tipp), Abbehausen, Weserterrassen (Mi. – So. 11.30 – 22 Uhr), Nordenham.
Tipp: Museum Morsee Mühle zur Mühlengeschichte in der Wesermarsch (April-Oktober Di. – Sa. 12 – 17.30, So. 14 – 17.30), www.museum-moorseer-muehle.de

Von der Bushaltestelle **Bahnhof Stollhamm** ❶ folgen wir der Hauptstraße in östliche Richtung und wenden uns vor dem Ortsendeschild nach links (Harlerweg). Nach 80 m nimmt uns bei Wertstoffcontainern rechts die alte Bahnstrecke auf als von Bäumen und Buschwerk flankierter Fußweg im Grünen. Wassergräben, die das Marschengrünland zahllos durchziehen, werden auf Stegen und Holzbrücken überquert. Die Gräben entwässern die Stollhammer Wisch im Winter, während der Weideperiode wird ihnen über den Butjadinger Zu- und Entwässerungskanal Süßwasser aus der Weser zugewässert, um die Weiden mit Tränkewasser zu versorgen.

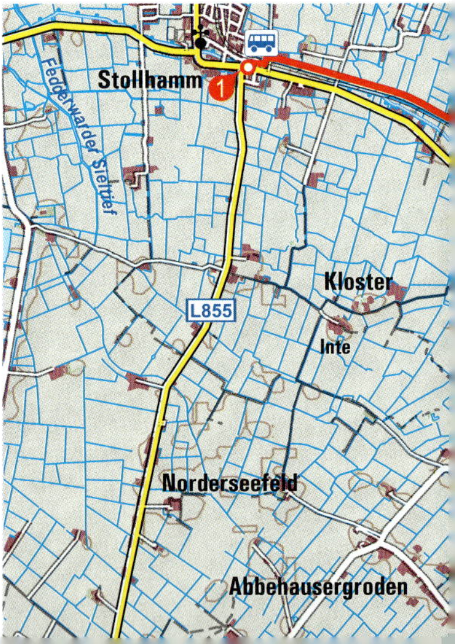

Auf der Höhe von Moorseersand begleiten den Weg alte Bäume, später passieren wir ein **Insektenhotel** ❷ und den Pluto als äußersten Posten des 6 km langen Planetenweges, der mit der Sonne nahe dem Bahnhof Nordenham unser Sonnensystem im Maßstab eins zu einer Milliarde nachbildet. Als irdischer Höhepunkt des Weges empfängt uns die **Moorseer Mühle** ❸, die einzige noch funktionstüchtige Windmühle der Wesermarsch. Wind- und Motormahlgänge, Quetsch- und Schälmaschinen, Walzenstuhl, Plansichter und Steinkran der Galerieholländer-Mühle sind voll funktionsfähig und werden regelmäßig in Betrieb gezeigt.

Wenig später erreicht der Kleinbahndamm das Kirchdorf **Abbehausen** ❹, wo uns die Mühlenstraße aufnimmt und zur Kreuzung mit der Sarver Straße führt an der

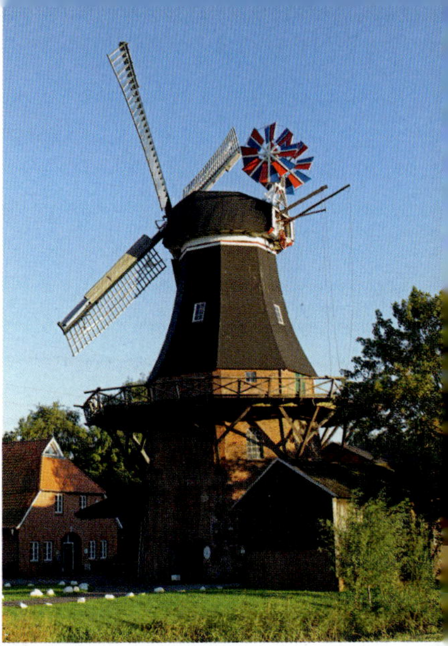

Die Moorsee-Mühle ist ein Gallerieholländer aus dem 19. Jh.

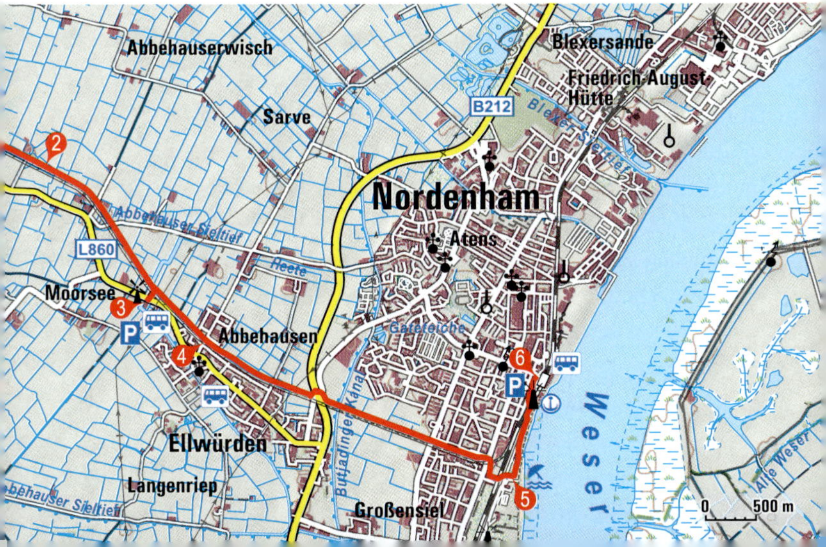

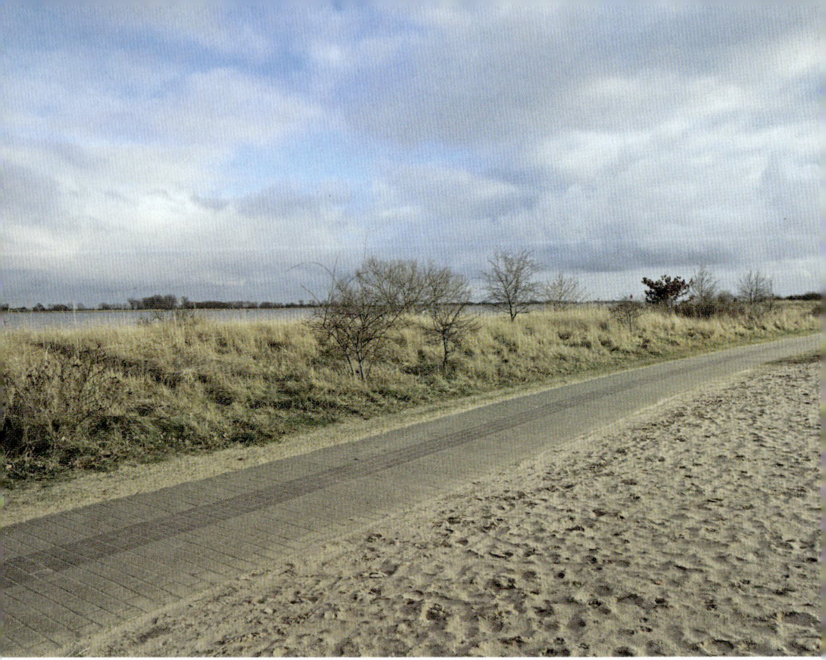

Kurz vor Nordenham führt der Planetenweg am Weserstrand entlang.

alten Bahnhofsgaststätte. Geradeaus durch das Wohngebiet (Am Butjenter), nach 70 m Radweg links und weiter entlang der alten Bahntrasse. Der Kleinbahnweg folgt dem Ortsrand und macht bei Ellwürden einen Linksschwenker zur Querung der B212, ehe es schnurgeradeaus weiter geht Richtung Nordenham, hinüber über den Butjadinger Kanal. Dann folgt zwischen Bäumen (Erich-Lampe-Weg) der Schlussspurt nach Nordenham: An der Hansingstraße kurz rechts und die erste links über die Bahngleise hinweg, dahinter links an den Weserterrassen entlang zum **Weserstrand** 5 und dort beim Jupiter links auf der von Sportgeräten gesäumten Uferpromenade zur Sonnenskulptur des Planetenweges, vor der links die Bahnüberführung zum **Bahnhof Nordenham** 6 führt.

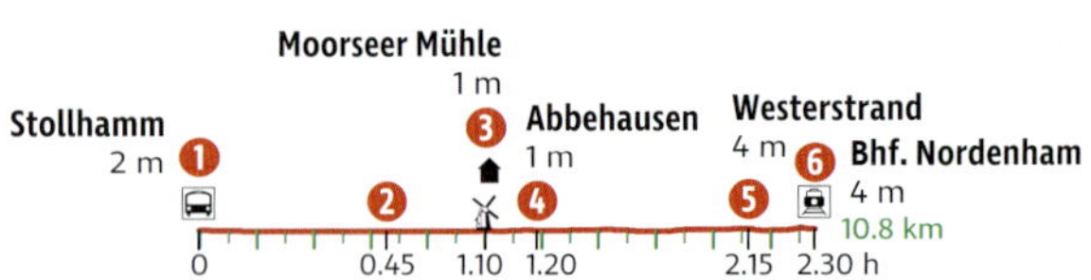

↗ 5 m | ↘ 5 m | 9,4 km

2.15 h

Tettens – Langlütjen I – Volkers

10

Inselwanderung an der Wesermündung

Deichschafe, Salzwiesen, Ozeanriesen: Die Salzwiesenwanderung zur Weserinsel Langlütjen I beeindruckt durch die Naturnähe im Nationalpark Niedersächsisches Wattenmeer ebenso wie durch den Kontrast, den die gigantische Kulisse der Container- und Überseehäfen und des Kreuzfahrtterminals Columbus Cruise Center an der Columbuskaje jenseits der Wesermündung setzt. Die zu Kaisers Zeiten auf dem Langlütjensand aufgeschüttete Fort-Insel ist auf einem von ausgedehnten Salzwiesenbeständen flankierten Damm gefahrlos erreichbar, jedoch darf die Insel selbst nicht betreten werden.

Ausgangspunkt: Gasthof Landhaus Tettens (2 m) mit gegenüber kleinem Parkplatz am Deich Am Dorfbrunnen 17, 26954 Nordenham.
ÖPNV: Keine direkte Erreichbarkeit mit Bussen. Die nächste Bushaltestelle mit sinnvollen Anschlüssen ist Blexen-Ort 1 km südöstlich von 5 mit Linie 401 Mo. – Fr. stündlich, Sa./So. zweistündlich Richtung Nordenham, www.dbregiobus-nord.de. Von der Haltestelle nordostwärts zur St.-Hippolyt-Kirche, dort links auf Straße Am Rhynschloot schließlich zur Aussichtsfläche am Flugplatz Blexen 5.
Anforderungen: Überwiegend Graspfade, auch der Damm zur Insel ist holperig und für Fahrräder ungeeignet.
Markierung: Großteils Salzwiesenpfad.
Einkehr: Landhaus Tettens am Ausgangspunkt (Mo. – So. 12 – 14 und 18 – 21 Uhr).
Hinweis: Wandern am Deich (→ Allgemeine Hinweise).

Blick vom Deich auf die Wesermündung mit Bremerhaven im Hintergrund.

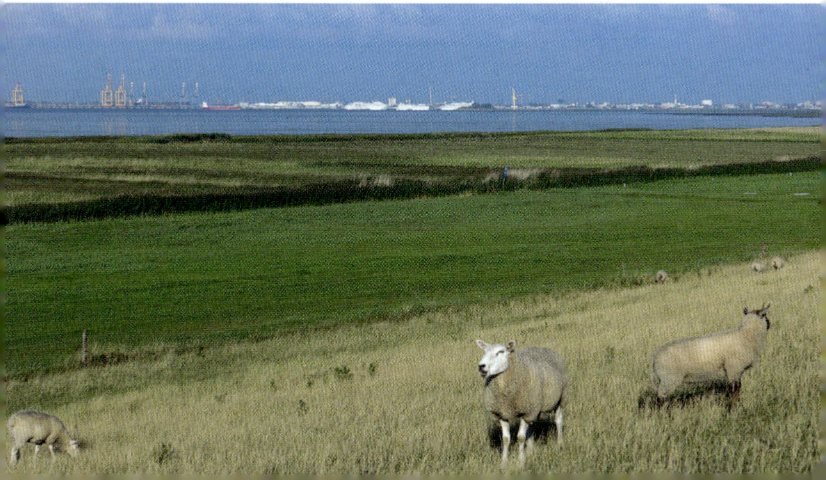

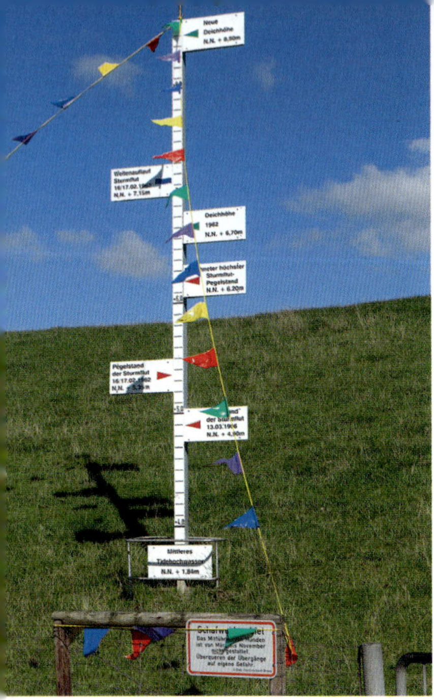

Hochwasserpfahl am Deich bei Volkers mit Pegelständen und Deichhöhen aus dem 20. Jh.

Vom Parkplatz am **Landhaus Tettens** ❶ folgen wir der Straße parallel zum Seedeich durch den Weiler Tettens und biegen am Dorfende links auf den Trittweg. Oben auf der Deichkrone lässt sich die Wanderroute gut überblicken, auch die Container- und Überseehäfen sind in Sicht, der gelbe Radarturm Tettens markiert das Ziel vor der Insel Langlütjen I. Weiter geht es links neben dem Deich mit Blick auf die Salzwiesen, während der gelbe Radarturm vor Langlütjen I immer näher rückt, bis der Dammansatz am **Schockumer Deich** ❷ erreicht ist, der durch Reet und Salzwiesen zwischen dem Schockumer Groden und dem Volkumer Groden zur Insel **Langlütjen I** ❸ führt. Als 1869/70 die Forts auf Langlütjen I und der 2 km entfernten Insel Langlütjen II errichtet wurden, verkehrte auf dem Damm eine Schmalspurbahn zur Beförderung der Baumaterialien. Die Befestigungen auf beiden Inseln dienten der Sicherung der Wesermündung vor einem Angriff von

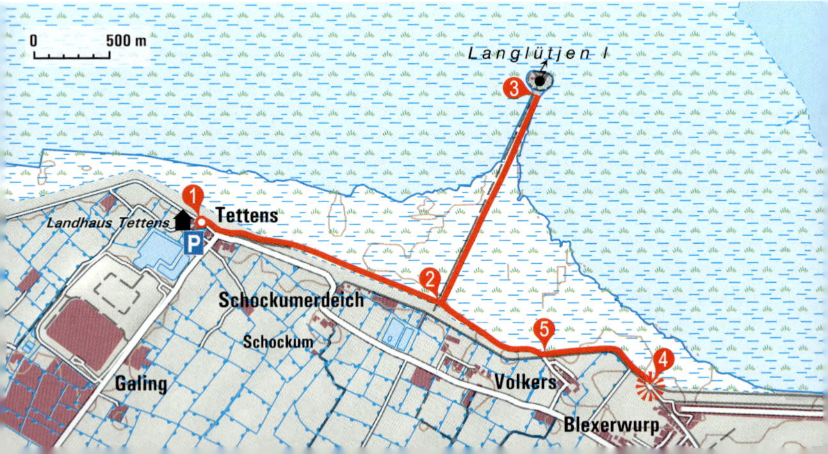

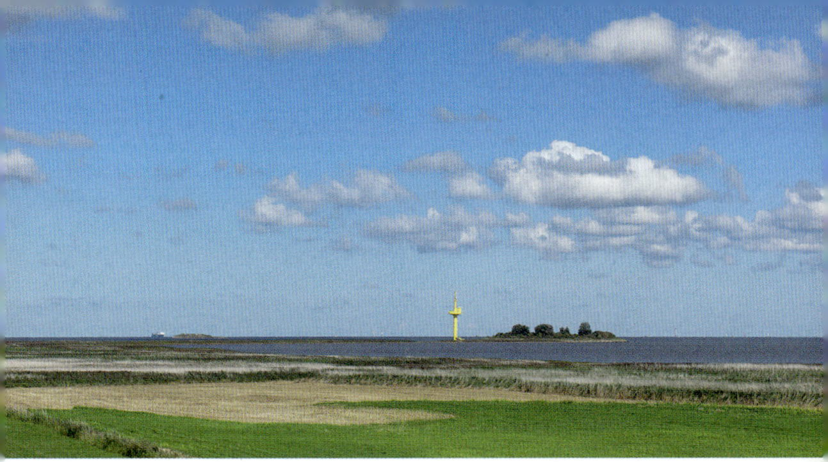

Rechts vom gelben Radarturm ist die baumbestandene Insel Langlütjen I erkennbar.

der bis 1890 britischen Insel Helgoland aus. Die Forts waren nie in Kampfhandlungen verwickelt, die Siegermächte des Ersten Weltkriegs ließen die Geschütze abbauen. Auf Langlütjen II, der »Teufelsinsel«, unterhielten die Nationalsozialisten 1933/34 ein Konzentrationslager, das nach 5 Monaten aus finanziellen Gründen aufgelöst wurde.

Heute wird der Damm von Vogelbeobachtern aufgesucht: Brandgans, Rohrweihe, Singschwan, Austernfischer und andere Limikolen (Watvögel), verschiedene Seeschwalben und Rohrsänger lassen sich hier beobachten, die Reetzone im Inselvorland ist ein bedeutendes Brutgebiet.

Auf dem Damm geht es zurück zum **Schockumer Deich** ❷ und weserwärts am Volkerser Groden entlang zur **Aussichtsfläche** ❹ vor dem Flugplatz Blexen, die letzten 10 Gehminuten nach der Deichtrift binnendeichs. Hier erläutert eine Orientierungstafel das eindrucksvolle Bremerhaven-Panorama. Der Seedeich gibt die Rückroute vor, binnendeichs vor dem Übergang zur Siedlung Volkers markiert ein **Pfahl** ❺ die Hochwasserstände: 1962 hatte der Deich eine Höhe von 6,70 m über NN, die Wellen während der Februar-Sturmflut liefen bis 7,15 m auf; die heutige Deichhöhe beträgt 8,50 m über NN; das mittlere Tidehochwasser erreicht 1,84 m über NN. Vom Deichübergang bei Volkers sind es rund 2 km zum Ausgangspunkt am **Feinschmecker-Landhaus Tettens** ❶.

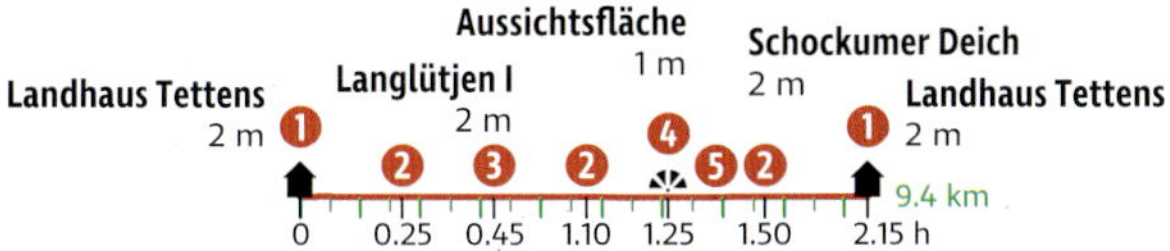

↗ 30 m | ↘ 30 m | 6,7 km

11 Bremerhaven Museumshafen – Auswandererhaus

2.00 h

Havenwelten in Bremerhaven

Die Havenwelten sind das maritime Museums- und Erlebnisviertel der Seehafenstadt Bremerhaven zwischen der Geestemündung und der Kaiserschleuse. Zu deren Herzstücken zählen der Museumshafen mit dem Deutschen Schifffahrtsmuseum und die Weserpromenade mit der Seebäderkaje, dem Zoo am Meer und dem Auswanderermuseum sowie dem erstklassigen Aussichtspunkt Sail City.

Ausgangspunkt: Deutsches Schifffahrtsmuseum und Museumshafen (2 m) am Alten Hafen in Bremerhaven mit Parkplatz (Navi: Van-Ronzelen-Straße, 27568 Bremerhaven).
ÖPNV: Der Bahnhof Bremerhaven Hbf. liegt 1 km südöstlich vom Radarturm 9, erreichbar über Bismarckstraße und Wilhelmshavener Straße. Vom Bahnhof häufige Busverbindungen zur Haltestelle Schifffahrtsmuseum am Museumshafen 1 mit u. a. Linie HL, www.bremerhavenbus.de.
Anforderungen: Leichte Hafenpromenaden, Fußgängerzone und Straßen, durchgehend asphaltiert.
Einkehr: Zahlreiche Möglichkeiten in und um die Havenwelten und in der Fußgängerzone.
Kombi-Tipp: Tour 12 entlang der Geeste ab Schifffahrtsmuseum.
Tipps: Deutsches Auswandererhaus, Schifffahrtsmuseum, Klimahaus, Zoo, Kunstmuseum und -halle. Panoramablick von den Aussichtsplattformen des Hotel Sail-City 3 in 86 m Höhe (täglich) und dem Radarturm 9 in 59 m Höhe (Sommerhalbjahr Mi. – So.).

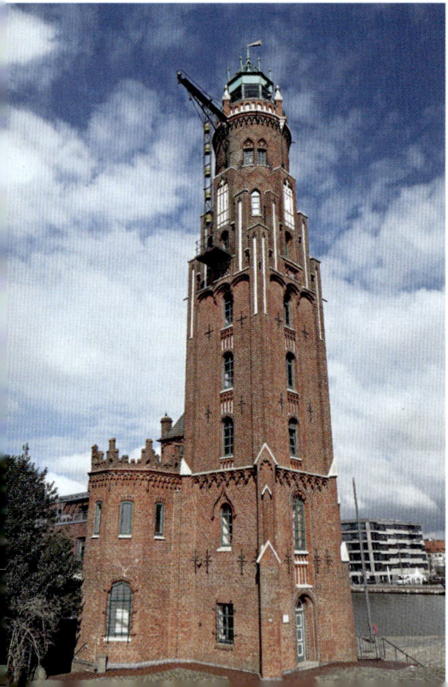

Das **Deutsche Schifffahrtsmuseum** und der vorgelagerte **Museumshafen** 1 mit historischen Wasserfahrzeugen von der mittelalterlichen Bremer Hansekogge bis zum Weltkriegs-U-Boot dokumentieren die Geschichte der Schifffahrt in Deutschland sowie moderne maritime Forschung. Das zwischen 1969 und 1973 errichtete Museumsgebäude wurde 1999 erweitert. Ein Wahrzeichen des Museumshafens und

Der 40 m hohe Leuchtturm von 1852 ist einer der ältesten an der Deutschen Bucht.

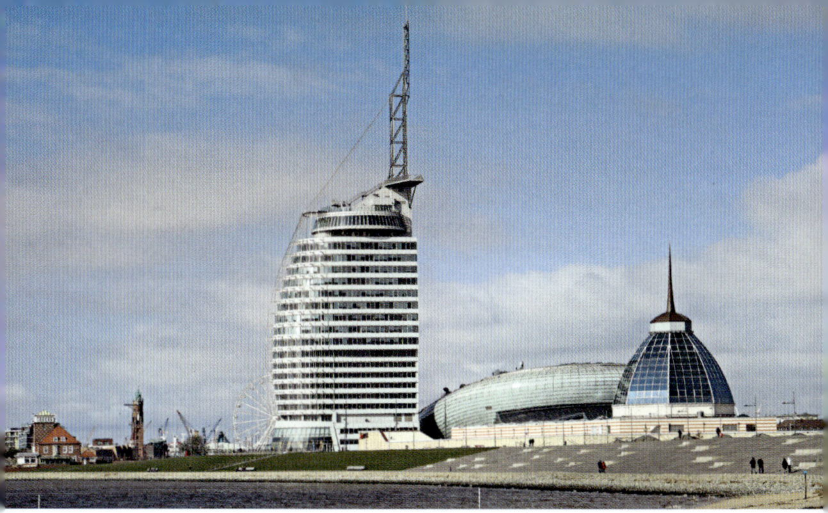

»Skyline« von Bremerhaven mit Hotel Sail City, Klimahaus und Meditarreneo.

Bremerhavens ist die 1919 gebaute Holzbark »Seute Deern« (süßes Mädchen), ein Museums-, Restaurant- und Hochzeitsschiff im Alten Hafen; weitere Museumsschiffe sind der Hochseeschlepper »Seefalke«, der Walfangdampfer »Rau IX,« der Haffkahn »Emma« und das U-Boot »Wilhelm Bauer«. Zwischen dem Museumshafen und dem Deutschen Schifffahrtsmuseum führt die Promenade nordwärts zum Einkaufs- und Erlebniszentrum **Mediterraneo** 2; eine gläserne Fußgängerbrücke, die Drehbrücke Havenwelten, verbindet das Innere des Mediterraneo mit den drei Hochhaustürmen des Einkaufs-, Restaurant- und Wohnkomplexes Columbus Center. Neben dem Mediterraneo erhebt sich das 2009 mit einem Konzert Bob Geldofs eingeweihte **Klimahaus 8° Ost**, dessen Ausstellungen Klimafaktoren und -zonen ebenso veranschaulichen wie den Treibhauseffekt und dessen Folgen. Am Beginn der Gebäudekomplexe zweigt man links auf die Weserpromenade ab, die rechts am Vier-Sterne-Atlantic-Hotel **Sail City** 3 vorbeiführt; mit 140 m Höhe einschließlich der Spitze das höchste Gebäude im Bundesland Bremen. Die Aussichtsplattform Sail City in der 20. und 21. Etage (Aufzug bis zur 20. Etage, Zugang links vom Mediterraneo-Eingang) ermöglicht in 86 m Höhe einen faszinierenden Panoramablick über Bremerhaven sowie auf die Wesermündung und nordwärts auf die Grünfluren an der Geeste.
Vom Sail City führt die Weserpromenade am Restaurant Strandhalle vorbei zum Willy-Brandt-Platz mit der **Seebäderkaje** 4, dem rot-weiß gestreiften Unterfeuer Bremerhaven (»Minarett«) und dem Zoo am Meer sowie dem Auswandererdenkmal. Der Kleinst-Zoo beherbergt knapp 300 Tiere, darunter Eisbären, Basstölpel, Robben und Humboldtpinguine. An der See bä-

derkaje starten Ausflugsschiffe nach Bremen, Helgoland und zu den Seehundsbänken. Neben der Brücke zwischen der Sportbootschleuse und dem Neuen Hafen erhebt sich rechts der 1854 in Backstein errichtete **Große Leuchtturm** ❺; das auch Simon-Loschen-Turm genannte Bremerhaven-Oberfeuer ist der älteste erhaltene Leuchtturm an der deutschen Nordseeküste. Die Weserpromenade folgt dem Lohmanndeich aussichtsreich nordwärts zum pittoresken **Pingelturm** ❻; der 15 m hohe Bau von 1900 verfügt außen über eine Nebelglocke.

Vom Turm fällt der Blick über den Auslauf der Kaiserschleuse hinweg zum Kreuzfahrtterminal Columbuskaje, dem historischen »Kai der Tränen«: Ablegeplatz der Transatlantikverkehr-Dampfschiffe, darunter auch der weltbekannten mit dem Blauen Band wie »Europa« (1928), die von Leopold »Kommodore« Ziegenbein gesteuerte »Bremen« (1929) und die »United States« (1952). 1959 stieg aus einem Truppentransporter Elvis Presley an Land, um seinen 18-monatigen Wehrdienst in der Bundesrepublik anzutreten. Die **Kaiserschleuse** wurde unter Kaiser Wilhelm II. 1897 als größ-

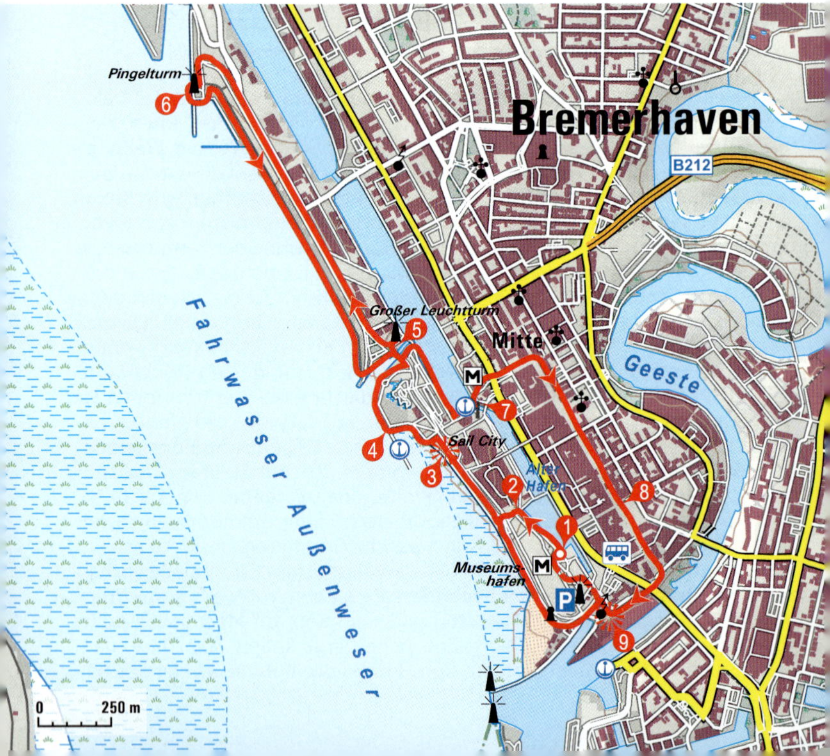

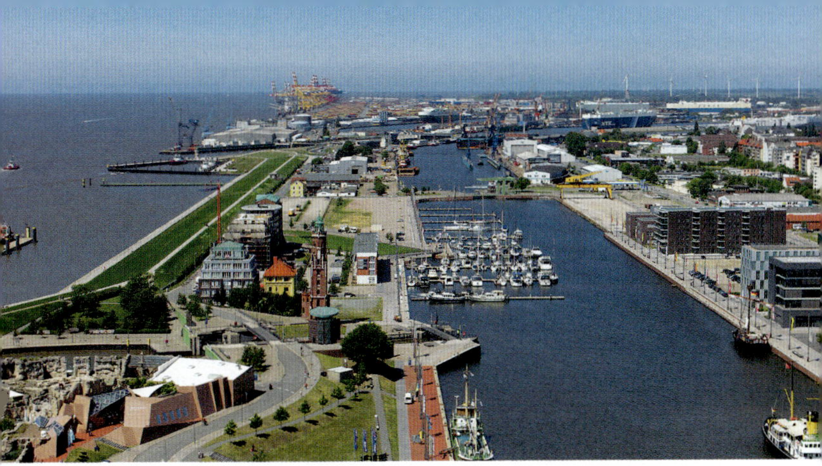

Blick vom Sail City auf Hafen, Leuchtturm, Kaiserschleuse und Zoo am Meer (links).

te Schleuse der Welt erbaut (222 m Länge, 45 m Breite) und 2007–10 auf 305 m Länge und 55 m Durchfahrtsbreite erweitert. Von der Schleuse geht es scharf rechts auf der Kommodore-Ziegenbein-Promenade auf der Deichkrone und dann am Neuen Hafen entlang zurück zum **Großen Leuchtturm** und über die Neue Schleuse, dann am Ende des Neuen Hafens links zum **Deutschen Auswandererhaus** ❼, dem größten Migrationsmuseum Europas; es dokumentiert die Auswanderung von mehr als 7 Mio. Deutschen in die USA ab dem 19. Jh.

Vom Auswandererhaus verläuft die autofreie Keilstraße zur zentralen Fußgängerzone, der Bürgermeister-Smidt-Straße, die rechts an der Großen Kirche vorbei weiterführt zum **Theodor-Heuss-Platz** ❽ mit dem Stadttheater und dem Kunstmuseum. An dem modernen Kubus-Bau vorbei führt die Straße Karlsburg, kurz vor dem Geestedeich und dem Geestesperrwerk halten wir uns rechts und queren die Columbusstraße über die Ampel; weiter geradeaus durch die kleine Straße Am Radarturm zum 107 m hohen **Radarturm** ❾ mit Aussichtsplattform.

Vom Radarturm geht es entweder in wenigen Minuten nordwärts zurück zum Ausgangspunkt oder links am Schifffahrtsmuseum vorbei noch 500 m entlang dem Deich und vor dem Mediterraneo wie auf dem Hinweg rechts zurück zum **Museumshafen** ❶.

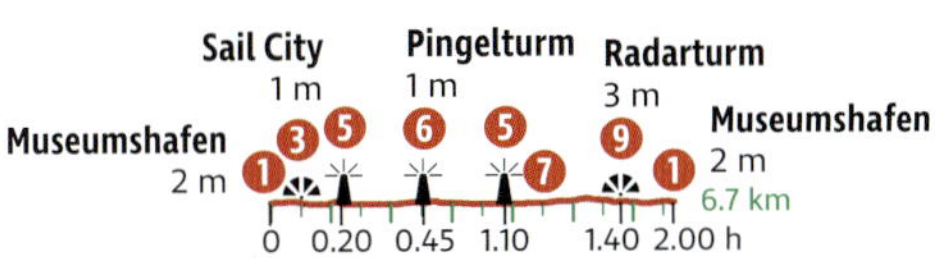

↗ 40 m | ↘ 40 m | 15,9 km

12 Bremerhaven Alter Hafen – Schiffdorfer Schleuse

4.00 h

Auf dem Geestewanderweg

Von der Stadt ins Grüne: Der Geestewanderweg von der Wesermündung zur Schiffdorfer Schleuse vereint Naturnähe und malerische Aussichten. Die Geeste entspringt bei Bremervörde und mündet in Bremerhaven als letzter Nebenfluss in die Weser.

Ausgangspunkt: Dt. Schifffahrtsmuseum und Museumshafen, (2 m) am Alten Hafen (vgl. Tour 11).
ÖPNV: Der Bahnhof Bremerhaven Hbf. liegt 1 km südöstlich von der Kennedybrücke 2, erreichbar über Bismarckstraße und Wilhelmshavener Straße. Vom Bahnhof häufige Busverbindungen zur Haltestelle Schifffahrtsmuseum am Museumshafen 1 mit u. a. Linie HL, www.bremerhavenbus.de.
Anforderungen: Leichte Promenaden, überwiegend erdgebunden und asphaltiert.
Einkehr: Bremerhaven, Gasthof-Biergarten Schiffdorfer Stauschleuse.
Kombi-Tipp: Erweiterbar mit Tour 11 durch Bremerhaven.

Vom **Museumshafen** 1 gehen wir südwärts Richtung Radarturm zur Van-Honzelen-Straße, folgen dieser nach links zur Columbusstraße, die wir 100 m weiter rechts vor der **Kennedybrücke** über die Ampel queren. Hinter der nach dem populären US-Präsidenten benannte Straßen-Klappbrücke liegt das Geestesperrwerk, 1961 in Betrieb genommen, wenige Monate vor der Sturmflut, die im Februar 1962 die Nordseeküste verwüstete. Rechts

Geestewanderweg vor dem Tidesperrwerk.

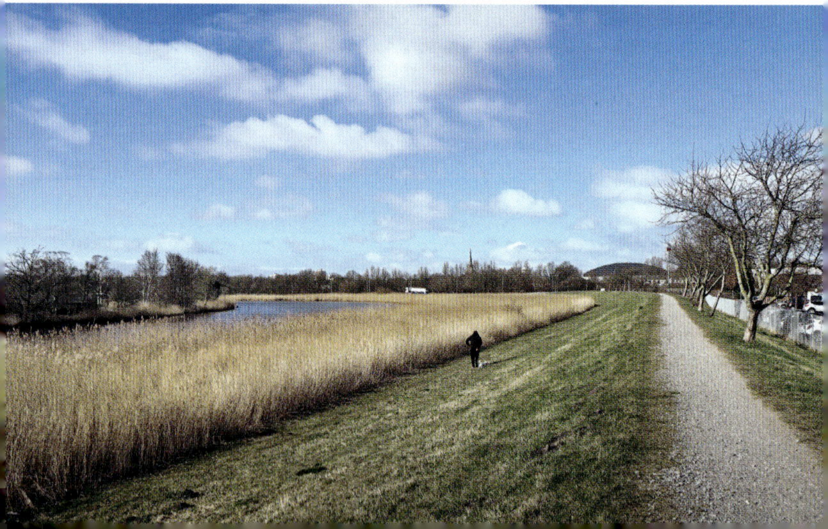

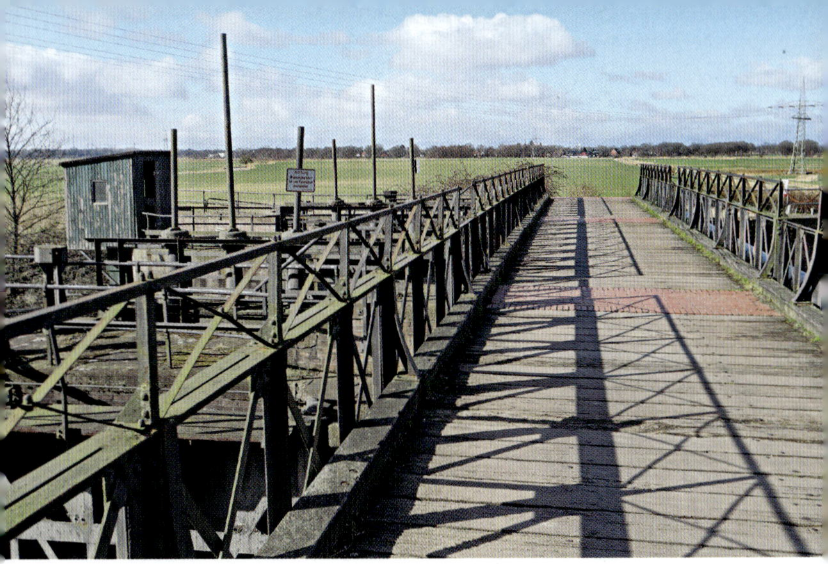

Eine Holzbrücke ersetzt seit 1985 die historische Brücke der Schiffdorfer Schleuse.

machen auf der Südseite der Geeste die nach Blexen (Nordenham) fahrenden Autofähren fest. Von der Ampel über die Clumbusstraße gehen wir geradeaus abwärts und folgen der Deichstraße links neben der Geeste, nach 100 m rechts auf einem Fußweg mit einem Schlenker direkt an der Geeste entlang. Wir queren die Fährstraße bei der **Alten Geestebrücke**, hinter der am Torfplatz der Geestewanderweg beginnt. Er folgt der Flussschleife aufwärts am City Port Bremerhaven, dem Kurzzeit-Liegeplatz für Segler und Motorboote in der Geestemündung und weiter vorbei an einem alten Turmdrehkran. Im **Geestebogen** ❷ wechselt er rechts auf eine alleeartige Promenade, überquert die Geeste auf der nächsten Brücke und wechselt gleich darauf links zurück in die Grünanlagen am Geestufer. Vor dem Bundesstraßenkreuz gehen wir rechts und folgen nach 100 m dem Radweg links über die B212, hinter der uns der Radweg in einer Schleife rechts neben der Geeste unter der Straßenbrücke hindurchführt, ehe uns die Straße Zur Hexenbrücke flussaufwärts und später durch eine Eisenbahnunterführung zum **Tidesperrwerk** ❸ führt; von der Mündung bis zum Tidesperrwerk ist die Fließrichtung der Geeste gezeitenabhängig. Ab dem Sperrwerk verläuft der Geestewanderweg wieder autofrei flussaufwärts im Grünen, gesäumt von Bäumen und Reet, verlässt gegenüber vom Bootsanleger **Buschkämpen** ❹ das urban geprägte Gebiet, unterquert als nun fast durchgehend alleeartiger, ungeteerter Weg zwischen Bäumen die Autobahn **A 27** ❺ und erreicht an der Einmündung des **Geestemünder Markfleths** ❻ an einem

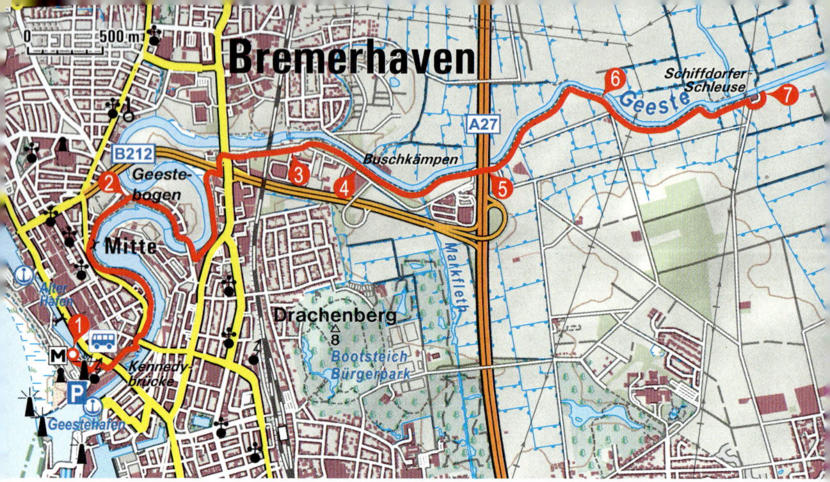

kleinen Schöpfwerk in einer Wiesenniederung die Grenze der Bundesländer Bremen und Niedersachsen.
Die Grenze verläuft auf der gegenüberliegenden Seite, während der Wanderweg unter Bäumen dem Fluss weiter aufwärts folgt und schließlich nach einer Kurve bei Geeste-Km 53,8 die **Schiffdorfer Schleuse** 7 erreicht, die seit ihrem Bau 1890–92 nahezu unverändert erhalten ist: eine Siel-

Die Schiffdorfer Schleuse wurde 1890–92 als Sperrwerk gegen Hochwasser erbaut.

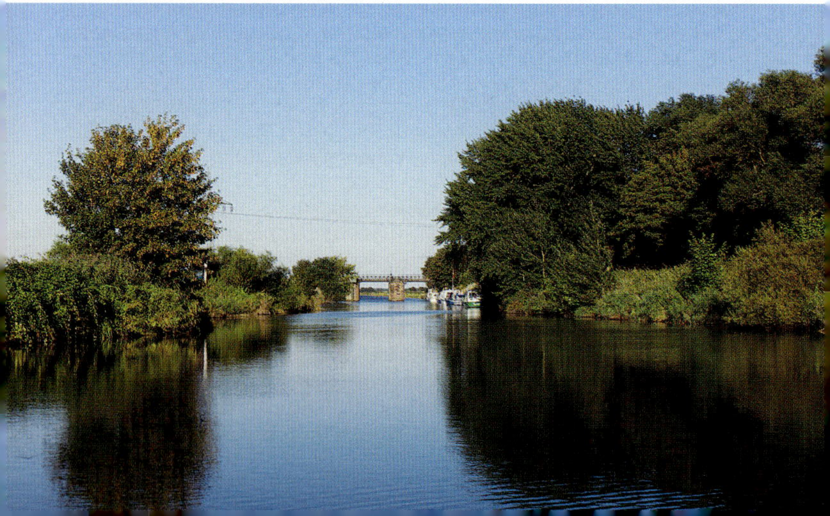

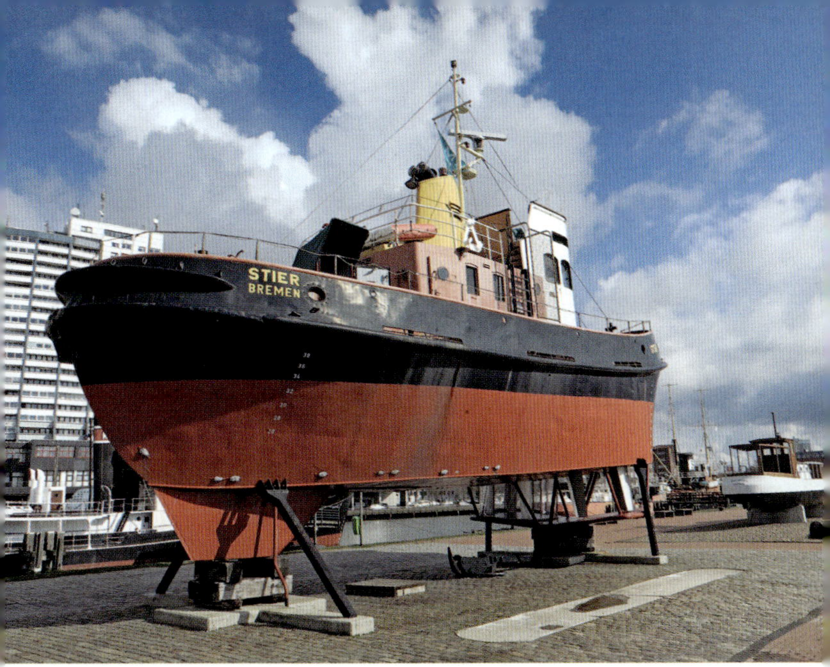

Der 1954 erbaute besonders wendige »Stier« wurde zum Vorbild vieler Hafenschlepper.

schleuse mit zwei Strompfeilern, zwei landseitigen Widerlagern und zwei 8 m breiten Sieltoren. Lediglich die Fachwerkbrücke musste 1985 durch eine neue Holzkonstruktion ersetzt werden. Neben der Schleuse lädt die Schankstube »Schiffdorfer Stauschleuse« mit Biergarten zur Einkehr ein, die Schleusenbrücke bietet einen beeindruckenden Ausblick auf das Elbe-Weser-Dreieck: Größer könnte der Kontrast zwischen dem regen Bremerhaven an der Geestemündung und dem flachen siedlungsfreien Land kaum sein.

An der Schiffdorfer Schleuse endet der Geestewanderweg, und auf derselben Route geht es zurück zum Ausgangspunkt am **Museumshafen** 1 in Bremerhaven.

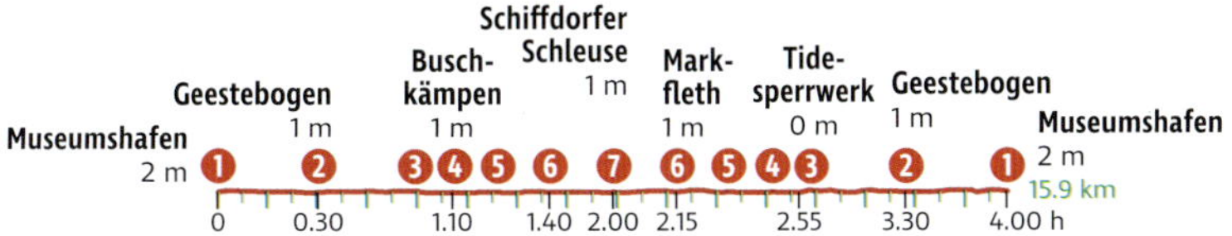

↗ 10 m | ↘ 10 m | 14,3 km

13 Weddewarden – Ochsenturm – Wremer Tief

3.30 h

Zur Wesermündung an der Wurster Küste

Das ländlich geprägte Kirchdorf Weddewarden an der Mündung des Grauwallkanals, der das Land Wursten entwässert, ist seit 1927 der nördlichste Stadtteil von Bremerhaven. Schloss Morgenstern, Ausgangspunkt der Tour, liegt auf dem Gelände der ehemaligen Bremer Burg. Erzbischof Christoph von Bremen ließ Burg Morgenstern nach seinem Sieg in der Schlacht am Wremer Tief über die bis dahin freien Wurster errichten. In der Schlacht starben am Tag vor Weihnachten 1517 mehr als 800 wurtfriesische Männer und Frauen, darunter die 17-jährige Fahnenjungfer Tjede Peckes. Die Nachricht von der blutigen Schlacht verbreitete sich in ganz Deutschland, sogar Kaiser Maximilian I. äußerte sich dazu: »Wahrlich, es ist schade um diese Fahnenjungfrau, sie hätte die Mutter von Helden werden können …« Von Weddewarden folgt der Deich der Wesermündung zum Ochsenturm im Land Wursten und zu den Stränden des Nordseebads Wremen.

Ausgangspunkt: Parkplatz am Schloss Morgenstern (5 m), am Ende der Morgensternstraße im Stadtteil Weddewarden von Bremerhaven (Navi: Imsumer Deich, 27580 Bremerhaven), alternativ Großparkplatz vor Kurverwaltung in Wremertief (Navi: Rolf-Dircksen-Weg 33, 27639 Wurster Nordseeküste).
ÖPNV: Bushaltestelle Bremerhaven Weddewarden 5 Gehminuten entlang der Morgensternstraße zum Ausgangspunkt, Linie 509 Mo. – Sa. halbstündlich von/nach Bremerhaven, So. stündlich nur ab/bis Lehe, www.bremerhavenbus.de. Alternativ Regionalbahnhof Wremen 2 km östlich von ⑥, → Tour 14 oder Sammeltaxi-Haltestelle am Parkplatz Wremer Tief bei ⑥ mit AST 5 – 7 täglich mehrfach stündlich Richtung Wremen und Dorum, VBN-Plus-Sammeltaxi, telefonische Bestellung mind. 60 Min. vor Abfahrt, Tel. +49 4721 5512655.
Anforderungen: Leichte Deichwege.
Einkehr: Wremer Tief.

Varianten: 1. kurz nach dem Start links 1 km langer Abstecher mit Blick zum Containerterminal.
2. Ebenfalls 1 km langer Abstecher zur romanischen Wremer Wehrkirche Sankt Willehadi, die älteste und größte Kirche des Landes Wursten. Turm und Schiff sind aus Tuff erbaut, der in der Eifel abgebaut und per Schiff über den Rhein und die Nordsee nach Wremen verfrachtet wurde. Dorthin 1,3 km auf schönem Weg ab Wremer Tief ⑥; landseitig vom Seedeich links vorbei am Campingplatz (Am Wremer Tief). Nach 100 m rechts auf Fußweg und diesem entlang der Wremer Wasserlöse folgen, nach der zweiten Brücke links und nach 70 m rechts in Im Ellhorn direkt auf die Kirche zu.
Hinweis: Das Nutzen der Wege im Vorland an der Uferkante ist aus Naturschutzgründen verboten, das Begehen der Deichkrone ist in diesem Abschnitt seitens des Deichverbandes erlaubt.

Vom Parkplatz beim **Schloss Morgenstern** ① geht es auf den **Weddewardener Außendeich** mit einem ungewohnten Küstenpanorama: statt Salzwiesen und Seevögeln eine Skyline mit Kränen und Containern. Die

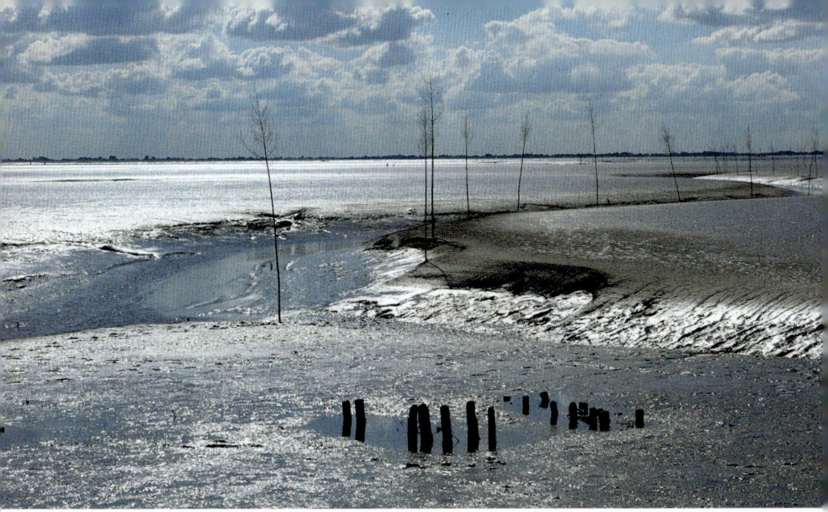

Watt vor dem Wremer Tief.

gepflasterte Deichpromenade führt aussichtsreich nordwärts: Vor dem Deichfuß erstreckt sich der Groden bis zum Grauwallkanal, dahinter liegt der Containerterminal 4. Kurz bevor die Deichpromenade die Grenze der Bundesländer beim Gehöft **Weddewardener Büttel** 2 erreicht, besteht die Möglichkeit, links hinauszuwandern zum ausgeschilderten Aussichtspunkt vor dem Terminal.

Hinter dem Schafweidezaun an der Grenze geht es auf der Deichkrone aussichtsreich weiter, rechts fällt der Blick über den Weserradweg hinweg auf alte Bäume und Wiesen und den Kirchturm von Weddewarden, zwischen Bäumen ragt der stumpfe **Ochsenturm** 3 vor **Imsum** auf. Der auf einer Warf hinter dem Deich stehende Turm ist der Rest einer Bartholomäuskirche, die 1218 mehrere Kilometer außerhalb des Ortes Imsum errichtet wurde, möglicherweise auf einem alten Thingplatz: Der Sage zufolge konnten sich die umliegenden Dörfer nicht auf den Standort für den Bau einer Kirche einigen. Also schickten sie einen Ochsen los, und wo dieser Halt machte, wurde die Kirche gebaut – daher der Name des Turms. Jahrhundertelang fungierte er als Seezeichen. 1895 wurde das Kirchenschiff abgebrochen, der helmlose Turm blieb als Aussichtsturm.

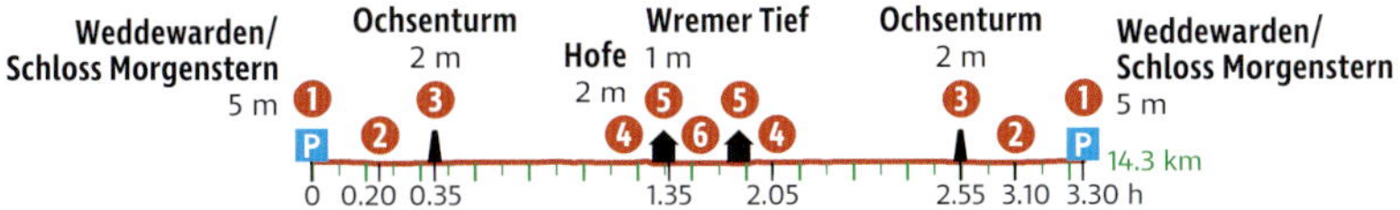

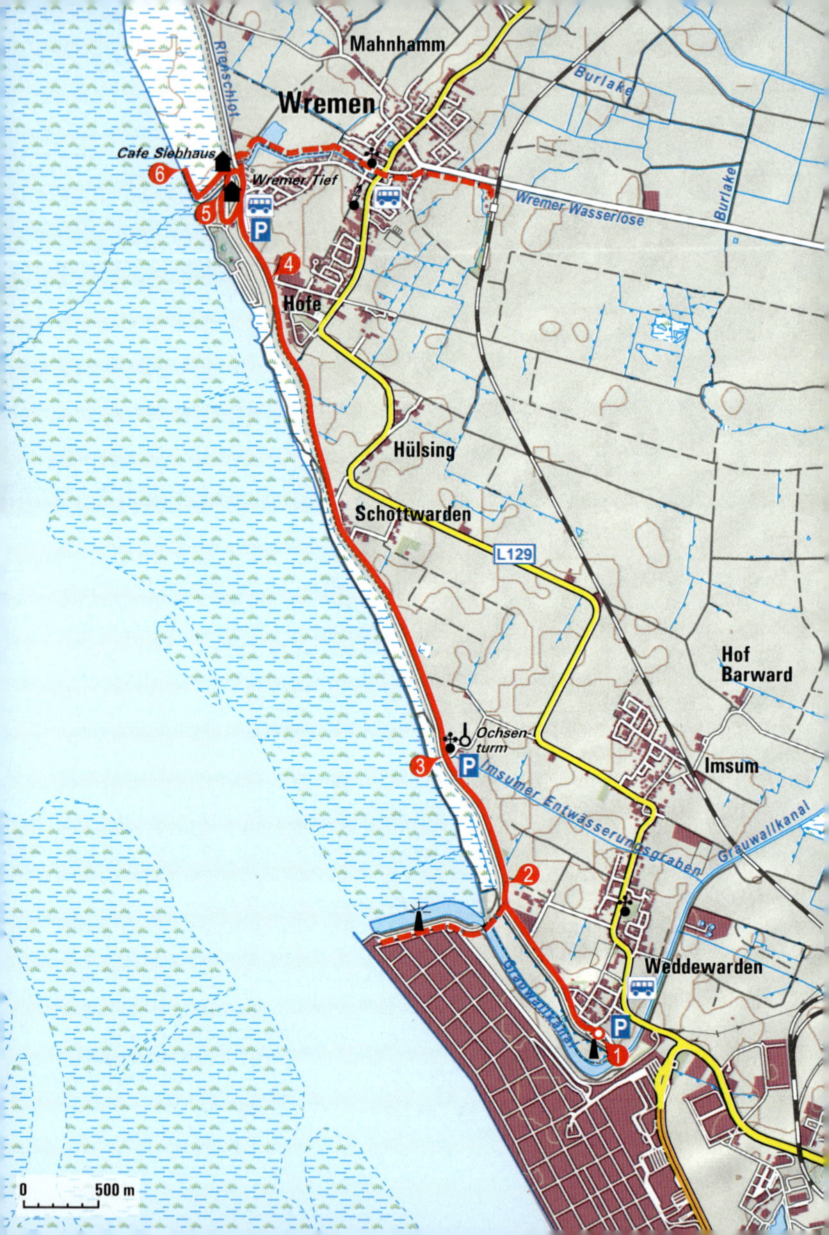

Mahnhamm
Wremen
Riepschlot
Burlake
Cafe Siebhaus
Wremer Tief
Wremer Wasserlöse
Burlake
Hofe
Hülsing
Schottwarden
L129
Hof
Barward
Ochsen-
turm
Imsum
Imsumer Entwässerungsgraben
Grauwallkanal
Weddewarden
Grauwallkanal
0
500 m

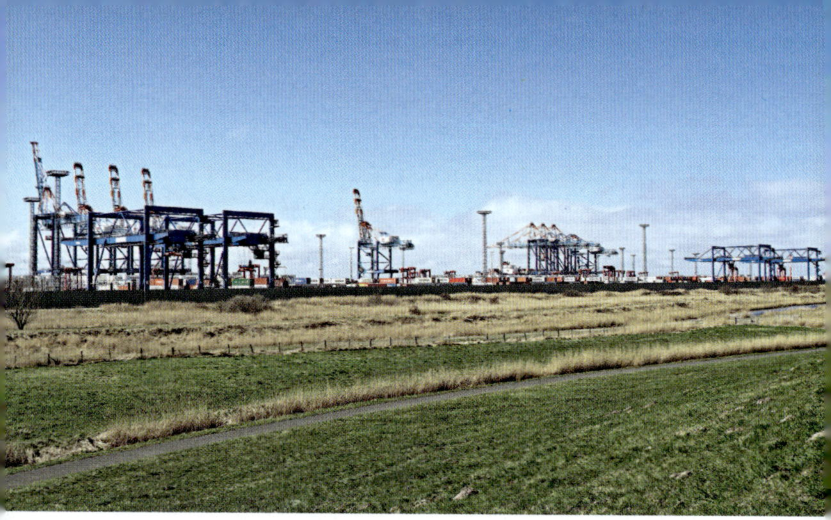

Riesige Containerkräne beherrschen das Panorama am Anfang und Ende der Tour.

Vom Ochsenturm führt der Fußweg auf dem Deich im Seewind weiter nordwärts, das Deichvorland ist ein schmaler Gürtel aus brackigen Salzwiesen und vorgelagertem Brackwasserröhricht aus Schilf und Strandastern: Der Süßwassereintrag der Weser beeinflusst das Pflanzenleben an der Wurster Küste bis etwa auf die Höhe von Dorumer Neufeld. In der natürlichen Stille des Küstenwinds geht es weiter zum Ortsteil **Hofe** ❹, ursprünglich ein Deichhof auf der Deichwurt, um den eine mit Wremen zusammengewachsene Ferienhaussiedlung entstanden ist.
Links erhebt sich der von einer 100 m langen Riesenwasserrutsche umwundene Wremer Strandturm, dann ist das **Wremer Tief** ❺ mit dem Krabbenkutterhafen und den Stränden von Wremen erreicht, dem ältesten Seebad des Landes Wursten. Im Hafen stachen ab dem Mittelalter die Handelsschiffe weseraufwärts und nach Holland in See.
Vom Hafen folgen wir dem Kurweg »Sturmweg« vorbei rechts vorbei am Hafen mit links dem Café »Siebhaus« im ehemaligen Krabbensiebhaus zum »Kleinen Preußen«: Gemeint ist der schwarz-weiß gestrichene Leuchtturm am Kajenschutzdeich, ein Nachbau des 1906 errichteten und 1930 abgerissenen gleichnamigen Bauwerks. Der »Sturmweg« führt entlang der Steinschüttung am Ufer und endet an der ersten blauen **Nationalpark-Tafel** ❻. Hier beginnt die Ruhezone des Nationalparks – das Reich der Vögel und Salzwiesen.
Auf derselben aussichtsreichen Deichroute führt die Wanderung zurück, vorbei am **Ochsenturm** und zum Ausgangspunkt am **Schloss Morgenstern** ❶ in **Weddewarden**.

↗ 10 m | ↘ 10 m | 23,3 km

14 Wremer Tief – Dorum-Neufeld

5.30 h

Am vogelreichen Wurster Watt von Seebad zu Seebad

Vom Krabbenkutterhafen des Nordseebads Wremen folgt die Deichwanderung der Küste des Wattenmeer-Nationalparks zum Kutterhafen und Nationalparkhaus des Seebads Dorum, bis dorthin macht sich der Süßwassereintrag der Weser bemerkbar. Während der Deich zwischen Weddewarden und Wremer Tief dicht am Wasser liegt, sind ihm in Richtung Dorum-Neufeld bis 300 m breite Salzwiesenstreifen sowie hoch liegende Sand- und Mischwatten vorgelagert; sie werden erst kurz vor Hochwasser überflutet und haben eine große Bedeutung für die Vogelwelt: Rund 90% aller rastenden Vögel an der Wurster Küste sind hier zu beobachten.

Ausgangspunkt: Großparkplatz vor Kurverwaltung in Wremer Tief (Navi: Rolf-Dircksen-Weg 33, 27639 Wurster Nordseeküste), alternativ Parplätze in Dorum-Neufeld 5 am Kutterhafen und Seedeich.
ÖPNV: Regionalbahnhof Wremen 2 km östlich von 1 mit stündlichen Verbindungen Richtung Cuxhaven und Bremerhaven. Vom Bahnhof westwärts zum Hafen entlang der Straße Wremer Specken, nach 500 m links in An Der Kattrepel, dann gardeaus (Zur Alten Schule) und vorbei an der St.-Willehadi-Kirche, danach geradeaus in Sackgasse (Im Ellhorn). Am Ende bei Poller links, nach 70 m bei Gabelung rechts über Entwässerungraben (Wremer Wasserlöse) und diesem 10 Gehminuten rechtsseitig folgen bis zum Seedeich, dort links zum Wremer Tief 1. Ab Dorum-Neufeld 5 Busverbindungen zu Schulzeiten von/nach Wremen (526) und Dorum (524), www.vbn.de. Zwischen Wremer Tief 1 und Dorum-Neufeld 5 gibt es auch täglich stündlich Verbindungen mit dem VPB Plus AST 7, telefonische Bestellung mind. 60 Min. vor Abfahrt, Tel. +49 4721 5512655.

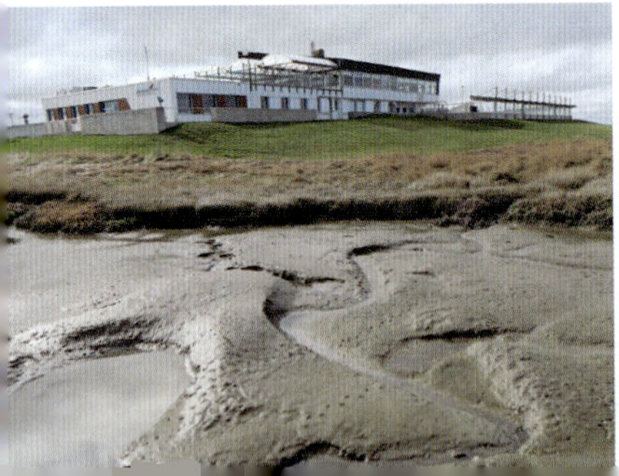

Anforderungen: Leichte, aber lange Deichwege.
Einkehr: Wremer Tief, Dorum-Neufeld.
Variante: Diese recht lange Tour (24 km hin und zurück) kann auch einfach gegangen werden (14 km inkl. 1,5 km langem Zubringer ab Wremen); dazu Tour wie beschrieben starten, ab Dorum-Neufeld 5 zurück mit AST 7 nach Wremer Tief 1 oder mit Buslinie 526 nach Wremen-Strandstraße, von dort nordwärts zur Kirche und wie oben (→ ÖPNV) beschrieben zurück zum Ausgangspunkt 1.
Tipps: In Dorum-Neufeld Nationalparkhaus bei 5 und im Oberfeuer Eversand 6 maritime Ausstellung (täglich außer Mo. und Mi. 15–17 Uhr), www.oberever-sand.de. In Wremen Wehrkirche Sankt Willehadi → Tour 13.
Hinweis: Das Nutzen der Wege im Vorland an der Uferkante ist aus Naturschutzgründen verboten, das Begehen der Deichkrone ist in diesem Abschnitt seitens des Deichverbandes erlaubt.

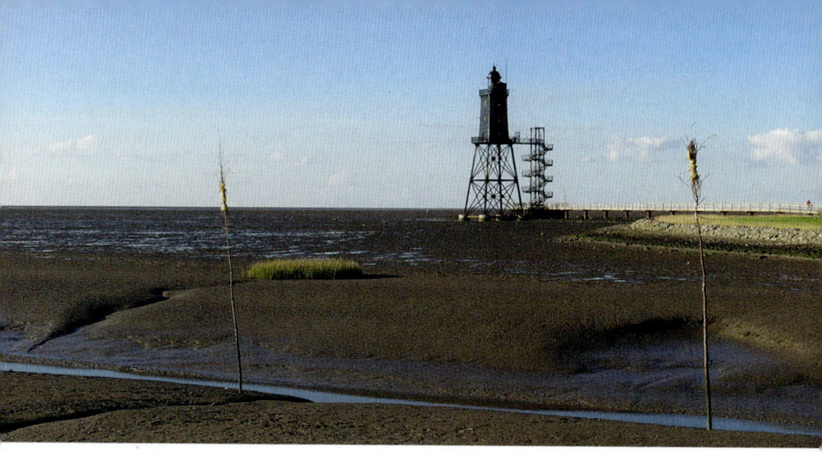

Oben: Die Hafenausfahrt von Dorum-Neufeld liegt bei Ebbe trocken.
Links: Nationalparkhaus in Dorum-Neufeld.

Vom Parkplatz am **Wremer Tief** 1 ersteigen wir über die Treppe den Deich und folgen der gepflasterten Deichkrone nach rechts mit Blick auf den Kutterhafen mit dem schwarz-weiß geringelten Leuchtturm »Kleiner Preußе«, zu dem ein Abstecher möglich wäre (→ Tour 13).
Nach etwa 20 Minuten auf dem Deich bietet sich bei der zweiten Deichtrift die Möglichkeit, auf den Weg am Wasser zu wechseln.
Während die Strände in Wremer Tief und Dorumer Neufeld als Erholungszonen ausgewiesen sind, liegt der größte Teil des Wurster Watts in der Ruhezone des Nationalparks. Das Watt mit seinen ausgedehnten Sandplaten, die bei Niedrigwasser trocken fallen, bildet den Übergang zwischen Außenweser und Nordsee, die Außensände zählen zu den wichtigsten Liege- und Aufzuchtplätzen für Seehunde vor der niedersächsischen Küste. Auf Höhe von **Misselwarden** 2, dessen Kirchturm zum Deich herübergrüßt, wird bei Unterweser-Kilometer 85,248 die seewärtige Begrenzung zur Nordsee angesetzt. Die Sand- und Schlickbank Robbenplate teilt den Mündungsbereich der Weser hier in den östlichen Wurster Arm und das Fedderwarder Fahrwasser. Bis 1923 verlief das Fahrwasser durch den Wurster Arm, danach wurde es aufgrund von Veränderungen des Flussbetts und aufgrund von Sandverlagerungen in das Fedderwarder Fahrwasser verlegt, 1924 wurde

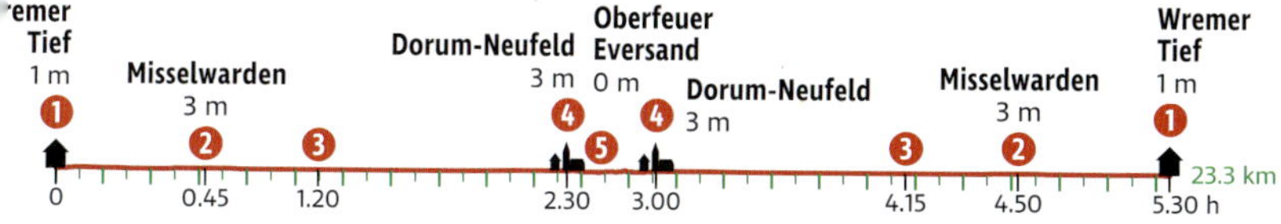

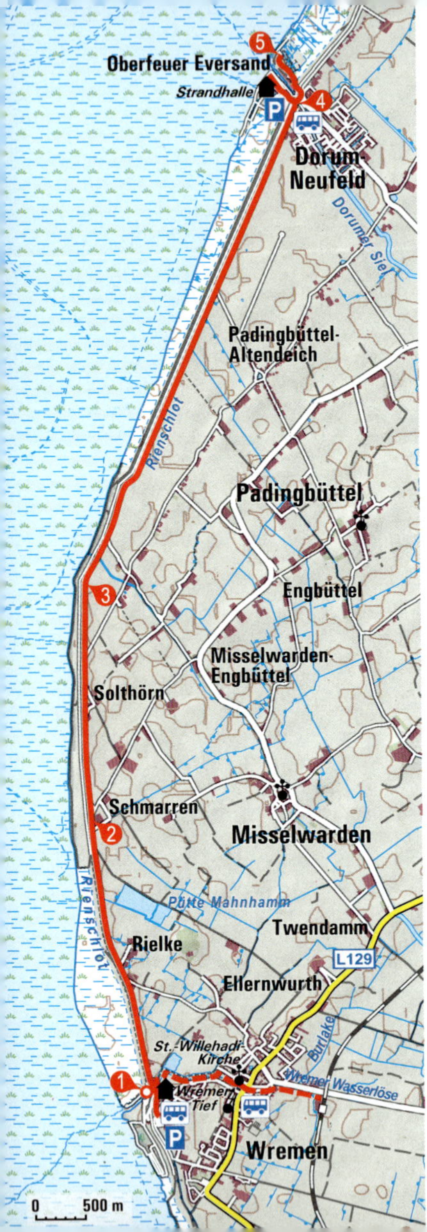

auf der Robbenplate der rote Backsteinbau des Leuchtturms Robbenplate in Betrieb genommen. Auf den über 100 Jahre alten ehemaligen Leuchttürmen Meyers Legde, Alter Leuchtturm und Eversand-Unterfeuer befinden sich bedeutende Kormoran-Brutkolonien.

Wenn der **Deich** einen sachten Rechtsschwung ❸ macht, hat man endgültig das Gefühl, den Bereich »Weser« verlassen zu haben, auch wenn man sich weiterhin im Land Wursten befindet. Je mehr sich der Deich mit einem Vogelbeobachtungspavillon 10 Gehminuten vor Dorum-Neufeld dem Ziel nähert, desto breiter werden die Anlandungen am Wurster Watt.

Das Nordseebad Dorum ist der zentrale Fremdenverkehrsort des Landes Wursten, die Erholungs- und Kureinrichtungen liegen am Sielhafen in **Dorum-Neufeld** ❹: Schwefelsole-Wellenfreibad, Strandhalle, Nationalparkhaus, Badestrand, Kutterhafen und Campingplätze. Der ehemalige Leuchtturm Oberfeuer **Eversand** ❺ wurde vom ursprünglichen Standort auf dem Eversand an die Kante des Deichvorlandes in Dorum-Neufeld transportiert. Dort erhebt sich der 112 t schwere schwarze Koloss 37,40 m über Niedrigwasser; er beherbergt eine maritime Ausstellung und fungiert als Standesamt.

Auf derselben sehr aussichtsreichen Deichroute geht es zurück zum Ausgangspunkt am **Wremer Tief** ❶.

Das Oberfeuer Eversand bei Dorum-Neufeld ist der Wendepunkt dieser Wanderung.

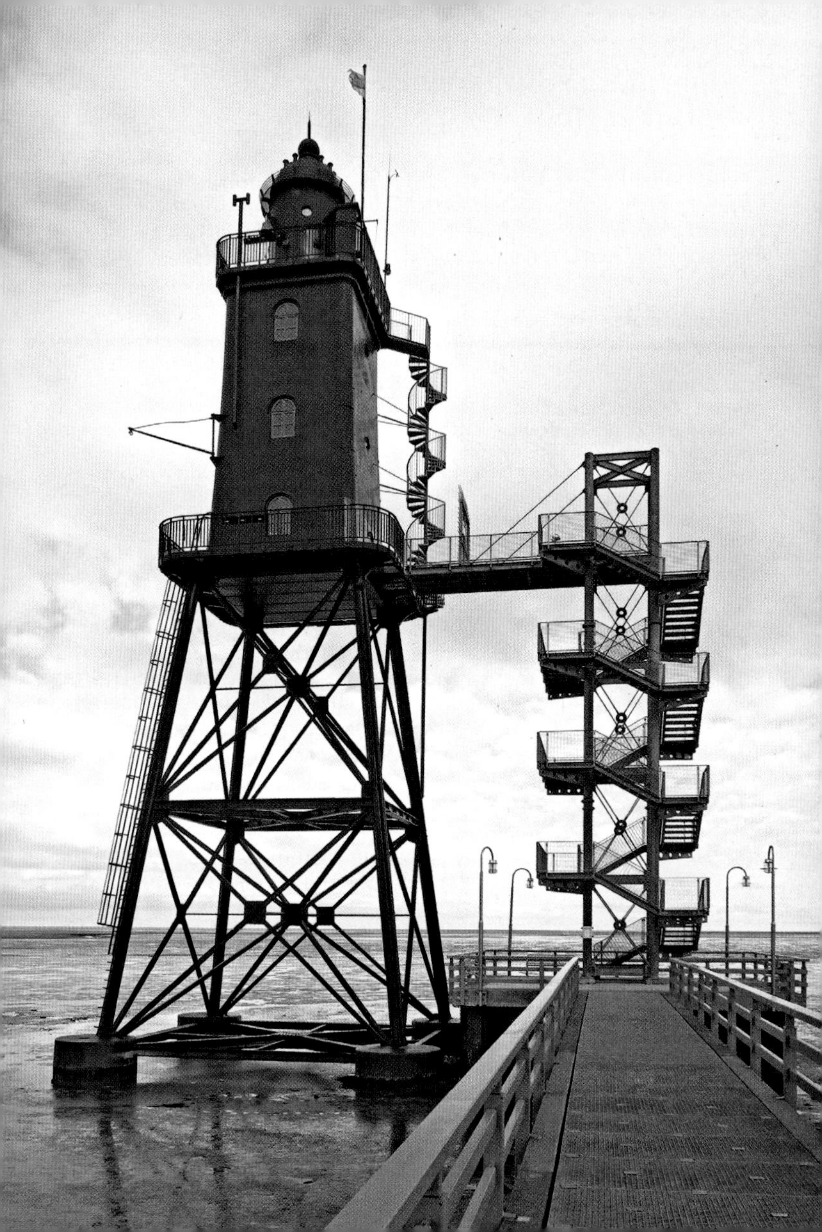

↗ 30 m | ↘ 30 m | 8,5 km

15 Pipinsburg – Bülzenbett – Dorumer Moor

2.00 h

Vorgeschichts- und Naturlehrpfad am Sieverner Bach

Der Vorgeschichtspfad Sievern erschließt mit 23 Infotafeln die in einer paradiesischen Wiesen-, Feldflur-, Moor- und Waldlandschaft gelegenen Ringwallanlagen, Megalithen, Grabhügel und Urnenfriedhöfe, die die Anwesenheit von Menschen am Sieverner Bach seit mehr als 4000 Jahren belegen.

Ausgangspunkt: Parkplatz Pipinsburg (5 m) an der Landstraße »An der Pipinsburg« (Navi: An der Pipinsburg, 27607 Geestland).
ÖPNV: Bushaltestelle Holßel 5 Gehminuten nördlich am ehemaligen Gasthof »Zur Pipinsburg«, Linie 550 Mo. – Sa. mehrmals täglich Richtung Bremerhaven und Nordholz, www.vbn.de.
Anforderungen: Leichte Feld- und Waldwege.
Markierung: Durchgehend rote Pfeile für den Vorgeschichtspfad.
Einkehr: Keine.
Tipp: Am Sieverner See befindet sich ein Naturfreibad mit Sandstrand und Liegewiese. In den Sommermonaten unterhält die DLRG dort eine Station, während dieser Zeit hat dann auch ein Kiosk geöffnet.

Vom Parkplatz **Pipinsburg** ❶ führt eine Stufenanlage über den etwa 6 m hohen Burgwall ins Innere der Ringwallanlage am Nordufer des Sieverner Bachs. Die Anlage hat einen Durchmesser von etwa 60 m; Keramik- und Münzfunde sowie eine goldene Scheibenfibel belegen, dass der Ringwall spätestens um 1000 n. Chr. angelegt wurde. Die Sage berichtet, Karl der Große habe während der Sachsenkriege in der Pipinsburg ein Heerlager aufgeschlagen, während die Sachsen in ihrer »Heidenstadt« lagerten; in der Pipinsburg ließ der Frankenkönig eine goldene Wiege und eine Krone zurück, doch bislang sei es keinem Menschen gelungen, diese Schätze zu heben.

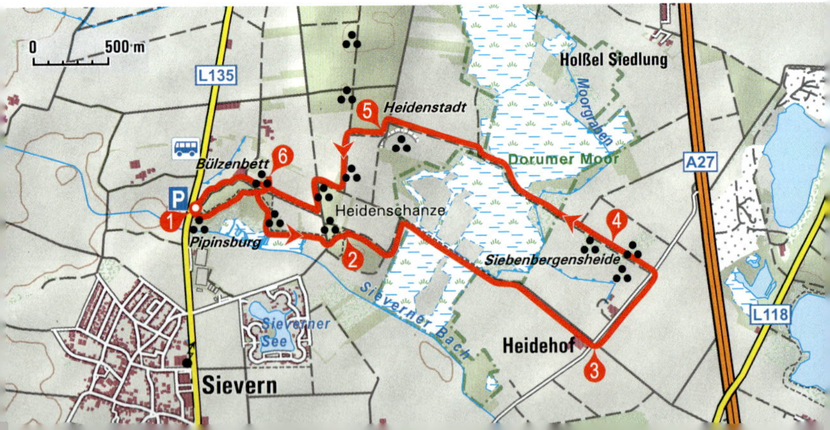

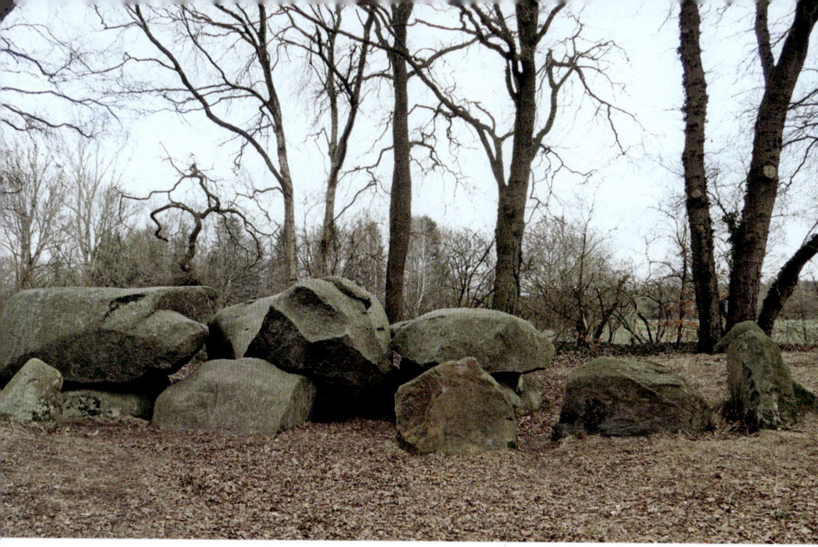

Die Decksteine des Steinzeitgrabes Bülzenbett sind seit mehr als 300 Jahren beschädigt.

Von der Pipinsburg leitet der mit roten Pfeilen markierte Vorgeschichtspfad zwischen Eichen und Heide zu einem bronzezeitlichen Grabhügel, wenig später mündet er in einen betonierten Feldweg, auf dem er kurz rechts weiterführt, während sich links in einem Eichenhain das Bülzenbett befindet, ein jungsteinzeitliches Großsteingrab. Die Grabkammer besteht aus neun Tragsteinen (ehemals zehn) und drei Decksteinen; der mittlere Deckstein ist gesprengt und teilweise in den Innenraum gestürzt. Der Sage nach hauste der Riese Bülze am Bülzenbett, das eine Opferstätte des Teufels gewesen sein soll. Die Heiden zwangen ihre Gefangenen, zwischen zwei Steinen hindurchzukriechen, bewarfen sie dabei mit Unrat und opferten sie dann dem Gottseibeiuns. Als ein Priester kam, flüchtete der Teufel aus dem Opferaltar und hieb aus Wut die mittlere Deckplatte entzwei. Die Pipinsage wiederum berichtet, Karl der Große erbat vor der Schlacht gegen die Sachsen ein Zeichen und sprang mit seinem Ross über das Bülzenbett. Als die mittlere Deckplatte des Teufelsaltars unter den Hufen des Pferdes zerbrach, wusste Karl, dass er die Sachsen besiegen würde.

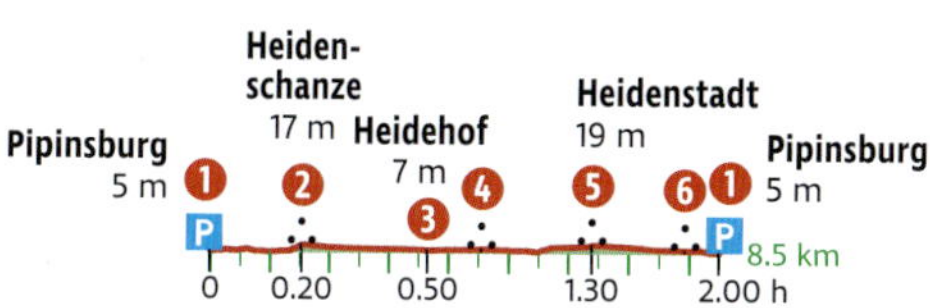

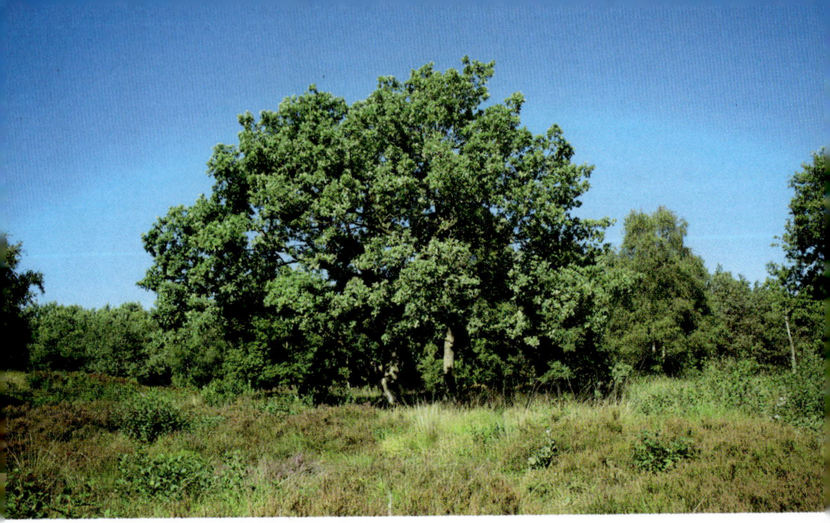

Eiche in der Sandheide an der Pipinsburg.

Gegenüber vom Bülzenbett-Gehölz zeigt der rote Pfeil auf einen pfadartigen Waldweg, der zur waldbestandenen **Heidenschanze** ❷ führt. Dahinter mündet der Vorgeschichtspfad in einen aussichtsreichen Feldweg, folgt ihm nordwärts zu einer Verzweigung und hier rechts ins Dorumer Moor, ein Hochmoor, das sich im Lauf der Jahrtausende in einer Senke des eiszeitlichen Geestbereichs entwickelt hat. Nach Jahrhunderten des Torfabbaus und der Entwässerung wird das Moor renaturiert, an vielen Stellen zeigen sich wieder ehemals verdrängte Tier- und Pflanzenarten: Torfmoose und Krähenbeeren wachsen wieder im Moor, Libellen schweben über den Moorgewässern, Moorfrösche bewohnen die nassen Moosrasen. Am **Heidehof** ❸ schwingt der Lehrpfad links und erreicht das von Magerrasen und trockenen Staudenfluren geprägte Gebiet der **Siebenbergensheide** ❹ mit zahlreichen Grabhügeln.

Von den Sieben Bergen leitet der Lehrpfad durch das Moor zur **Heidenstadt** ❺, einer teils aufgeforsteten, teils landwirtschaftlich genutzten hufeisenförmigen Ringwallanlage (220 × 180 m) mit Nordtor; angelegt wurde sie vor etwa 2000 Jahren, Keramikfunde belegen die Nutzung auch im 4./5. Jh. n. Chr. Am Rand der Heidenstadt wendet sich der Vorgeschichtspfad aussichtsreich links, führt am Waldrand westwärts und auf dem nächsten Weg wiederum links, zweigt nach Passieren weiterer Grabhügel rechts in den Wald ab und wendet sich zuletzt am Betonweg links. Am Wegrand erheben sich weitere Grabhügel, die nächste Abzweigung (bei der Sitzbank und einer Infotafel über Wallhecken) geht es rechts und am **Bülzenbett** ❻ vorbei zurück zum Ausgangspunkt an der **Pipinsburg** ❶.

↗ 10 m | ↘ 10 m | 6,9 km

TOP

1.45 h

Bad Bederkesa – Bederkesaer See – Holzurburg

16

Vom Bederkesaer Roland rund um den Bederkesaer See

Der Bederkesaer See ist ein nahezu kreisrunder Moorsee am Fuß des bis zu 31 m hohen Geestrückens, auf dem das Moorheilbad Bad Bederkesa liegt. Um den unter Meeresspiegelniveau (–0,6 m) gelegenen, fast allseits von Reetgürteln gesäumten Flachwassersee führt ein Rundwanderweg, von dem am Burgplatz am Nordufer Wanderwege in das Wald-Naturschutzgebiet Holzurburg weiterführen.

Ausgangspunkt: Bad Bederkesa, Parkplatz (1 m) zwischen Burg, Thermalbad und Kurpark (Navi: Amtsstraße 19, 27624 Geestland).
ÖPNV: Bushaltestelle Bad Bederkesa Moortherme am Ausgangspunkt mit u. a. Linie 525 und 555 täglich alle 2 Std. von/nach Bremerhaven, www.vbn.de.
Anforderungen: Leichte Uferwege.
Markierung: Seerundweg mit weißem »S« auf blauem Grund.
Variante: Erlebnispfad Holzurburger Wald, insgesamt etwa 1 Stunde zusätzlich.
Einkehr: Bad Bederkesa.
Tipps: Am Ausgangspunkt Moor-Therme und Burg Bederkesa mit Museum (Di. – Fr. 10 – 12 und 13 – 17 Uhr).

Die Burg Bad Bederkesa wurde im 15. und 16. Jh. anstelle einer Holzfestung erbaut.

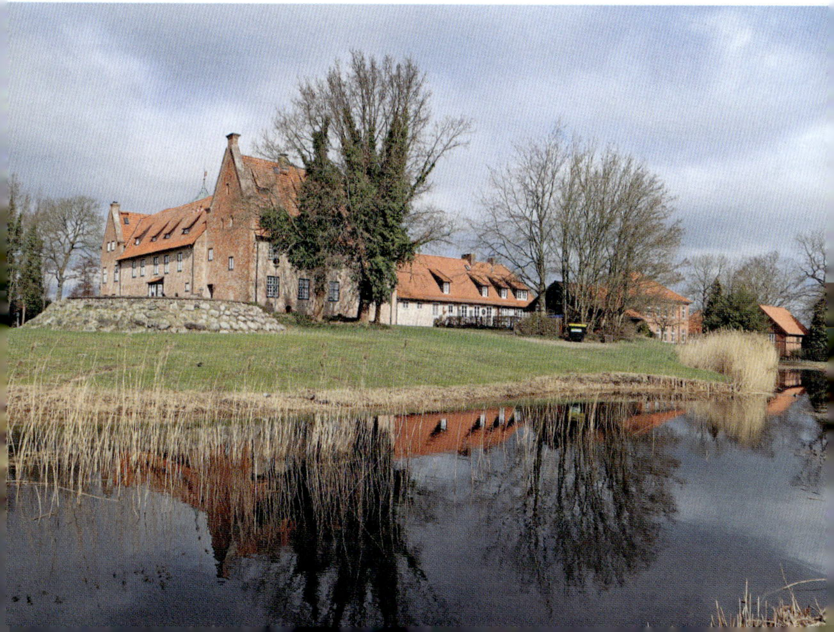

Ausgangspunkt im Moorheilbad und Luftkurort **Bad Bederkesa** ist der **Parkplatz** ❶ zwischen der Moor-Therme (Sole-Thermalbad), der Burg (Museum) und dem Gehölzstreifen vor dem Geeste-Kanal am Schifffahrtsweg Elbe – Weser. Burg Bederkesa war im Mittelalter eine mächtige Wasserburg, ab 1421 gehörten Burg und Amt fast 300 Jahre lang zu Bremen: Der 1602 aufgestellte Bederkesaer Roland im Hof der Burg, ein lebensgroßer Ritter im Renaissance-Harnisch, steht für die stadtbremische Gerichtsbarkeit.
An der Nordseite des Parkplatzes queren wir die Amtsstraße und nehmen den Fußweg links vom Spielplatz zum 1858 – 60 angelegten **Geeste-Kanal**, den wir an der ersten Brücke noch nicht überqueren, sondern zuerst nach rechts folgen (mit S markiert). Nach knapp 5 Min. geht es über die **zweite Brücke** ❷, dahinter führt der Fußweg kurz links zum Seeufer, wendet sich am Bederkesaer See rechts und folgt nun immer dem Uferbereich des 227 ha großen, fischreichen Moorsees. Während sich am Geeste-Kanal ein Sportboothafen mit 100 Liegeplätzen befindet, wird der See als motorbootfreies Wassersportparadies genutzt. Wegen der geringen Wassertiefe von durchschnittlich 1 m friert der See im Winter rasch zu und bildet dann eine beliebte Schlittschuhfläche.
Zwischen Reetbeständen und Gehölzen folgt der Rundweg dem Seeufer, Sitzbänke und eine Schutzhütte laden zur Rast ein, und taucht schließlich an einer **Stegbrücke** ❸ in das Naturschutzgebiet Holzurburg ein. Es umfasst das mit Röhricht, Weidengebüsch und Erlenbruch bewachsene Nordufer und die nordöstliche Wasserfläche des Bederkesaer Sees ebenso wie die mit Laubmischwald bestandenen Geestbereiche und die im ausgehenden 19. Jh. mit Nadelbäumen aufgeforsteten ehemaligen Hochmoorbereiche. Aufgrund der Anhebung des Seewasserstandes sind die Gehölze im Uferbereich in Teilen abgestorben. Auf den Verlandungsbereichen am See-

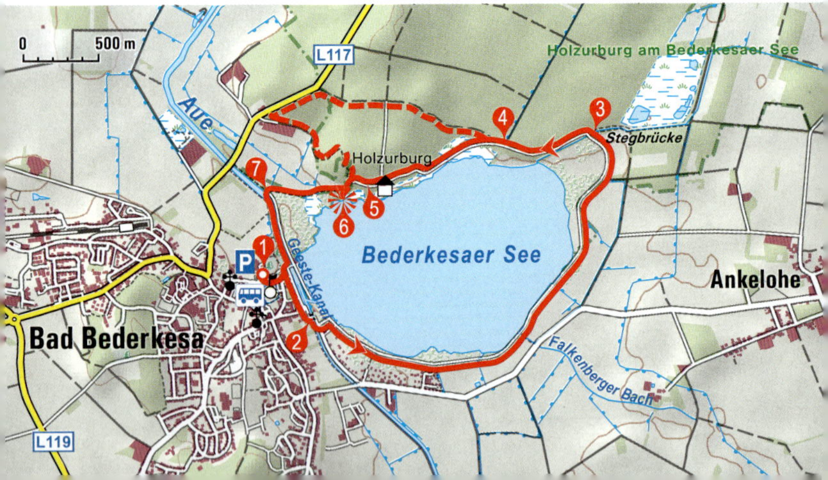

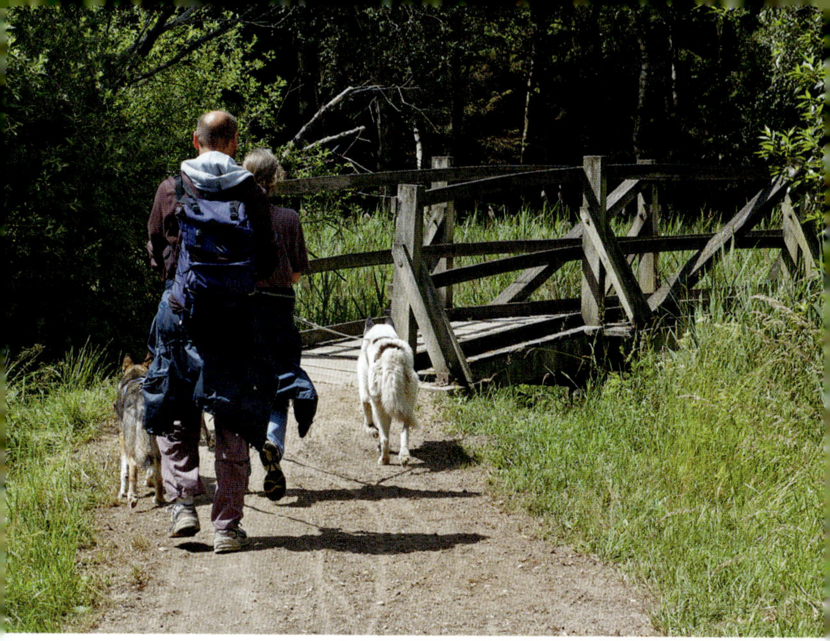

An der Brücke vor dem Holzurburger Wald.

ufer gedeihen Erlen-Bruchwälder, Weidengebüsche und Röhrichtflächen. Im **Holzurburger Wald** befinden sich Reste alter Wallanlagen, Grabhügel, Hochäcker, ein historischer Moorweg und ein jüdischer Friedhof; ein rechts abzweigender 4 km langer **Lehrpfad** 4 erschließt dieses Gebiet (Variante). Wir halten uns aber weiter am See entlang: An der Stelle der namengebenden **Holzurburg** 5 lädt eine Schutzhütte zur Rast ein. Wenn der Rundweg wenig später nahe der Einmündung des Naturlehrpfads den Wald verlässt, lohnt links der kurze Abstecher zu einem **Aussichtspunkt** 6 mit Blick auf den See. Danach folgt der Rundwanderweg dem Deich zum **Geeste-Kanal** 7, wendet sich links und führt auf dem Uferpfad zurück zur ersten Stegbrücke am Geeste-Kanal, auf der der bekannte Rückweg beginnt, am Spielplatz vorbei zum **Parkplatz** von **Bad Bederkesa** 1.

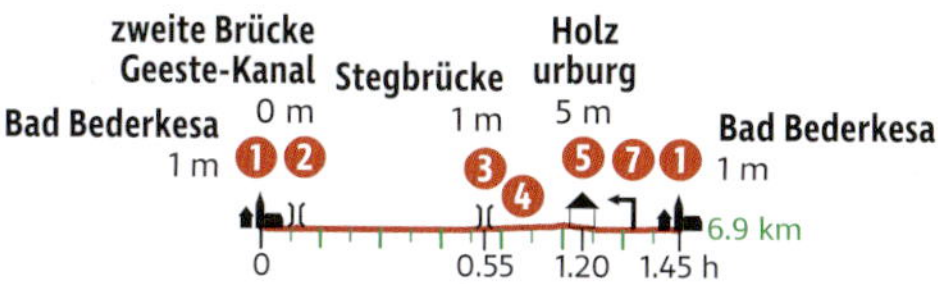

TOP

17

Seenwanderung am Ahlenmoor

↗ 20 m | ↘ 20 m | 9,6 km

2.30 h

Rundwanderung durch renaturiertes Moor und um den Flögelner See

Das eher unbekannte Ahlenmoor ist ein weitläufiges Gebiet, das wie andere Moore in dieser Region renaturiert wird. Moorweiden, Hochmoor mit Bohlenweg und urige Waldabschnitte mit säureliebenden Birken wechseln sich ab. Anschließend führt ein schöner Rundweg um den Flögelner See und durch das historisch interessante Örtchen Flögeln. Unterwegs bieten Aussichtstürme schöne Blicke auf mehrere Seen.

Ausgangspunkt: Parkmöglichkeiten an der Straße bei Gasthof am See mit Campingplatz (Navi: Hinterm See 86, 27624 Geestland-Flögeln); alternativ am Dorfplatz neben Diskothek Bensen in Flögeln (Navi: Flögelinger Straße 50, 27624 Geestland-Flögeln).
ÖPNV: Keine sinnvolle Verbindungen.
Anforderungen: Leichte Wanderung über gut ausgebaute und befestigte Wege, Abschnitt auf (manchmal rutschigem) Bohlenweg, Deichwege um den See.
Markierung: Teilweise gelber Weg auf rotem Grund im Moor und Fisch-Markierung um den See.
Einkehr: Keine außer am Campingplatz ❶.
Varianten: Kürzere Runde ohne den Flögelner See (gesamt 6 km); ab der Kreuzung mit Schutzhütte ❹ geradeaus entlang der Straße »Hinterm See« zurück zum Campingplatz.
Tipp: Moor-Informationszentrum (MoorIZ) 2 km nördlich mit Museumsbahn und Lehrpfad, www.ahlenmoor.de.

Nette Pausengelegenheit mit Aussichtsturm und Picknicktisch am Halemer See.

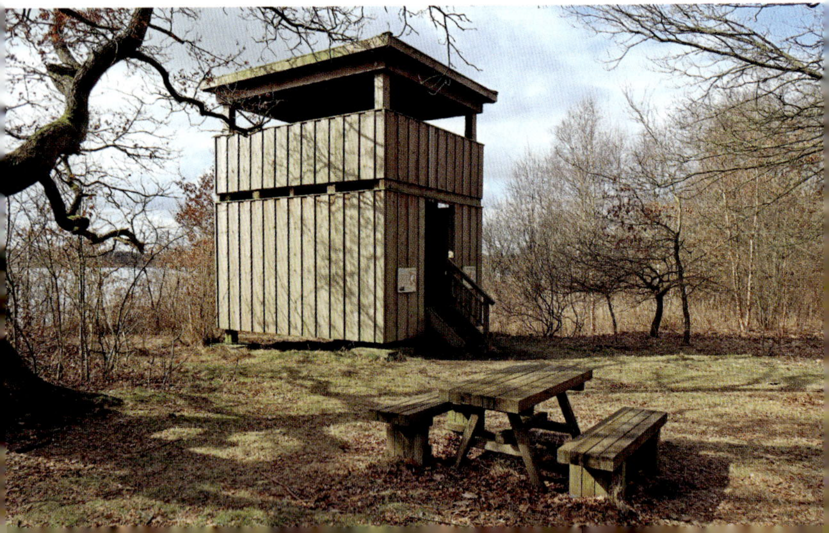

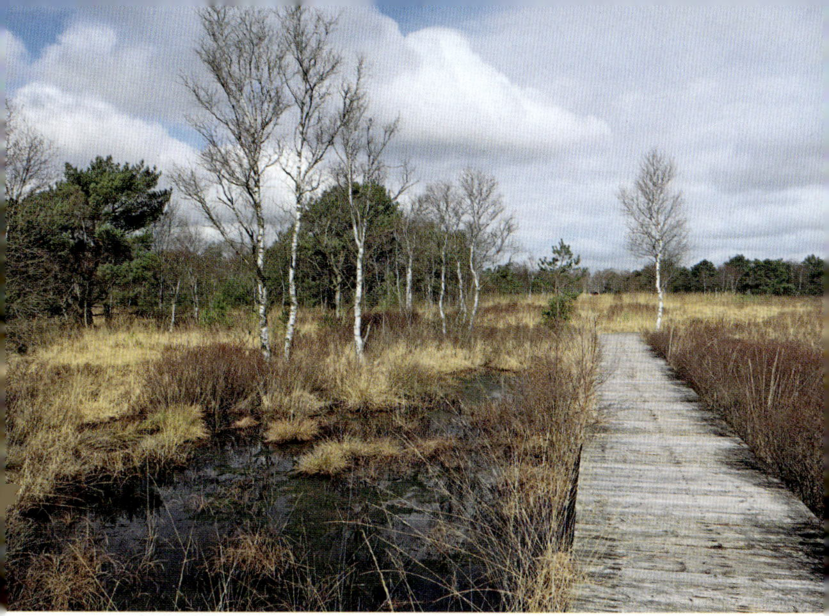

Dank des Holzbohlenweges gelangt man trockenen Fußes durch das Ahlenmoor.

Vom **Campingplatz** ❶ folgen wir der Straße Richtung Westen. Nach etwa 5 Min. zweigt nach rechts ein alleeartiger Weg in das Naturschutzgebiet Ahlenmoor ab (Reitverbot). Wir folgen dem Weg durch die folgende Linkskurve. Bald darauf erscheint rechts ein Bohlenweg, der leider momentan gesperrt ist. Ab hier ist der Weg mit einem gelben Weg auf roter Fläche markiert. Am Ende des Weges queren wir die Straße und folgen geradeaus der Markierung über den Feldweg. Nach 5 Minuten veranschaulicht links ein **Informationspunkt** ❷ über Torfnutzung und -Abbau mit kleiner Abbaugrube und Tafeln die Mühen des Stechens von Schwarztorf vor über 100 Jahren.
Am Anfang des Moors folgen wir dem Bohlenweg durch das schöne renaturierte Moor. Hier wachsen Pflanzen, die vielerorts ausgestorben sind, wie Moorlilie, Rosmarinheide, verschiedene Torfmoosarten und Sonnentau. Das Gebiet ist außerdem Lebensraum von Kreuzottern, Sumpfohreulen sowie Braun- und Schwarzkehlchen. An der Kreuzung mit Bank und Gedenkstein im Wald führt die Markierung nach rechts über einen kurzen Abstecher zum **Aussichtsturm Halemersee** ❸ mit nettem beschatteten Picknickplatz und Blick auf den unter Schutz stehenden Halemer See, zusammen mit dem Dahlemer See eines der zehn größten Stillgewässer Niedersachsens (190 ha). Weiter geht es links der Markierung nach zuerst

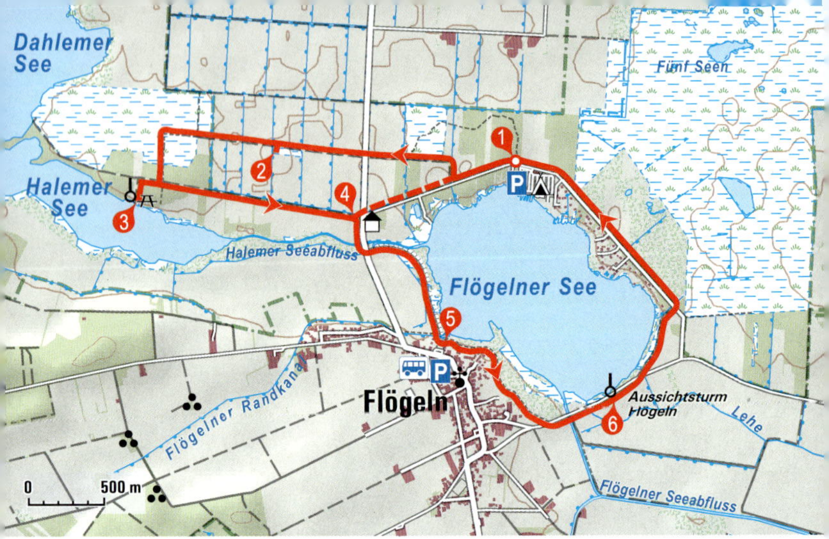

durch den Wald, dann über den Feldweg zur **Kreuzung mit Schutzhütte** ❹. Hier rechts über die Brücke, dahinter links über ein kleines Sperrwerk und über den grasigen Damm, markiert mit einem blauen Fisch. Wer direkt zurück zum Ausgangspunkt möchte, kann an der Kreuzung der Straße »Hinterm See« zurück zum Campingplatz folgen.

Der Damm führt zuerst am Ufer des Flögelner Sees entlang. Dieser 155 ha große Moorsee ist mit seinen vielen Aalen, Barschen, Brassen, Hechten und Karpfen ein beliebtes Angelrevier. Mitten im See befindet sich eine kleine Insel mit Überresten einer mittelalterlichen Wasserburg. Im weiteren Verlauf führt der Weg über den Damm zwischen dem Ort Flögeln und dem See zum kleinen **Hafen** ❺ von Flögeln. Links liegt das kleine Dorf mit Kirche aus dem 13. Jh. und Heimatmuseum. Hinter dem Dorf endet der Damm an der Betonstraße. Der Fisch führt uns nach links weiter, an einem Aussichtsturm Flögelner **See** ❻ vorbei mit tollem Blick über den See und etwa 200 m weiter wieder links auf dem grasigen Damm (hier nicht markiert). Dieser Grasweg führt auf die mit Fisch markierte Straße Hinterm See, der wir nach links bis zum **Campingplatz** ❶ folgen.

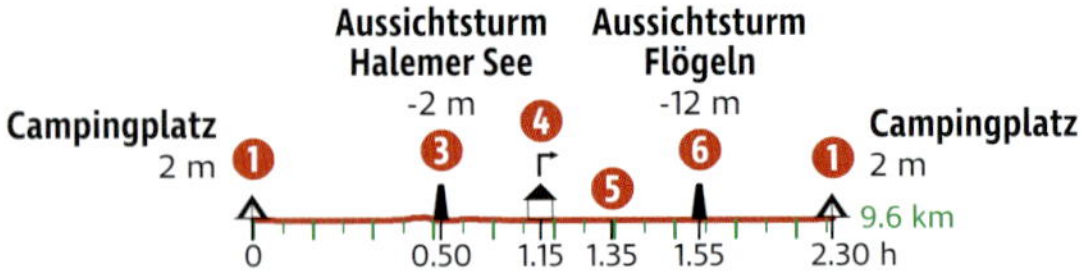

↗ 50 m | ↘ 50 m | 10,1 km

2.30 h

Bremervörde – Fresenburgsmoor

18

Vörder See, Ostetal und Höhne-Wälder

Vor den Toren der mittelalterlichen Bremer Erzbischofsresidenz Bremervörde liegt der Natur- und Erlebnispark Vörder See, dahinter weitet sich das Fresenburgsmoor, aus dem sich die Laubwälder der Höhne und der sagenumwobene Plietenberg erheben, die wir vom Oste-Deich immer wieder im Blick haben.

Ausgangspunkt: Vörder See in Bremervörde (3 m), Parkplatz gegenüber vom Haus am See (Navi: Huddelberg 15, 27432 Bremervörde).
ÖPNV: Der Bahnhof Bremervörde mit stündlichen Regionalbahnverbindungen Richtung Bremerhaven und Buxtehude liegt südwestlich vom Ausgangspunkt, der 1,3 km lange Zuweg führt durch das Zentrum: Vom Bahnhof auf Bahnhofstraße zum Zentrum, dort geradeaus auf Marktstraße und zuletzt durch Stadtpark zum Vörder See, dort links auf Uferweg zur Route kurz hinter ❶.
Anforderungen: Leichter Uferweg .
Markierung: Großteils Nordpfad »Vörder See«.
Einkehr: Am Ausgangspunkt.
Varianten: Länger und gut ausgeschildert ist der 20 km lange Nordpfad »Vörder See«, www.nordpfade.info, der diese Wanderung großteils folgt. Verlängerbar ist die Tour in nördlicher (zzgl. 3,6 km) und südlicher Richtung (zzgl. 6,2 km):
1. Nördlich hinter ❸ den Nordpfad nicht verlassen, sondern ihm weiter folgen nach Ochtenhausen mit historischem Kornspeicher.
2. Südlich am Ende des Vörder Sees hinter dem Aussichtsturm südwärts auf Nordpfad vorbei am Hafen und Schloss und durch südliche Schleife.

Der Vörder See wurde 1972–1982 anstelle unfruchtbarer Wiesen ausgebaggert.

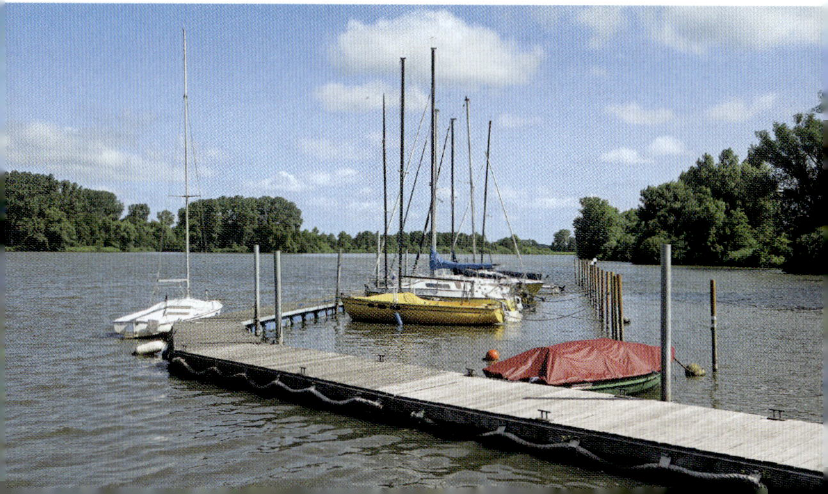

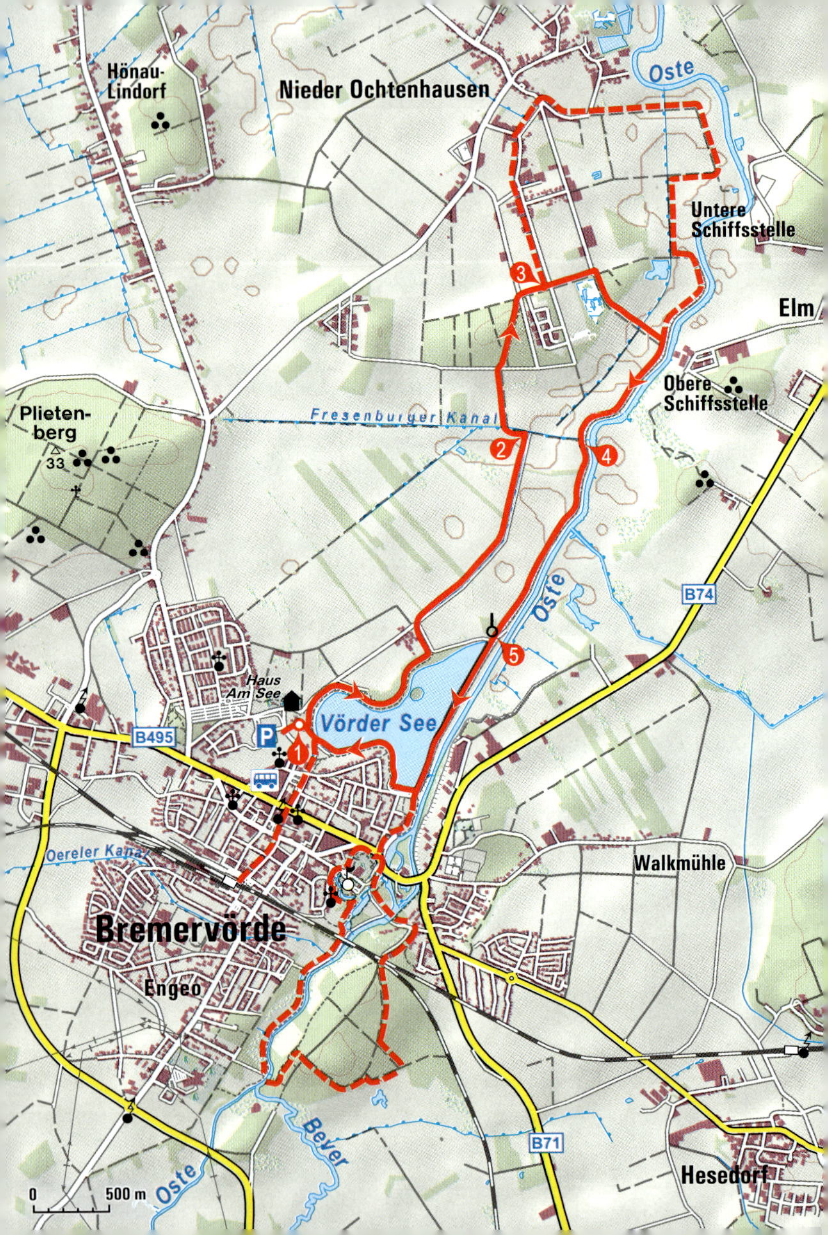

Hönau-Lindorf
Nieder Ochtenhausen
Oste
Untere Schiffsstelle
Elm
Obere Schiffsstelle
Plieten-berg
33
Fresenburger Kanal
1
2
3
4
5
B74
Haus Am See
Vörder See
B495
P
Oereler Kanal
Walkmühle
Bremervörde
Engeo
Bever
B71
Hesedorf
0
500 m

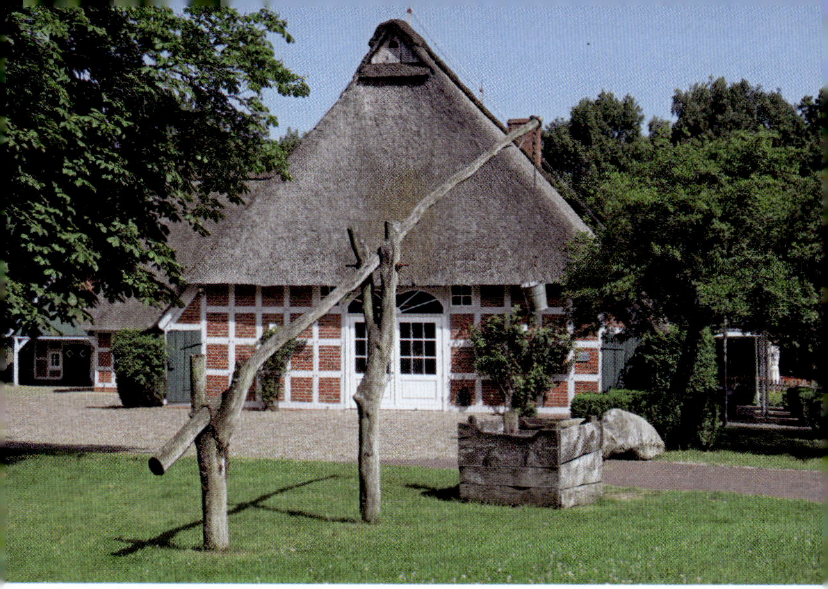

Reetgedeckter Gasthof Haus am See.

Vom reetgedeckten **Gasthof Haus am See** ❶ bei der Skulpturenwiese des Natur- und Erlebnisparks **Vörder See** folgt der Seerundweg bzw. Nordpfad dem Ufer im Uhrzeigersinn zum Waldinformationszentrum Haus des Waldes mit »urzeitlicher Waldanlage«. Vor dem **Fresenburger Kanal** ❷ gehen wir 100 m nach links und queren ihn auf der Brücke. Wir folgen der Markierung durch ein Wäldchen, später am Waldrand entlang mit Bebauung. An der nächsten Kreuzung verlassen wir den **Nordpfad** ❸, wandern geradeaus weiter und an der nächsten Kreuzung rechts auf dem Feldweg zum Elbe-Nebenfluss **Oste** ❹, dessen grüner Deichkrone wir südwärts folgen; Am Vörder See erreichen wir den **Aussichtsturm** ❺ an der Nordspitze des 50 ha großen Bremervörder Sees, der in den 1970er-Jahren an der Stellesaurer Wiesen für Freizeitzwecke ausgebaggert wurde, wobei der Spülsand für den Ostedeich verwendet wurde. Weiter geht es um den See herum zum **Ausgangspunkt** ❶.

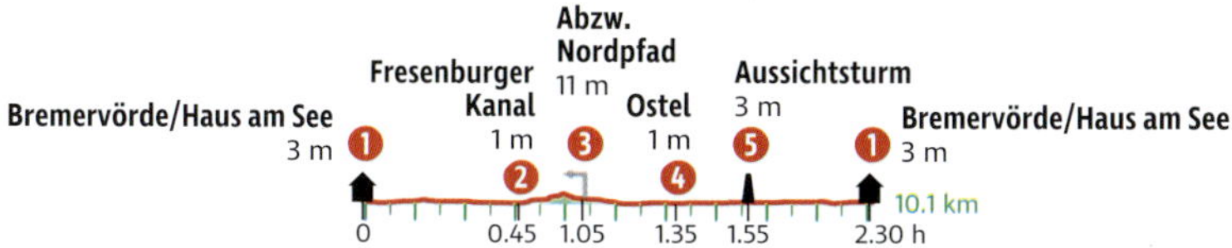

↗ 5 m | ↘ 5 m | 1,1 km

19 Huvenhoopsmoor

0.30 h

Naturlehrpfad im Norden des Teufelsmoores

Der Huvenhoopssee im Naturschutzgebiet Huvenhoopsmoor ist mit 30 Hektar der größte Moorsee im Teufelsmoor und eines der größten natürlichen Moorgewässer Niedersachsens, 2006 ausgezeichnet als »Nationales Geotop«. Der Erlebnispfad am Rand des Moores, das auf einer Fläche von 14 km² die eiszeitlichen Sandablagerungen im Norden des Teufelsmoores überdeckt, ist zwar nur kurz, aber gut gemacht und informativ: ideal für Familien mit wissenshungrigen kleinen Kindern. Das Moorreihendorf Augustendorf am Westrand des Naturschutzgebiets entstand 1828. Es wurde benannt nach Herzogin Auguste von Cambridge, der Frau des Generalgouverneurs von Hannover, einem Bruder von König George IV. von England und Hannover.

Ausgangspunkt: Als »Moorerlebnispfad« ausgeschilderter Parkplatz (12 m) (Navi: Augustendorf, 27442 Gnarrenburg).
ÖPNV: Bushaltelle Augustendorf Moorerlebnispfad, Linie 845 Mo. – Fr. alle 2 Stunden von/nach Gnarrenburg, www.vbn.de.
Anforderungen: Wechsel aus Pfaden, Mulchpassagen, Holzbrückchen und Bohlenstegen.
Einkehr: Keine Möglichkeit.

Variante: Wer gerne länger durchs Moor wandert; 1,6 km westlich ist kurz vor Forstort-Anfang der 14 km lange gut ausgeschilderte, durch Glinstedt führende Nordpfad-Rundweg Huvenhoopsmoor erreichbar (beschilderter Zubringer), www.nordpfade.info.
Tipp: Moorturm Huvenhoopsmoor 1 km südwestlich (2,2 beschilderte Streckenkm) vom Ausgangspunkt (Navi: Hinterm Seeholz, Forstort-Anfang).

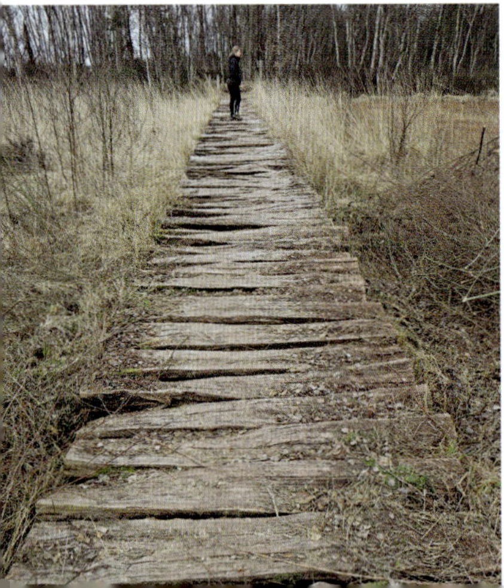

Neben der Schutzhütte **Huvenhoops Eck** ❶ am Rand von **Augustendorf** verlässt der Moorerlebnispfad den Wanderparkplatz und führt in das Naturschutzgebiet Huvenhoopsmoor, wo er gleich auf die ersten Naturerlebnisstationen trifft, darunter einen **Brunnen** ❷, mit dem man eine kleine Moorfläche wässern und dann darin herumwaten kann. Hat man die torfschwarzen Füße am Brunnen wieder abgespült, kann es weitergehen, passagenwei-

Der Holzbohlenweg durch das Huvenhoopsmoor ist nicht mehr ganz frisch, aber hält.

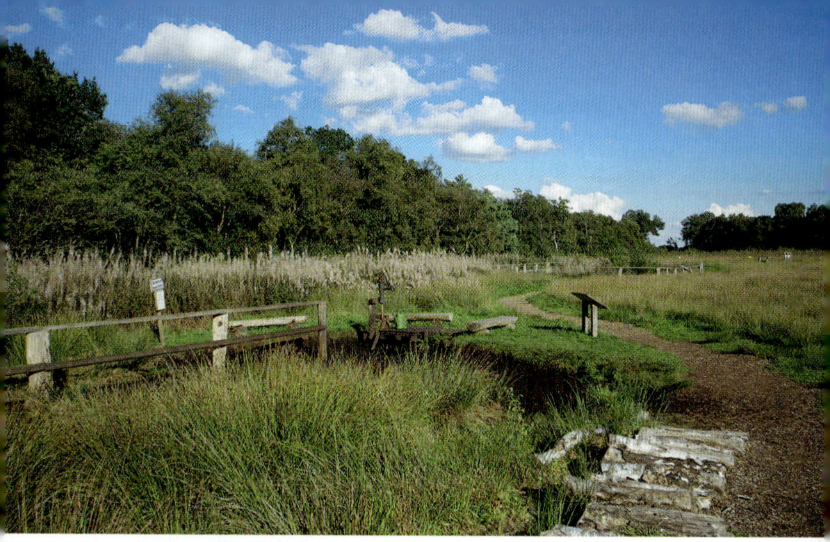

Auf dem Moorerlebnispfad Huvenhoopsmoor.

se auf Holzbohlen: Die Erlebnisstationen liegen alle dicht nebeneinander auf der Fläche zwischen dem Parkplatz und dem Birkenwaldstreifen halb rechts. Ein Teil dieser Fläche wird von Moorschnucken beweidet, der Rasse, die auch die ersten Siedler ins Moor begleitet hat. Die Schnucken halten unerwünschten Bewuchs kurz. Nach 200 m geht es direkt links über den sanierungsbedürftigen Bohlenweg oder rechts im Bogen barrierefrei. Am **Birkenwaldstreifen** ❸ führt rechts der Pfad nach 150 m zur alten **Torfbahn** ❹ vor der Kreisstraße. Aufgrund alter Rechte wird das Naturschutzgebiet Huvenhoopsmoor noch heute abgetorft, mit der Feldbahn wird der abgebaute Torf in das Torf- und Humuswerk in Gnarrenburg verbracht und dort verarbeitet.

Auf demselben Pfad geht es zurück auf dem Pfad durch den **Birkenwaldstreifen** ❸ und geradeaus mit einem Linksschwenker vorbei an einem Hochmoorkolk zu einem hölzernen **Aussichtsgerüst** ❺ mit Blick auf das Huvenhoopsmoor. Das Huvenhoopsmoor war bis 1860 das letzte intakte Hochmoor im Teufelsmoor, erst dann begannen Entwässerung und Abtorfung, was sich jedoch als schwierig erwies. So blieb im Kern des Moores die baumfreie offene Hochmoorfläche rund um den Huvenhoopssee erhalten. Sie besteht aus schwimmenden Torfmoospolstern, auf denen Schnabelsegge, Wollgras und Weißes Schnabelried wachsen.

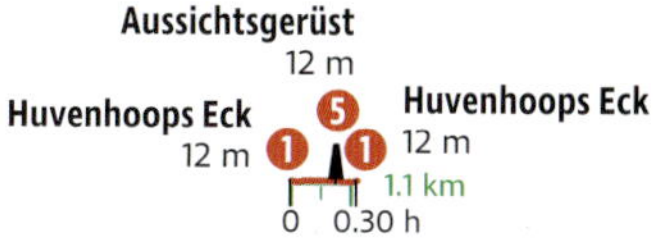

Umschlossen wird die Moorfläche von einem Gagelstrauch-Saum, der in einen Moorbirkenwald übergeht. Im Huvenhoopsmoor sind Kreuzotter, Ringelnatter, Schlingnatter, Blindschleiche und Mooreidechse sowie über 20 Libellenarten und zahlreiche moorspezifische Schmetterlinge heimisch; auch Kraniche haben den Weg zurück ins Huvenhoopsmoor gefunden. Vom Aussichtsturm führt der Erlebnispfad zurück zum Ausgangspunkt, dem Parkplatz an der Schutzhütte **Huvenhoops Eck** ❶.

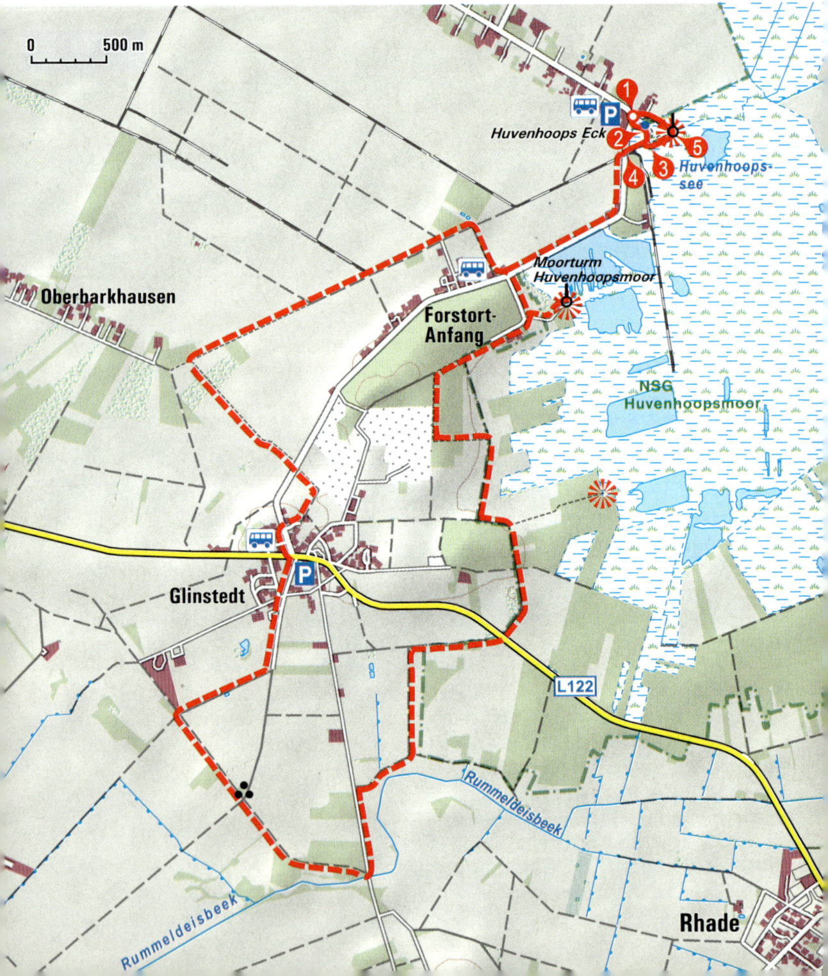

↗ 40 m | ↘ 40 m | 10,8 km

2.30 h

Wehldorf – Osterndorf – Wollingster See

20

Zwei-Seen-Wanderung auf der Beverstedter Moorgeest

Von den Angelteichen am Ausflugsgasthof »Rauchkate« führt diese abwechslungsreiche Wanderung durch den Osterndorfer Forst und das Osterndorfer Moor zum Wollingster See, einem bis zu 15 Meter tiefen Heidesee, nach geologischen Bohrungen vermutlich die Narbe eines großen weichselzeitlichen Pingos.

Ausgangspunkt: Gasthof Rauchkate (8 m) mit Kundenparkplatz in Wehldorf (Navi: Dohrenweg 2, 27616 Beverstedt). Nächster öffentlicher Parkplatz in Beverstedt nördlich vom Biberbrunnen (Alte Bundesstraße 8, 27616 Beverstedt) mit 1 km langem Zuweg (→ ÖPNV), alternativ Parkplatz am Wollingster See (Navi: Seestraße, 27616 Beverstedt).
ÖPNV: Bushaltestelle Beverstedt Rathaus in der Ortsmitte von Beverstedt am Biberbrunnen mit u. a. Linie 575 von/nach Bremerhaven, www.vbn.de. 1 km langer Zuweg über Postweg und Meyerhofstraße aus dem Ort. Nach Querung der B71 links Fußweg und zusammen mit der Wehldorfer Straße über einen Bach, 100 m dahinter rechts die Rauchkate ❶.
Anforderungen: Leichte Promenaden, teils als Wirtschaftswege, teils grasig.
Einkehr: Gasthaus Rauchkate (Mo./Di. Ruhetag, außer in den Ferien).
Variante: Erhebliche – kinderfreundliche – Abkürzung; 1,2 km kurze Runde um den Wollingster See mit Start ab Parkplatz am Nordufer (s. o.).

Fischteiche an der Rauchkate.

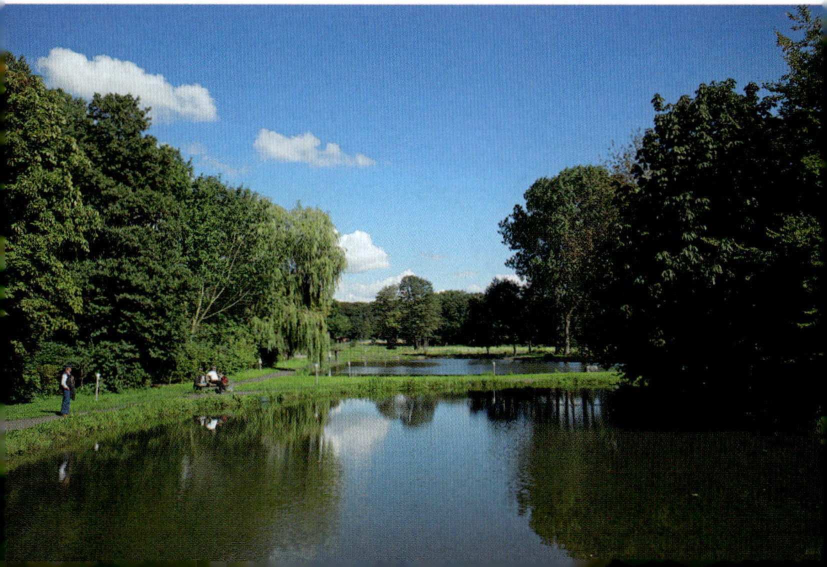

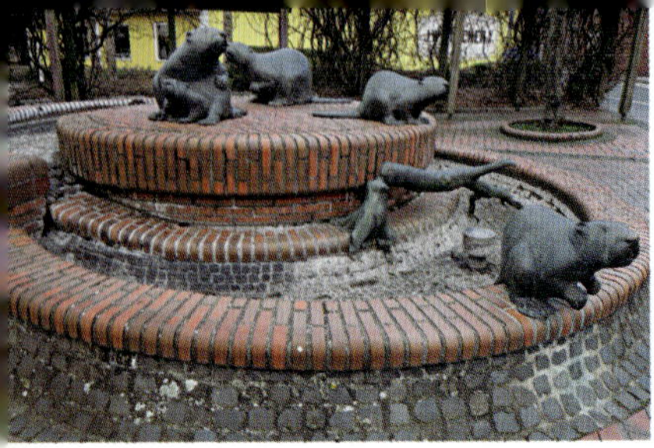

Biberbrunnen in Beverstedt.

Der Ausflugsgasthof **Rauchkate** ❶ liegt am Ortsrand von **Wehldorf** in einem Fischteichgebiet nahe des Beverstedter Bachs. Vom Parkplatz geht es geradeaus am Restaurantgebäude entlang und am Ende des Minigolfplatzes geradeaus unter alten Bäumen, dann sacht links am Rand des Feldes. Der anfangs stark grasige Weg führt in den nahen Weiler **Osterndorf** ❷, taucht dort rechts versetzt geradeaus auf der Stichstraße Ahrensdamm in die Wälder des Osterndorfer Forstes ein und passiert weitere Fischteiche am Beverstedter Bach. Am **Forsthaus** ❸ verliert der Ahrensdamm den Asphaltbelag, kurvt bald darauf links im Wald und erreicht vor einer Lichtung eine **Forstwegekreuzung** ❹: Hier rechts weiter, am Waldrand links auf einem schmalen Asphaltweg ❺ (Schild »Autoverkehr verboten«) in die Feldflur und über den kanalisierten Dohrener Bach hinweg, an der ersten Kreuzung links und am Ende rechts auf dem **Seeweg** ❻ durch das Osterndorfer Moor und zum Naturschutzgebiet **Wollingster**

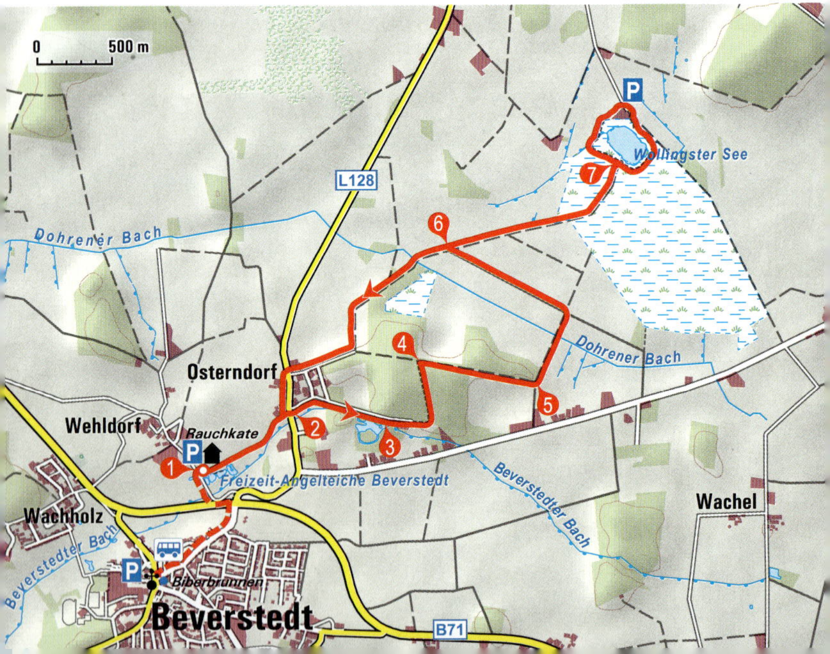

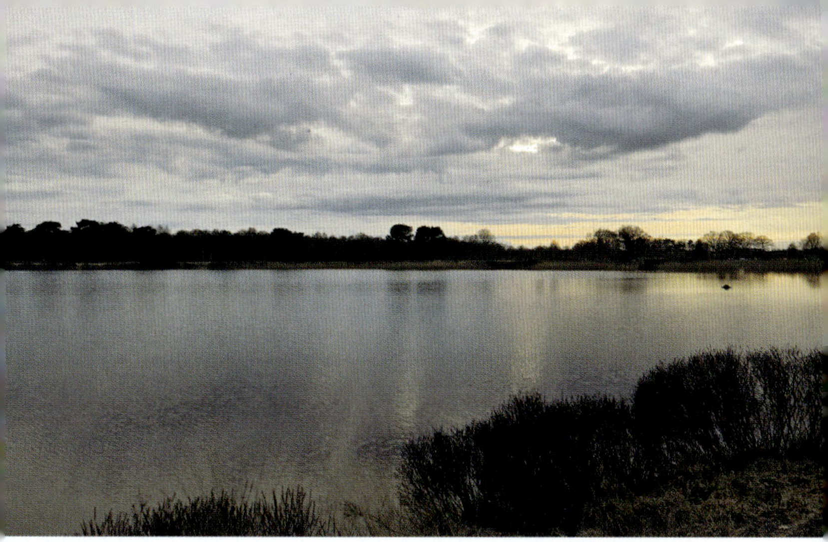

Der durch Gletscher erschaffene nährstoffarme Wollingster See steht unter Naturschutz.

See 7. Der Wanderweg mündet vor dem Südwestbereich dieses nährstoffarmen ehemaligen Gletschersees in den Seerundweg, der links herumführt am Rand von landwirtschaftlichen Flächen. Nach Gatter dem ausgetretenen Weg folgen und nach rund 5 Gehminuten links auf Stegbrücke neben kleinem Windrad und weiter auf Wiesenweg zum Parkplatz nördlich vom See. Dort halten wir uns rechts und umgehen so das rechts am Seeufer gelegene umzäunte Urlaubsgelände der Naturfreunde. Am Ende des Zauns führt der Rundwanderweg an einer Infotafel auf den von Eichen bestandenen **Seeberg**, eine bis 17 m hohe, dünenförmige Geschiebesand-Erhebung, die den 15 m tiefen See wallartig begrenzt. Das Vorkommen von Brachsenkraut, Strandling und Wasserlobelie im See stellt eine botanische Seltenheit dar. Das Baden im See ist aus Naturschutzgründen verboten, lediglich für Einwohner der damaligen Samtgemeinde Beverstedt gilt seit 1981 eine amtliche Ausnahmegenehmigung.

Der Rückweg folgt zunächst durchgehend dem **Seeweg** 6 nach **Osterndorf** 2. Von dort führt der bekannte Wanderweg zurück zum Angel- und Ausflugsgasthof **Rauchkate** 1.

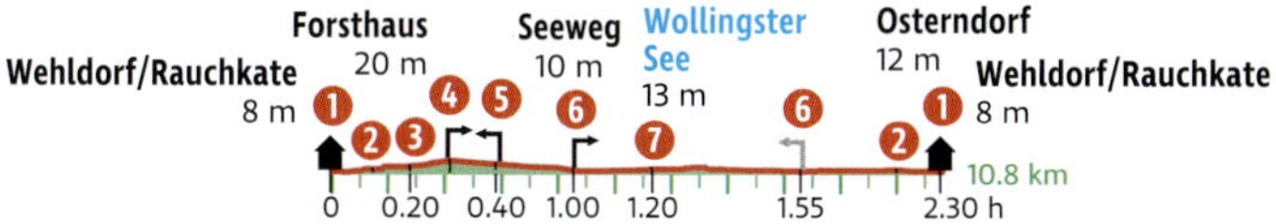

↗ 5 m | ↘ 5 m | 2,1 km

0.30 h

21 Großes Moor bei Bokel

Moorlehrpfad vor der Hollener Heide

Der Naturerlebnispfad durch das Große Moor bei Bokel ermöglicht faszinierende Einblicke in ein renaturiertes Moor. In Bereichen, in denen das Moor nicht abgetorft wurde, erreicht die Torfschicht eine Mächtigkeit von bis zu 3,70 Meter, auch in abgetorften Flächen ist sie immer noch 2,10 Meter dick: Das Bokeler Moor wurde nie industriell abgetorft, über Jahrzehnte hinweg war hier der bäuerliche Handtorfstich üblich. Heute sind 172 Hektar des Moores kultiviert und als Hochmoor nicht mehr wahrnehmbar, auf 68 Hektar sind Hochmoorrestflächen vorhanden, hier lebt eine Vielzahl von Schmetterlingen, Libellen und Spinnen. In wassergefüllten Torfstichen gedeihen Torfmoose und Wollgras.

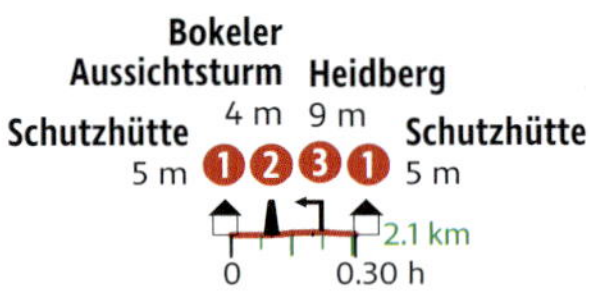

Ausgangspunkt: Schutzhütte am Beginn des Naturerlebnispfads (5 m) am Großen Moor; Zufahrt in Verlängerung der Straße »Heidberg« am Ortsrand von Langenfelde bei Bokel (Navi: Heidberg 33, 27616 Beverstedt).
ÖPNV: Bushaltestelle Langenfelde Heidberg 0,5 km südwestlich von der Einmündung in Heidberg ❸, Linie 559 Mo. – Fr. Richtung Beverstedt-Bremervörde wenige Male täglich. Bei optionaler Verlängerung Haltestellen Heise-Mühle und Hollenerheide (nur Ausstieg), Linie 771 Mo. – Fr. (selten) Richtung Hagen und Beverstedt, www.vbn.de. Häufigere (stündliche) Verbindungen von/nach Beverstedt mit VBN-Plus AST 46 und 47, mind. 60 Min. vorher telefonisch anmelden (Tel. +49 4721 5512655), www.vnn.de → Landkreis Cuxhaven → Fahrpläne → AST → VBN Plus → Beverstedt.
Anforderungen: Überwiegend grasige Wege und Pfade.
Einkehr: Keine.

Variante: Längere Variante zum Freilichtmuseum (ca. 2.30 Std., 10 km): Neben der Schutzhütte ❶ verengt sich die Zufahrt zu einem durch einen Poller vor dem Autoverkehr geschützten Pfad, und dieser führt uns zwischen Buschwerk und Bäumen auf das Waldgebiet Hollener Heide zu; hinter dem Waldrand liegt ein sogenannter Opferstein: Immer wieder wurde in vergangenen Jahrhunderten versucht, den alten Stein zu spalten, nie ist es gelungen. In den goldenen 1920er-Jahren stand beim Opferstein eine Waldhütte, damals ein viel besuchtes Wanderziel. Wer durch die Hollener Tannen im Waldrandbereich weiterwandert, gelangt beim Schützenvereinsgelände in das Dorf Hollenerheide und wendet sich zwei Mal links ortseinwärts, bis von der Dorfstraße rechts der Weg Am Felde abzweigt, am Ende gehen wir links auf dem Fuß- und Radweg längs der Straße zum Freilichtmuseum »Jan vom Moor« an der Windmühle von Heise. Vom Freilichtmuseum nehmen wir den Rad- und Wanderweg »Torfweg« entlang der Kreisstraße südwärts und an der Schutzhütte geradeaus (Heise) zum Schulmuseum im Moordorf Heise. Hier zweigt der 2011 mit EU-Mitteln angelegte Torfweg links ab und führt uns ostwärts zurück ins Waldgebiet Hollener Heide.

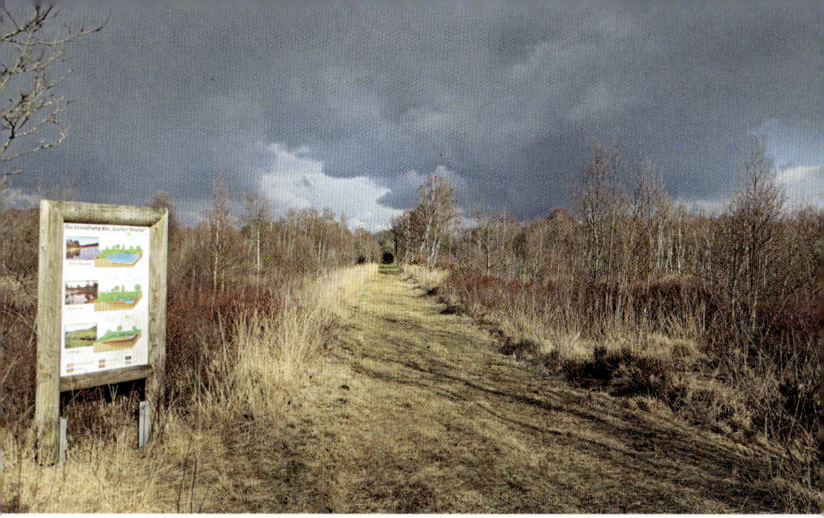

Ein Naturerlebnispfad veranschaulicht die Entstehung des Großen Moors.

An der **Schutzhütte** ❶ am Ausgangspunkt nördlich der Siedlung **Langenfelde** erinnert ein Findling an die Notstandszeit der Jahre 1931/32 während der Weltwirtschaftskrise. Der Naturerlebnispfad taucht auf einem grasigen Damm in das als Naturschutzgebiet ausgewiesene Große Moor ein.

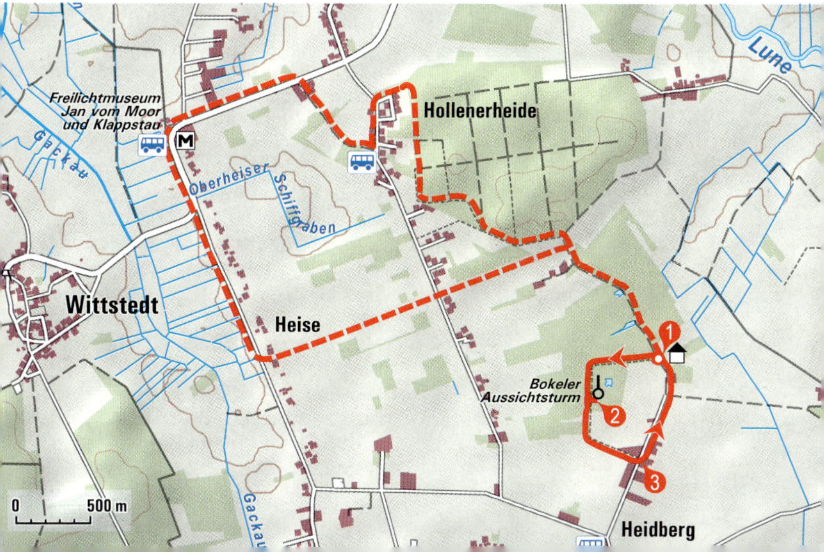

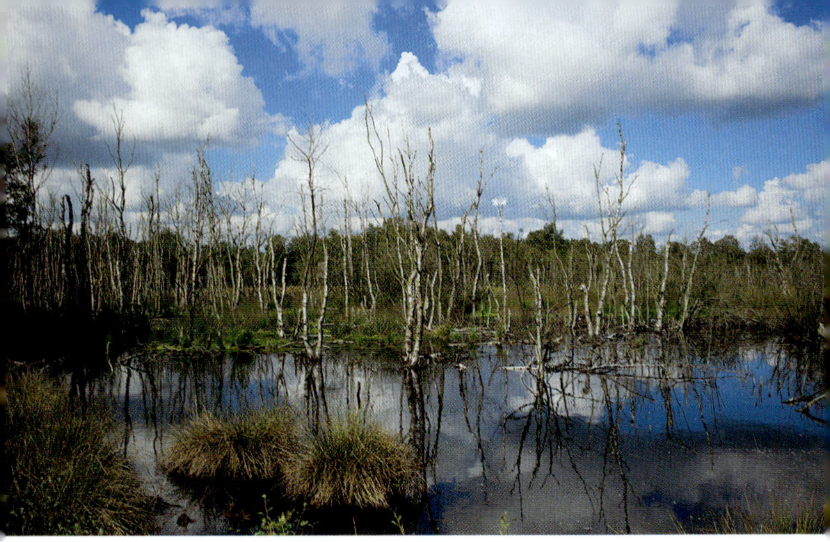

Das abgetorfte Große Moor wurde zur Renaturierung wiedervernässt ...

... wobei die Birken der ursprünglichen Moorvegetation weichen.

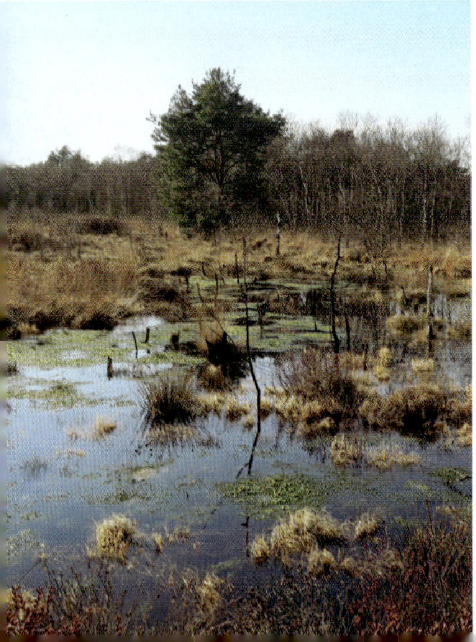

Lehrtafeln informieren über Pflanzen und Tiere sowie über die Geschichte des Moores, das während der Abtorfung immer mehr verwaldete und seit 2003 wieder vernässt wird. Auf diesen Nassflächen sterben die Birken flächenhaft ab. Bald nach dem Linksknick passiert der Lehrpfad einen Torfstich und erreicht dann den hölzernen **Bokeler Aussichtsturm** ❷.
Der Bohlenweg neben dem Aussichtsturm markiert das Ende des Naturlehrpfads, während der Rundweg geradeaus weiter auf dem grasigen Weg führt, das Moor verlässt und zu Grünland umbrochene abgetorfte Bereiche des ehemaligen Moores erreicht. Schließlich mündet der Rundweg in die schmale Straße **Heidberg** ❸, die links zurück zum Ausgangspunkt führt, der **Schutzhütte** ❶ am Anfang des Naturerlebnispfads.

Ströhe – Spreddig

Niedersandhausener und Hamberger Moor

Das Niedersandhausener Moor in der oberen Beekniederung bildet ein Mosaik nasser Birkenbruchwälder, wassergefüllter Torfstiche mit Torfmoosrasen und verbuschten Heideflächen sowie als Grünland genutzter abgetorfter Flächen am Rand. Das Freilichtmuseum »Moorkate« in Ströhe dokumentiert Leben und Arbeit von Moorbauern. Zur Anlage gehören neben Scheune und Heimathaus ein Steinbackofen, der an Aktionstagen in Betrieb ist.

Ausgangspunkt: Parkplatz am Freilichtmuseum Moorkate (7 m) an der Ströher Straße in Ströhe-Spreddig (Navi: Sandstraße 32a, 27729 Hambergen). Alternativ kleiner Parkplatz an Straße Peisamm 100 m südwestlich von 2.
ÖPNV: Bushaltestelle Ströhe Schule 100 m nördlich vom Ausgangspunkt, Linie 682 zu Schulzeiten von/nach Hambergen, www.vbn.de.
Anforderungen: Großteils Straße, durch das Niedersandhausener Moor gut markierter Pfad, möglicherweise nach dem Handtorfstich 4 kurzzeitig etwas schlammig.
Einkehr: Keine.
Hinweis: Die Außenanlagen des Freilichtmuseums Moorkate am Ausgangspunkt sind frei zugänglich, das Museum im Obergeschoss des Heimathauses ist nur an wenigen Termien im Jahr geöffnet, sonst Besichtigung nach Anmeldung möglich, www.heimatverein-stroehe-spreddig.de.

Heideblüte im Niedersandhausener Moor.

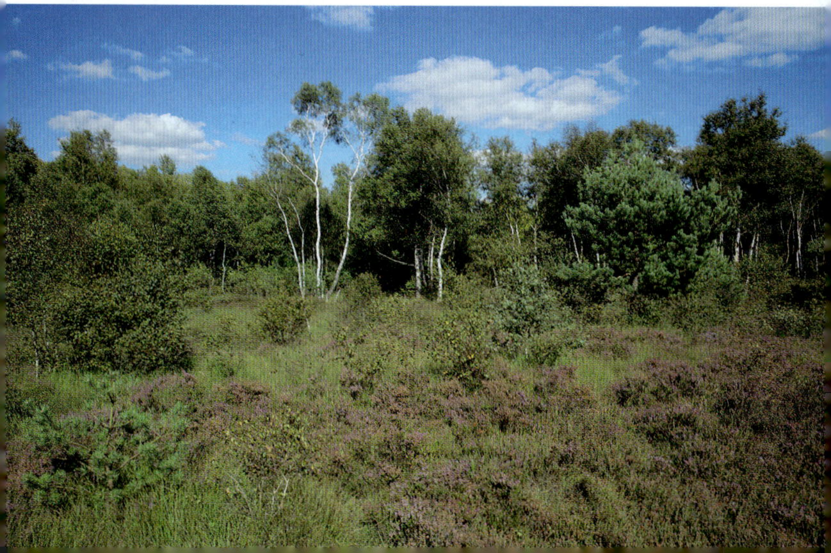

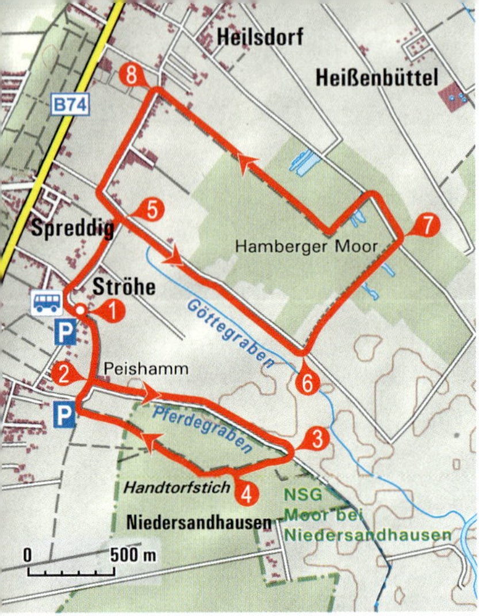

Vor dem Gelände des **Freilichtmuseums Moorkate 1** in **Ströhe** zweigt in der Kurve der Ströher Straße ein sandiger Weg ab, dem wir nach 70 m bei einer Gabelung nach rechts folgen – von Bäumen flankiert durch die Wiesen hinter den Häusern in Richtung des Niedersandhausener Moors. Wenn der Weg zuletzt in den Asphaltweg **Peishamm 2** mündet, geht es auf diesem links weiter zwischen den als Grünland genutzten abgetorften Flächen am Rand des Niederhausener Moors (rechts) und den ebenfalls zu Wiesenland umbrochenen Ausläufern des Hamberger Moors. Nach 1,2 km folgen wir rechts beim Schild zum **Niedersandhausener Moor 3** mit Verboten dem Weg Dammweg durch den Bruchwald des Schutzgebietes. Einige der idyllischen Moorteiche entstanden anstelle früherer Torfhäfen. Hinter dem Bruchwald durchquert der Pfad eine Heidefläche mit einem kleinen **Handtorfstich 4**. Nach einer Holzbank folgen wir dem Weg geradeaus durch Birkenwald. Je länger man diesem Pfad zwischen Bruchwäldern folgt, desto schmaler wird er, ehe er sich später zwischen Wiesenland zum Weg weitet. Im Grünland verlässt er das Naturschutzgebiet und mündet schließlich in einen Feldweg, der rechts zurück zum Asphaltweg **Peishamm 2** und weiter geradeaus zur **Moorkate 1** führt.

Eine Ergänzung zu den urtümlichen Pfaden des Niederhausener Moores bildet das Hamberger Moor nördlich von Ströhe: Vom **Museum Moorkate 1** geht es durch die Ströher Straße, an der Bushaltestelle Ströhe-Schule

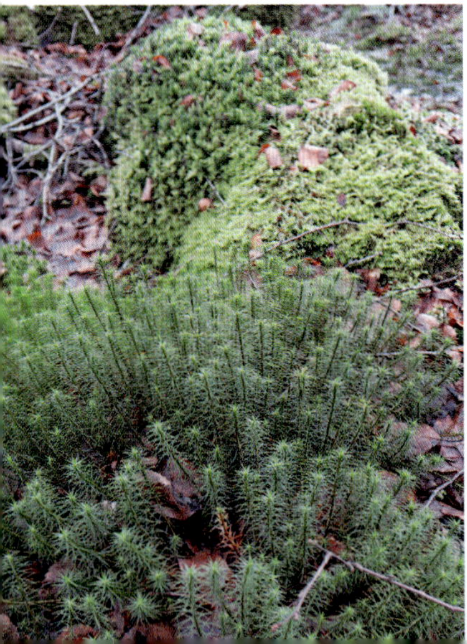

Moose gehören zu den typischen Moorbewohnern.

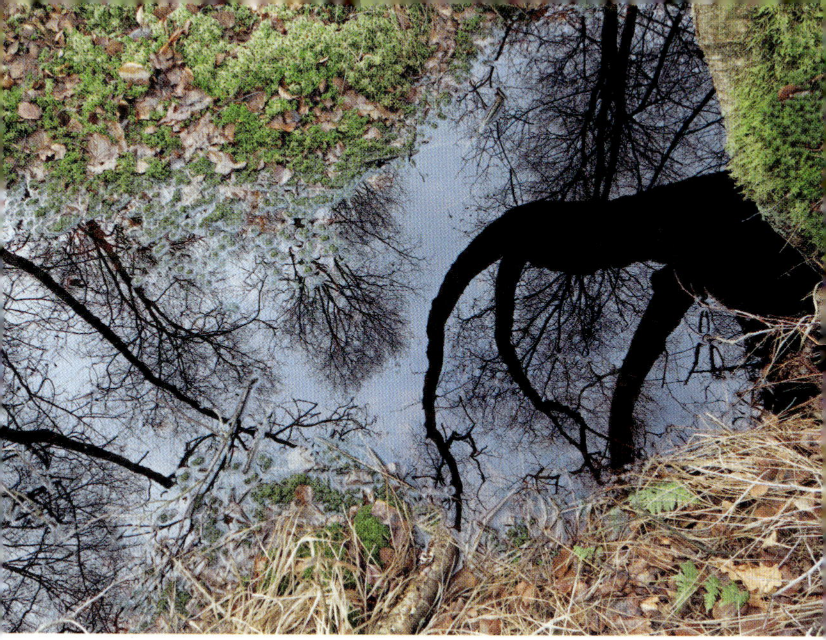

Das Niedersandhausener Moor – früher Torflieferant, heute wieder Naturparadies.

rechts und gleich links (Streddiger Straße), bis die Stichstraße **Schnirrenburg** 5 kreuzt und rechts hinaus an den Rand des Hamberger Moors führt. Am letzten Gehöft, das auf dem Gelände der sagenumwobenen Schnirrenburg steht, beginnt der sandige Wirtschaftsweg Spreddiger Damm (Schild: Ende Tempo 30), links fällt der Blick auf die zum Teil als Schafweiden genutzten Randbereiche des Moores. Auf dem zweiten links abzweigenden **Weg** 6 geht es zu Torfstichen, dort links weiter auf dem Hamberger **Damm** 7, nächste links und dem Moorgelände folgend rechts weiter auf dem Damendamm; am Ende führt die **Mullstraße** 8 links Richtung Südwest, ehe wir bei einer T-Kreuzung links in die Straße Schnirrenburg biegen und kurz darauf der Spreddiger Straße rechts zurück zum Ausgangspunkt am **Museum Moorkate** 1 in **Ströhe** folgen.

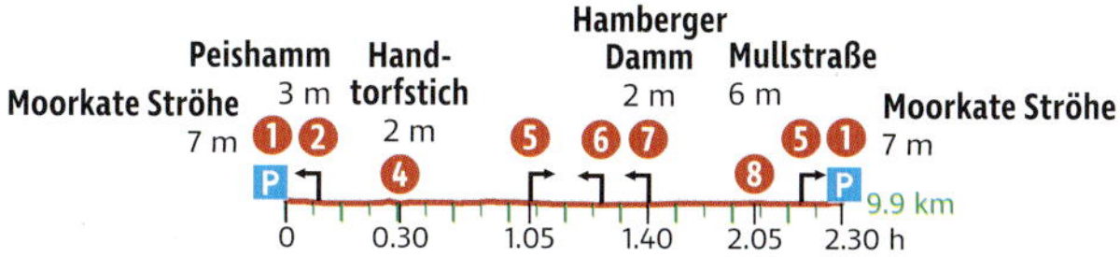

23 Worpswede – Weyerberg – Barkenhoff

2.00 h

Künstlerdorf im Teufelsmoor

Der Wechsel aus Kunst, alten Bäumen, weiten Ausblicken und einer gepflegten Atmosphäre prägt die kunsthistorische und Panorama-Entdeckungstour im Künstlerdorf Worpswede, am Weyerberg im Teufelsmoor. Der österreichische Dichter Rainer Maria Rilke schwärmte vom »Himmel von unbeschreiblicher Veränderlichkeit und Größe« über dem Weyerberg, die Malerin Paula Modersohn-Becker bezeichnete Worpswede als »Wunderland«. In Worpswede im Teufelsmoor entstand ab 1889 eine Künstlerkolonie, von der wesentliche Impulse für Impressionismus, Jugendstil und Expressionismus ausgingen.

Ausgangspunkt: Worpswede Bahnhof (5 m) mit Parkgelegenheit (Navi: Bahnhofstraße 17, 27726 Worpswede). Alternativ Parkplätze Bahnhofstraße/Im Rusch zwischen ❶ und ❷, am Bernhard-Kaufmann-Weg kurz vor ❹ oder an der Bergstraße 12 zwischen ❿ und ⓫.
ÖPNV: Der Bahnhof Worpswede wird im Sommerhalbjahr an Wochenenden von der Museumsbahn Moorexpress bedient Richtung Bremen und Stade, www.evb-elbe-weser.de/reise-freizeit/moorexpress. Alternativ Bushaltestelle Worpswede-Schule bei Parkplatz Bahnhofstraße/Im Rusch zwischen ❶ und ❷, u.a. Linie 670 Mo.–Sa. stündlich, So. alle 2 Stunden Richtung Bremen, www.vbn.de.
Anforderungen: Leichte Wege und kleine Straßen durch den Ort und am Ortsrand mit Gehölzen.
Markierung: Zahlreiche Wegweiser am Weg mit Entfernungsangaben.
Einkehr: Worpswede.
Tipps: Zahlreiche Kunstgalerien sowie Zionskirche (täglich) mit Kunstwerken von Paula Becker und Clara Westhoff, entstanden als Buße für unerlaubtes Glockenläuten im Jahr 1900.

Der Bremer Jugendstilkünstler Heinrich Vogeler schuf den **Worpsweder Bahnhof** ❶, heute ein Restaurant, für den 1911 eröffneten »Moorexpress«. Die private Kleinbahn verband die Torfkolonien zwischen Osterholz und Stade und bescherte Worpswede einen stetig zunehmenden Besucherstrom.

Vom Jugendstilbahnhof führt die Bahnhofstraße aufwärts zum **Rathaus** ❷ an der kopfsteingepflasterten Bauernreihe, der alleeartigen ältesten Straße Worpswedes. Ab dem 11. Jh. reihten sich hier die ersten acht Höfe zwischen Weyerberg und Teufelsmoor, 1751 begann die Moorkolonisation unter dem »Moorvater« Jürgen Christian Findorff. Vor dem Rathaus steht eine

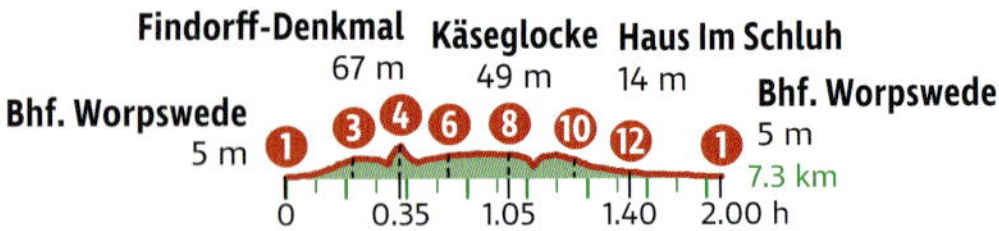

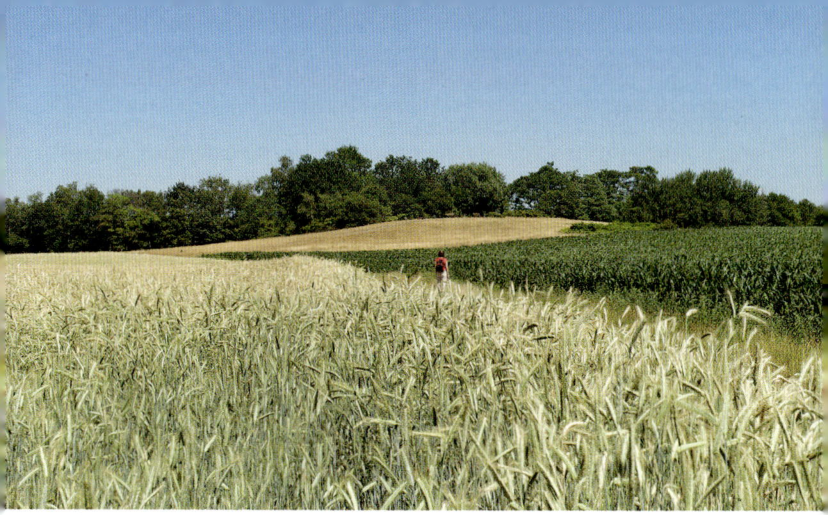

Der Weyerberg-Gipfel.

Nachbildung des hölzernen Dorfglockenturms aus der Zeit, als Worpswede keine eigene Kirche besaß; hier führt die Bauernreihe halb links weiter zur Findorffstraße: dort rechts und nach 100 m Treppe links aufwärts zur 1759 von Findorff errichteten Zionskirche (Lageplan der Künstlergräber auf dem Friedhof); an dieser links vorbei zu einer Runde über den **Friedhof** ❸ mit dem Grab von Paula Modersohn-Becker († 1907, mit der Skulptur »Werden und Vergehen« von Bernhard Hoetger) und weiterer Worpsweder Künstler. Nach dem Rundgang auf dem sehenswerten Friedhof zurück zum Haupteingang: Fußweg links zum Kindergarten und steiler Weg hinab zum Parkplatz links vom Drogeriemarkt Rossmann; den Parkplatz queren und geradeaus aufwärts in den Wald Richtung »Findorff« auf dem Willi-Ohler-Weg zum **Findorff-Denkmal** ❹ und erreicht nach 100 m den Waldrand; vor den Panoramasitzbänken rechts hinab (Susenbarg) und den ersten Hangweg (Liesel-Oppel-Weg) links an einer hölzernen **Aussichtsplattform** ❺ vorbei aufwärts in einer traumhaften Landschaft mit Feldern und Wäldern. Der erste rechts abzweigende Weg leitet uns nach 100 m zu einer Kreuzung im Wald, dort links in wenigen Minuten zum **Niedersachsenstein** ❻: Der martialische Kultplatz ist auf ein 18 m hohes expressionistisches **Kriegerdenkmal** (1922) von Hoetger ausgerichtet. Der in Worpswede lebende Bildhauer konzipierte die Monumentalskulptur als »Siegerdenkmal« und gestaltete es nach dem Ersten Weltkrieg zum »Friedensdenkmal« um.

Vom Denkmalsplatz führt der Höhenweg, ein Feldweg, zurück Richtung Worpswede. Nach 5 Gehminuten rechts zum **Weyerberg** ❼, auf dem Sitzbänke zu Rast einladen. Zwischen der Gipfelkuppe und dem tief gelegenen

Sportplatz leitet der sandige Manfred-Hausmann-Weg halb rechts zur Lindenallee. Diese schönste Straße Worpswedes führt links direkt zur Großen Kunstschau, während wir gegenüber der Einmündung des Fritz-Overbeck-Wegs rechts auf den Fußweg zum igluförmigen **Künstlerhaus Käseglocke** 8 (1926, Edwin Koenemann) wechseln und hier auf den angenehmen Waldweg Bernhard-Hoetger-Weg treffen: Er schlängelt sich rechts durch den Wald und zuletzt nach dem Teich links abwärts zum **Barkenhoff** 9 mit dem Heinrich-Vogeler-Museum. Vogeler erwarb 1895 das Fachwerk-Hallenhaus, baute es im Zeichen des Jugendstils um und machte es zum Zentrum der Worpsweder Kunstszene. 1919 gründete der Millionär eine marxistisch-leninistische Kommune im Barkenhoff, der Jugendstilgarten wurde zum proletarischen Gemüsegarten umgegraben (inzwischen wieder rückgängig gemacht): 1920 zog seine Frau Martha samt Porzellan und Kunstwerken aus der Kommune aus und übersiedelte mit ihrem Freund in das Haus im Schluh, Vogeler emigrierte in die Sowjetunion, wo er das sozialistische Paradies zu betreten hoffte. Er verarmte völlig, musste sich zuletzt als Bettler durchschlagen und starb 1942 unter Stalin in der Kolchose Budjonny.
Der Bernhard-Hoetger-Weg schlängelt sich durch den schönen Wald zurück zur **Käseglocke** 8; hier geradeaus erreicht er zuletzt die Parkanlage mit dem von Hoetger 1925 errichteten Backsteingebäude **Kaffee Worpswede** und der **Großen Kunstschau** 10, der zentralen Ausstellungshalle Worpswe-

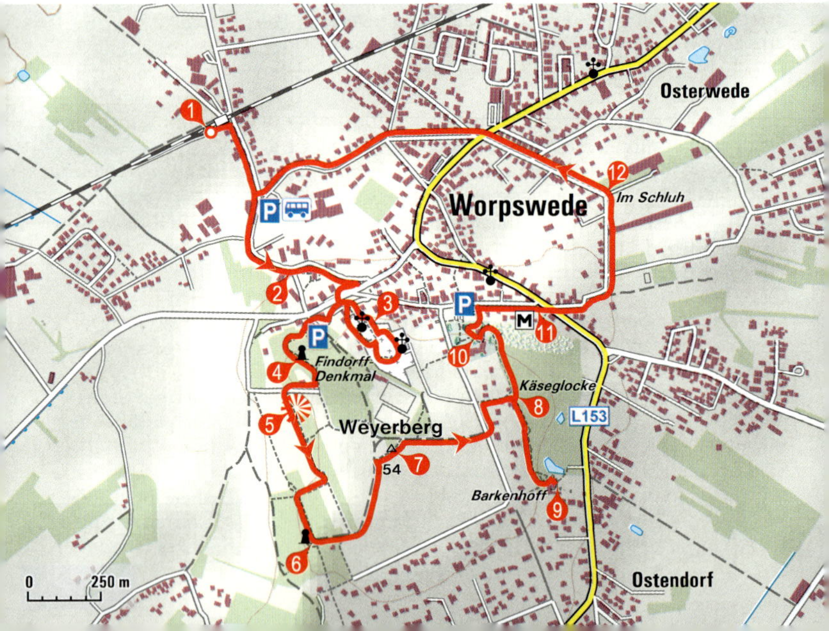

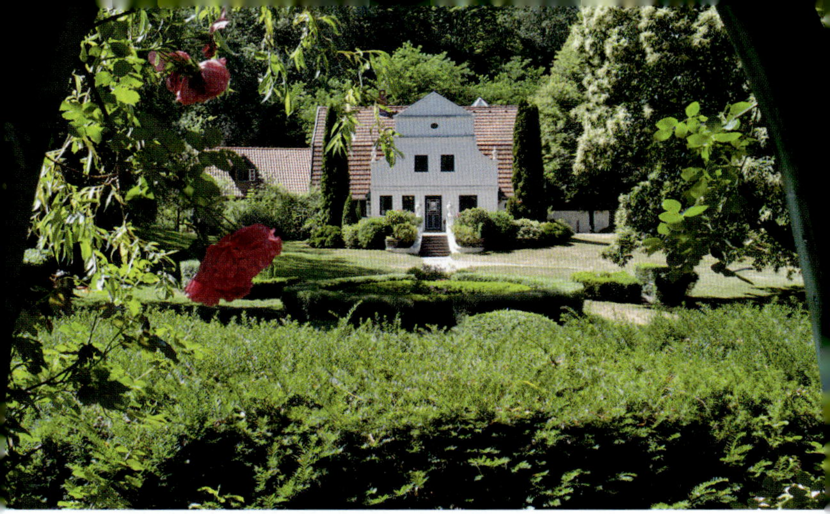

Im Barkenhoff ist das Heinrich-Vogeler-Museum untergebracht.

des. Hoetger errichtete den expressionistischen Backsteinbau 1927 wie eine Plastik um eine Rotunde mit eingehängter Kuppel, zwischen 2007 und 2011 wurde das Museum Zug um Zug renoviert und erweitert. Eine Dauerausstellung präsentiert Werke der ersten Worpsweder Maler, darunter Vogeler (»Sommerabend«), Modersohn-Becker, Mackensen, Modersohn, Overbeck und Hans am Ende.

Davor halb links Richtung »Große Kunstschau« und auf Fußweg unter dem Gebäude hindurch, dahinter rechts zum Parkplatz und dort auf Bergstraße rechts weiter zur **Galerie Altes Rathaus** ⓫ an der Bergstraße 1 mit Werken von Künstlern aus Worpswede und der Region sowie Gästen der Worpsweder Künstlerhäuser. Der Backsteinbau beherbergte zu Kaisers Zeiten die soziale Einrichtung »Armenhaus«, in der Paula Modersohn-Becker expressive Modelle für ihre Bilder fand.

Nach Queren der Hembergstraße am Ende der Bergstraße beginnt der Weg Im Schluh (im Sumpf). Das Museum **Haus im Schluh** ⓬ besteht aus historischen Niedersachsenhöfen, die Martha Vogeler nach ihrem Auszug aus der Barkenhoff-Kommune 1920 sowie 1936 aus Lüningsee und Grasberg in den damals noch unbebauten »Schluh« versetzen ließ. Die Heinrich-Vogeler-Sammlungen umfassen Möbel, Gemälde, Hausrat und Porzellan, das die Kommunarden im Barkenhoff noch nicht in Volksgut übergeführt hatten.

Nach Queren der **Findorffstraße** am Ende des Wegs Im Schluh geht es schräg links durch den Kattenpad und an der Kreuzung geradeaus Im Rusch zurück zur Bahnhofstraße und rechts wieder zum **Bahnhof Worpswede** ❶.

↗ 50 m | ↘ 50 m | 30,4 km

24 Ottersberg – Borgfeld – Bremen

7.00 h

Jakobsweg von den Wümmewiesen an die Weser

Durch die Wümmewiesen führt der Jakobsweg ins Malerdorf Fischerhude, erreicht am Hexenberg das Bundesland Bremen und leitet durch die Borgfelder Wümmewiesen und den Bürgerpark zum Dom im Herzen der Altstadt. Dort bestiegen mittelalterliche Santiago-Pilger am Martinianleger das Schiff und segelten hinaus aufs Meer.

Ausgangspunkt: Bahnhof Ottersberg (Hannover, 9 m) mit (kostenfreiem) Parkplatz (Navi: Am Bahnhof 2, 28870 Ottersberg).
Endpunkt: Bremen Hauptbahnhof (10 m).
ÖPNV: Stündlich Regionalbahnverbindungen zwischen Bremen Hbf. und Ottersberg. Unterwegs Bushaltestellen Ottersberg Amtshof ❷ und Fischerhude Im Krummen Orte ❺, mehrfach täglich Richtung Ottersberg, Verden und Oyten sowie ab Borgfeld Busse und Straßenbahnen mehrfach stündlich nach Bremen Hbf., www.vbn.de.
Anforderungen: Überwiegend fahrradfähige Wege.
Markierung: Jakobsweg-Muschel und Radwegweiser.
Einkehr: Ottersberg, Cafe Rilke-Haus in Bredenau (Fr. – So. 13 – 18 Uhr), Fischerhude, Hexenberg (Mi. – Fr. ab 17, Sa./So. ab 11 Uhr), Borgfeld, Kuhsielschleuse (täglich außer Di. ab 10 Uhr), Bremen.
Varianten: 1. Schönere Variante durch Wümmewiesen statt Straße vor Fischerhude (0,8 km länger): In Bredenau ❹ rechts in Straße »In der Bredenau«, nach 250 m vor Modersohn-Museum links, nach 100 m links und dritte Abzweigung links nehmen, über die Brücke und dann rechts wieder auf Jakobsweg nach Fischerhude.
2. Abkürzung der Tour durch Beenden in Borgfeld (20 km) mit häufigen ÖPNV-Verbindungen zum Ziel.

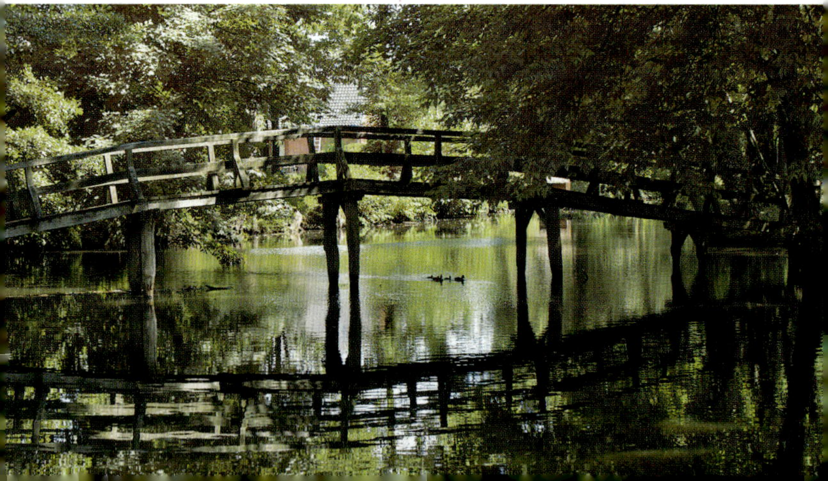

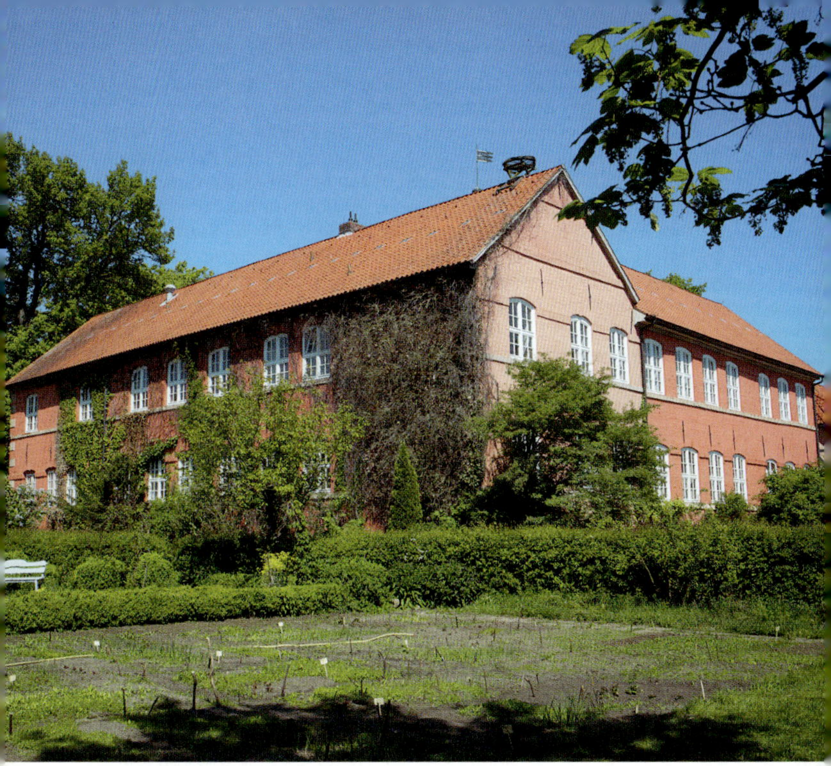

Oben: Das Ottersberger Schloss beherbergt eine Rudolf-Steiner-Schule.
Links: Wümme-Mittelarm-Brücke bei Fischerhude.

Vom **Bahnhof Ottersberg** ① führt die Straße »Am Bahnhof« kurz in Fahrtrichtung Rotenburg (Sackgassenschild), winkelt links ab und setzt sich vorbei an Pollern als schmale Allee »In den Wiesen« fort, wo sie nach Überqueren des Wümme-Südarms und des Lütje Streek den **Amtshof** ② erreicht, früher ein Wasserschloss, heute eine Rudolf-Steiner-Schule. Auf die Zweiflügelanlage, die ab 1719 als Amtssitz fungierte, führt eine alte Allee zu. Vom Schloss folgt die schmale Straße »In den Wiesen« dem Wümmearm geradeaus, setzt sich hinter der Landstraße als Wanderweg unter Bäumen nahe der Sportplätze fort und wechselt auf der Fährwisch-Brücke ans Nordufer: geradeaus zur Landstraße, kurz links und die erste links (Mayenbrook) in den Wümmewiesen zum **Jakobsweg** ③. Er überquert den Wümme-Nordarm auf der ersten und kurz darauf links den Mittelarm auf der zweiten Brücke und folgt in etwa dem Wümme-Mittelarm durch die Wie-

sen in die **Bredenau** ❹, wo er nach erneutem Überqueren des Mittelarms in die Straße »In der Bredenau« mündet.
An Sommerwochenenden mit viel Ausflugsverkehr ist es am besten, wie bei Tour 25 am Modersohn-Museum auf den auto- und fahrradfreien Weg in den Wümmewiesen zu wechseln (→ Variante), während der Jakobsweg der Straße »In der Bredenau« links am Café Rilke vorbei zur klassizistischen Backstein-Saalkirche im Herzen des Künstlerdorfs **Fischerhude** ❺ folgt. Von der Kirchstraße zweigt er links ab in die Molkereistraße und kurz nach Queren der Durchgangsstraße rechts in die Eichenstraße, nach der Linkskurve rechts hinaus und autofrei durch die Wümmewiesen. An einem Gehöft vor einem Wäldchen mündet der Jakobsweg in die alleeartige Zufahrt Ebbensiek und erreicht nach Überqueren des Wümme-Nordarms das Ausflugsgasthaus Meyerdieks am **Hexenberg** ❻, im äußersten Nordosten von Bremen. Hier kurz auf der Stichstraßen-Zufahrt Am Hexenberg geradeaus, dann links auf dem Weideweg durch die **Borgfelder Wümmewiesen** ❼, Bremens größtes Naturschutzgebiet. Nach dem Linksknick setzt sich der autofreie Weg als »Weg vor den Wischen« fort, an der Verzweigung links (Katrepeler Weg) zur Wümme und entlang des Flusses rechts zur **Landstraße vor Borgfeld** ❽. Längs der Landstraße ortseinwärts, rechts schwingend an der Kirche vorbei, dann halb rechts auf die Borgfelder Heerstraße,

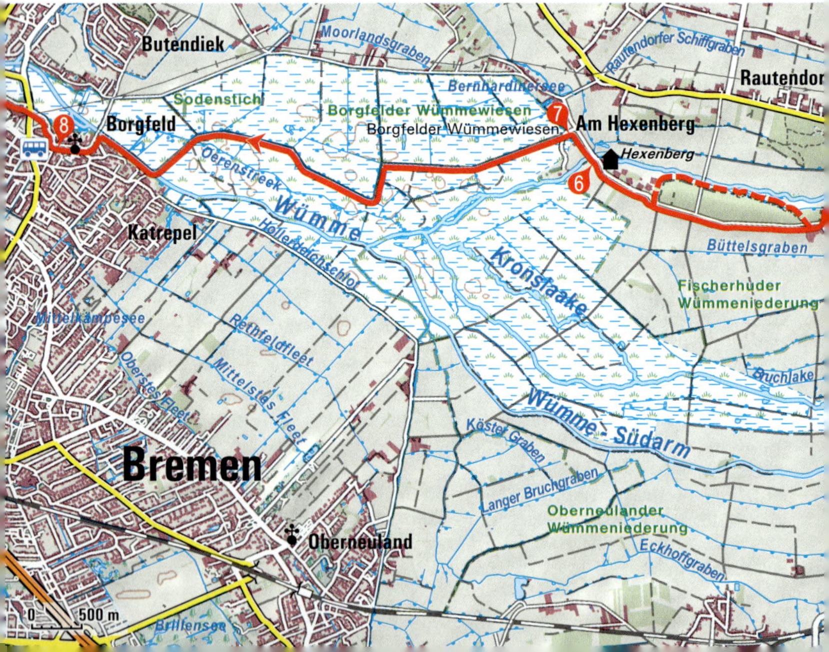

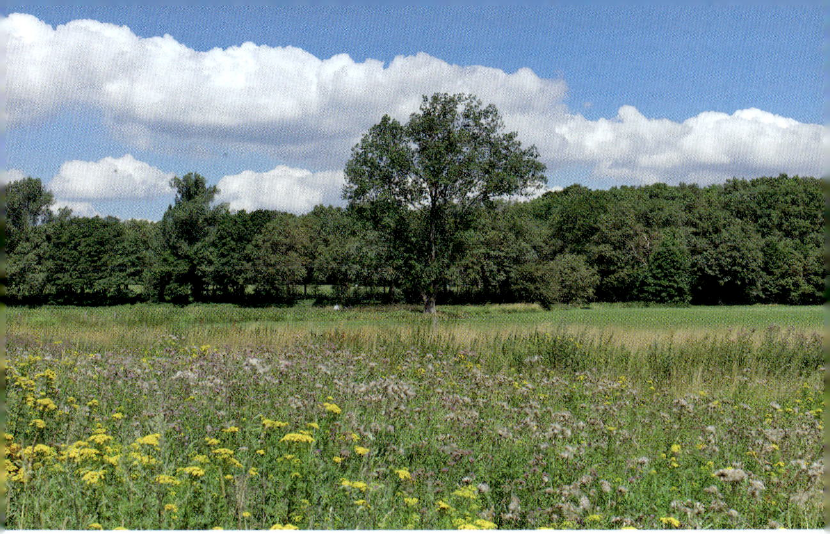

Wümmewiesen bei Fischerhude.

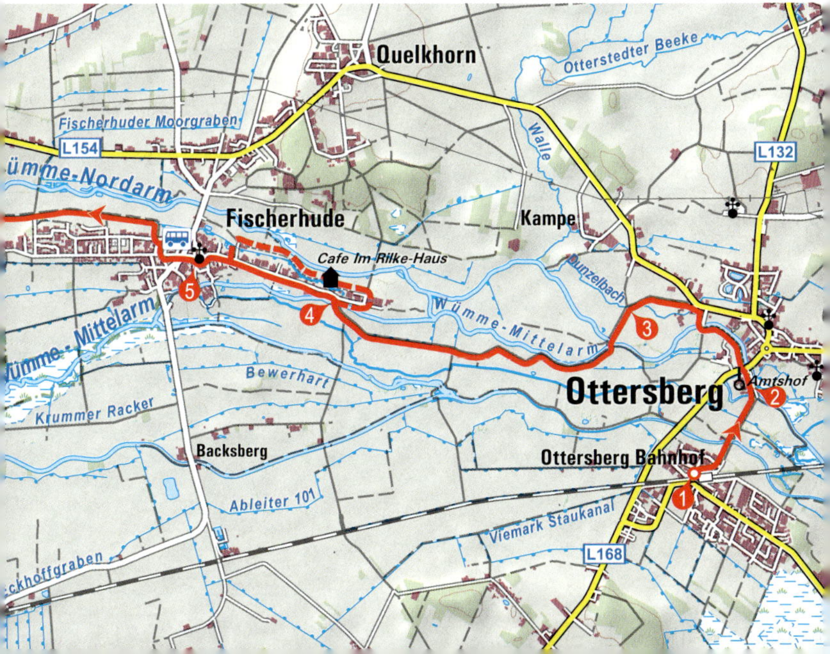

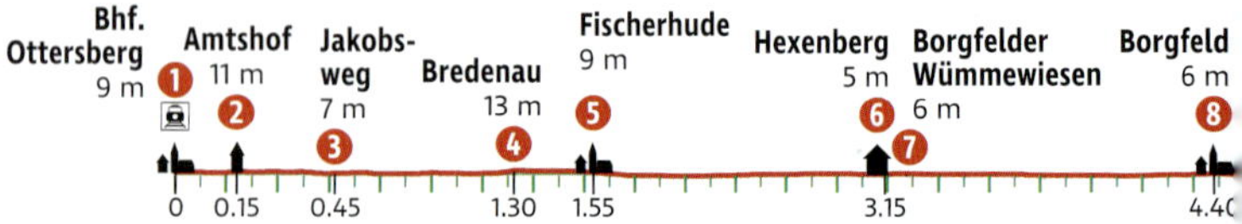

übergehend in Borgfelder Deich entlang des Naturschutzgebiets Untere Wümme. Bei den Wochenendhäusern geradeaus auf dem Kreuzdeich und am Ende rechts auf dem Lehester Deich zum Gasthaus an der **Kuhsielschleuse** 9.
Hier wendet sich der Jakobsweg südwärts und folgt dem schnurgeraden Kuhgrabenweg zum Ausflugslokal »Haus am Walde« an der Kleinen Wümme. Nach Überqueren der Kleinen Wümme führt der Jakobsweg straßennah geradeaus, weshalb wir rechts und gleich links durch den **Bürgerpark**

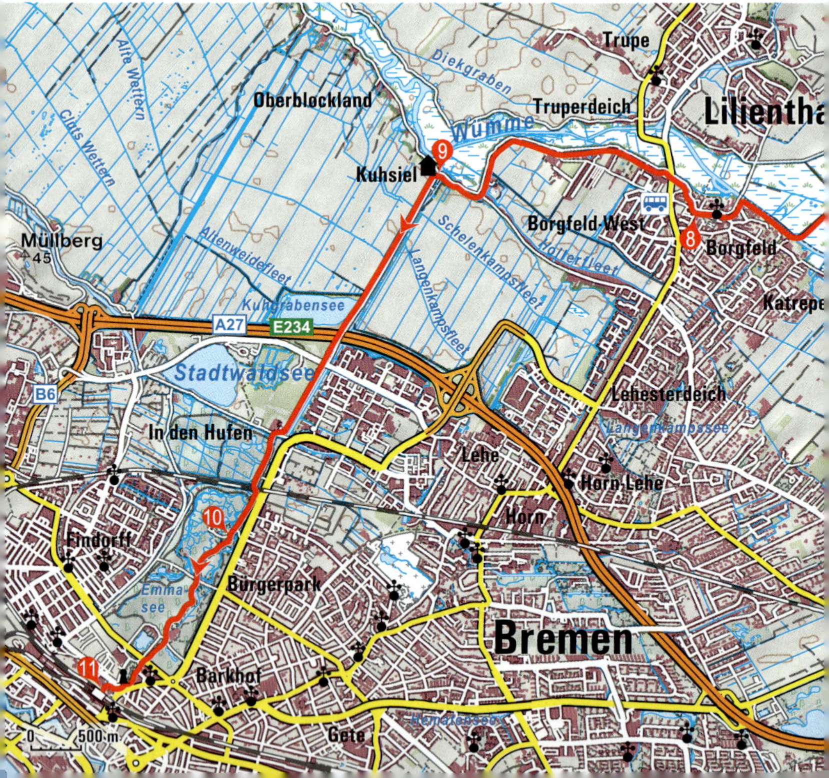

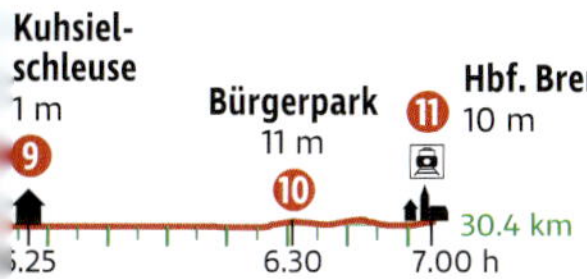

Bremen **Bremen** ⑩ zum **Hollersee** wandern. Nach Überqueren der Hollerallee geht es am Nelson-Mandela-Park entlang zum **Bremer Hauptbahnhof** ⑪.

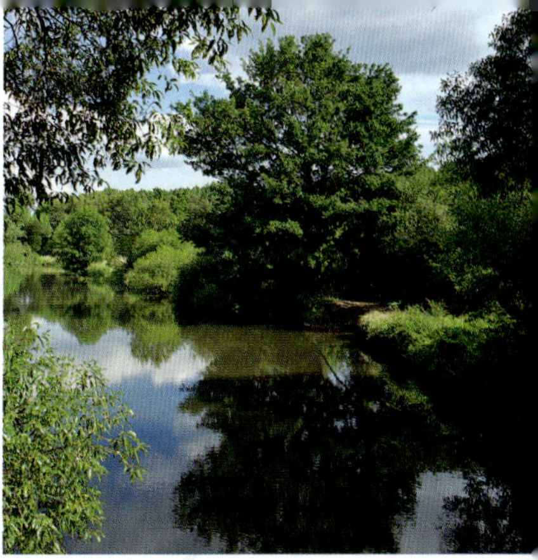

Der Jakobsweg folgt von Ottersberg bis kurz vor Bremen dem Verlauf der Wümme.

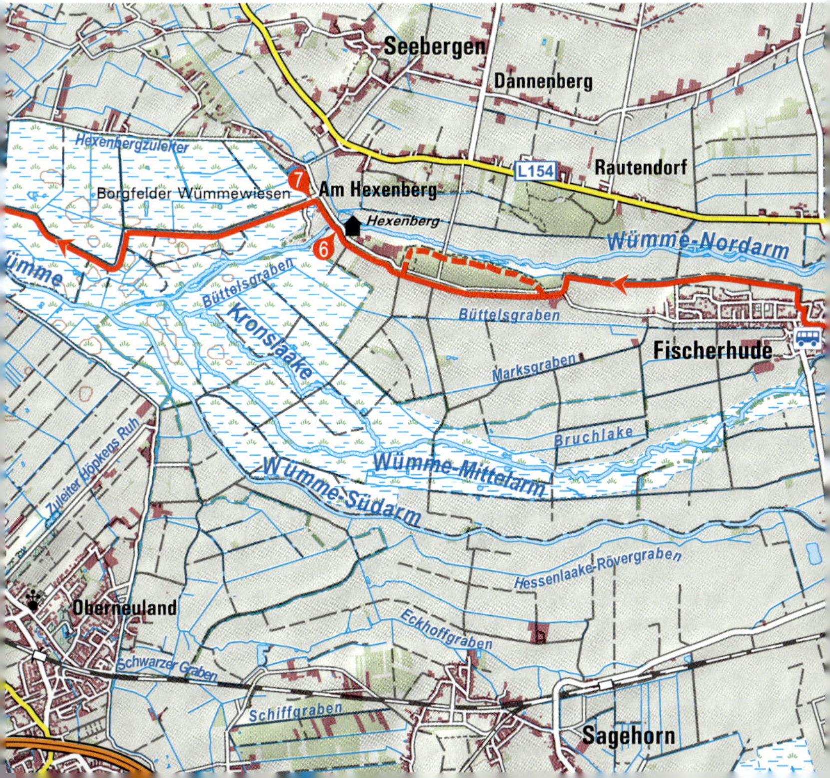

TOP

25 Fischerhude – Bredenau

↗ 30 m | ↘ 30 m | 6,1 km

1.30 h

Durch die Wümmewiesen am Künstlerdorf Fischerhude

Zwischen alten Bäumen, Wiesen und Feldern schlängeln sich die Arme der Wümme durch das malerische Reetdach-Dorf Fischerhude, bekannt als das »Dorf der Bauern und Künstler«, und durch die paradiesischen Wümmewiesen in der Umgebung.

Ausgangspunkt: Parkplatz an den Sportplätzen (7 m) am südlichen Ortsrand von Fischerhude (Navi: Landstr. 4, 28870 Ottersberg-Fischerhude), alternativ Parkplatz nördlich der Feuerwehr Fischerhude am nördlichen Ortsausgang (Navi: Wilhelmshauser Str. 40, 28870 Ottersberg).
ÖPNV: Bushaltestelle Fischerhude Im Krummen Orte 200 m nördlich vom Ausgangspunkt, mehrfach täglich Richtung Ottersberg, Verden und Oyten, www.vbn.de.
Anforderungen: Leichte Pfade und Feldwege.
Einkehr: Fischerhude, Cafe Rilke-Haus in Bredenau (Fr. – So. 13 – 18 Uhr).
Tipps: Otto-Modersohn-Museum (täglich 10 – 18 Uhr), www.modersohn-museum.de.

Der Parkplatz an den **Sportplätzen** ❶ am südlichen Ortsausgang von **Fischerhude** »Im Alten Dorf« liegt neben dem von Laubbäumen gesäumten Ufer des Wümme-Mittelarms. In Verlängerung der Parkplatzzufahrt beginnt neben dem Sportplatz der Dietrich-Speckmann-Weg, benannt nach dem Heideschriftsteller, der 1910 nach Fischerhude zog und hier 1938 seine letzte Ruhestätte fand. Als Weg, dann als Pfad folgt der Speckmann-Weg dem Flussarm unter alten Bäumen, am Wiesenrand und wieder unter Bäumen, hölzerne Stegbrücken verbinden die Ufer. Der Speckmann-Weg endet an der ersten **Betonbrücke** ❷ (links führt »Zum Dieker Ort« ins Dorf).
Die Fortsetzung ist der Otto-Modersohn-Weg, der als Feldweg dem Wümmearm weiter aufwärtsfolgt bis zu einer Sitzgruppe an der nächsten **Holzbrücke** ❸. Hier überquert der Modersohn-Weg den Wümmearm und führt, nun wieder als Pfad, durch die Wiesen in die Bredenau. Wo der Pfad in die von Gartengrundstücken und alten Bäumen gesäumte Stichstraße In der **Bredenau** ❹ mündet, zeigen Schilder rechts zum Café Rilke und zum Modersohn-Museum. Herrscht viel Ausflugsverkehr auf der Straße, geht man geradeaus und dann rechts auf dem Deichweg (Heinrich-Breling-Weg). Die ansonsten ruhige Stichstraße In der Bredenau führt zum **Café Rilke** ❺ im ehemaligen Wohnhaus von Clara Rilke-Westhoff, die 1919 mit ihrer und Rai-

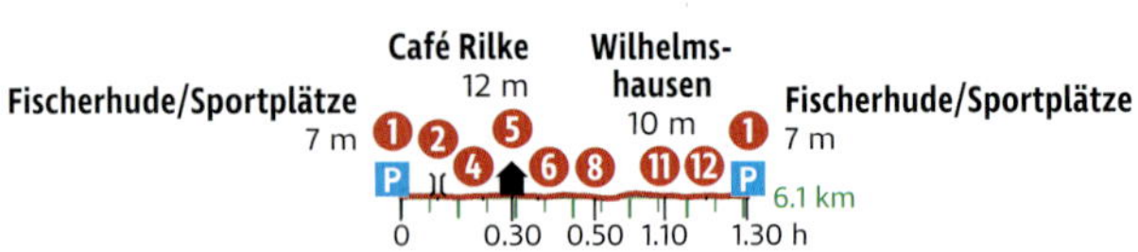

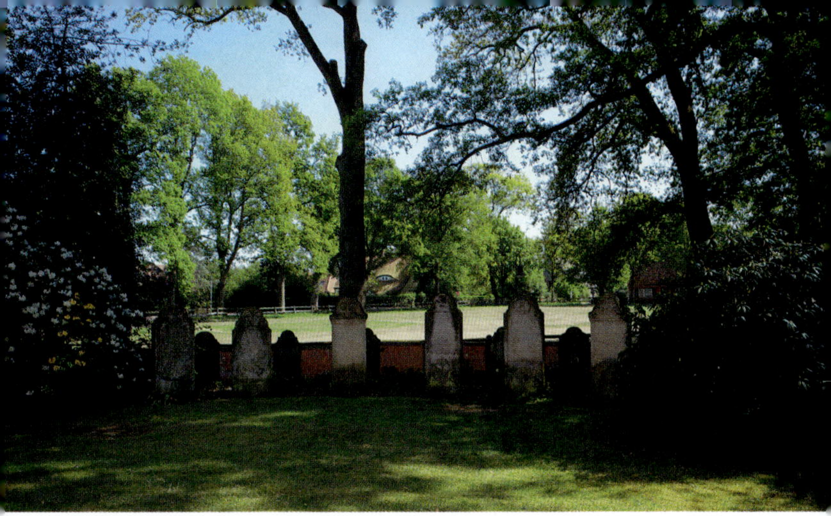

Grabsteine auf dem Malerfriedhof in Fischerhude.

ner Maria Rilkes Tochter Ruth hierherzog und bis zu ihrem Tod 1954 darin lebte.

Noch ein Stück weiter, bis In der Bredenau 95 das **Otto-Modersohn-Museum** 6 erreicht ist. 1907 starb Paula Modersohn-Becker im Alter von 31 Jahren nach der Geburt der gemeinsamen Tochter Mathilde, 1908 verließ der Witwer Worpswede und siedelte ins nahe Fischerhude über. Dort heiratete er 1909 Louise Modersohn-Breling, eine der sechs Töchter von Heinrich Breling; der ehemalige Hofmaler des bayerischen »Märchenkönigs« Ludwig II. hatte sich 1895 in Fischerhude niedergelassen. 1974 wurde in einem Fachwerkgehöft in den Wümmewiesen das Otto-Modersohn-Museum eröffnet; in ihm werden vorwiegend Bilder Paulas gezeigt.

Vom Museum führt ein gepflasterter Weg kurz nordwärts, bis an Sitzbänken der **Heinrich-Breling-Weg** 7 links auf den grasigen Damm neben einem Wümmearm abzweigt mit weitem Blick über die Wümmewiesen sowie auf ansehnliche Reetdachhaus-Parkgrundstücke. Wenn der Weg die erste **Verzweigung** 8 erreicht, setzt er sich inmitten der Wümmewiesen geradeaus fort, wechselt an der nächsten **Verzweigung** 9 rechts (Hinrich-Schloen-Weg) auf einen neu angelegten Weg, überquert den Wümme-Nordarm und erreicht den Rand des Waldgebiets **Surheide** 10 an einer Sitzbank. Der leicht sandige, alleeartige Forstweg In der Weide führt nach links am Waldsaum an den Rand des Dorfs **Wilhelmshausen** 11, wo er in die Durchgangsstraße mündet. Längs der Straße geht es auf separatem Fußweg unter Bäumen links über den Wümme-Nordarm.

Dahinter befinden sich der Wanderparkplatz und die Feuerwehr. Gleich

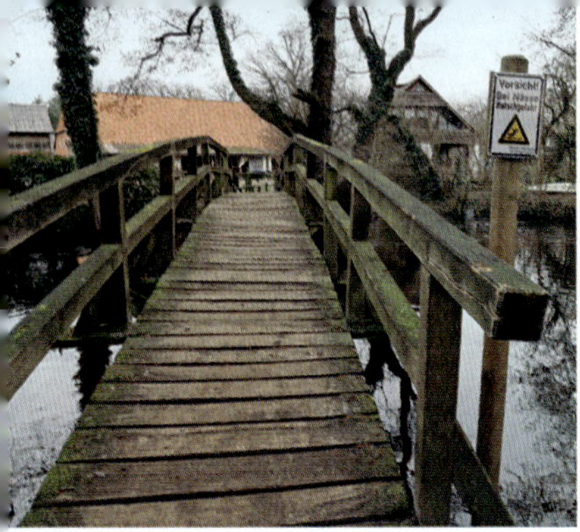

Die hölzerne Stegbrücke quert die Wümme bei Fischerhude.

darauf zweigt schräg links die Kirchstraße nach Fischerhude ab. An der Gabelung (links »Zum Dieker Ort«, rechts Kirchstraße) führt die Kirchstraße weiter zum Puppen-Café im **Eichenhof** ⓬, wo im Garten selbst gebackene Kuchen und Torten serviert werden. Die klassizistische Liebfrauenkirche spitzt zwischen alten Eichen hervor. Neben der Kirche befindet sich am Cato-Bontjes-van-Beek-Weg das Heimatmuseum Irmintraut mit dem Tietjenhof (1764); bereits 1124 wird Fischerhude als kleiner Hafen erstmals erwähnt.

Bald kurvt der Weg (Im Krummen Ort) rechts, hinter Haus Nr. 17 folgen wir dem Schotterpfad nach links, rechts am Haus vorbei, und schon ist der Rückweg erreicht: Eine hölzerne Stegbrücke führt über den Wümme-Arm, dahinter ist wieder der pfadartige Speckmann-Weg erreicht. Er führt rechts, in Fließrichtung, zurück zum Ausgangspunkt bei den **Sportplätzen** ❶ »Im Alten Dorf«.

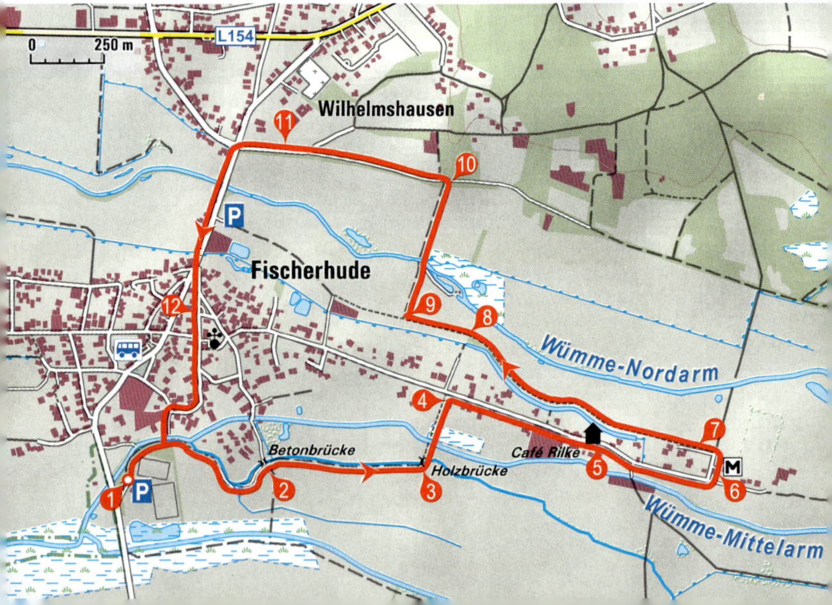

↗ 30 m | ↘ 30 m | 7,1 km

1.45 h

Fährhof – Voßberge

26

Wanderdünen und Wälder an der Wümme

Die Voßberge sind die letzten Wanderdünen des Wümmetals, in den Wäldern am Rand der Wümmewiesen bedeuten Schilder: »Dieser Wald ist anders – naturnah bewirtschaftet.« Da es keine Wanderwegeschilder gibt, kann man sich in diesem Wald durchaus verirren.

Ausgangspunkt: Parkplatz am ehemaligen Gasthaus Fährhof (20 m) am Ende der Stichstraße (Navi: Großer Fährhof 1, 27367 Sottrum).
ÖPNV: Nicht sinnvoll.
Anforderungen: Überwiegend leicht sandige Wege, ungeeignet für Fahrräder und Kinderwagen.
Markierung: Anfangs NORDFPAD, später Wegweiser durch Naturschutzgebiet. Diese waren 2021 verschwunden, sollten aber nach Angabe der zuständigen Behörde »zeitnah erneuert« werden.
Einkehr: Keine.
Kombi-Tipp/Variante: Ab Fährhof zusammen mit der Westschleife des Nordpfads »Wümmewiesen« etwa 14 – 20 km lange Runde mit Ahauser Schleuse (Tour 27).
Hinweis: Das Gebiet um den Fährhof gehört zum Naturschutzgebiet Wümmeniederung und darf als solches nur auf öffentlichen Wegen, Freizeit- und Wirtschaftswegen betreten werden, die auch als Wege erkennbar sind – eine gesonderte Beschilderung ist dabei auf Anfrage nicht zwingend erforderlich. Trampelpfad sind damit verboten, der Querweg ab 5 ist aber ausdrücklich erlaubt. Beachten Sie die Hinweistafeln vor Ort.

Naturschutzsee beim Fährhof.

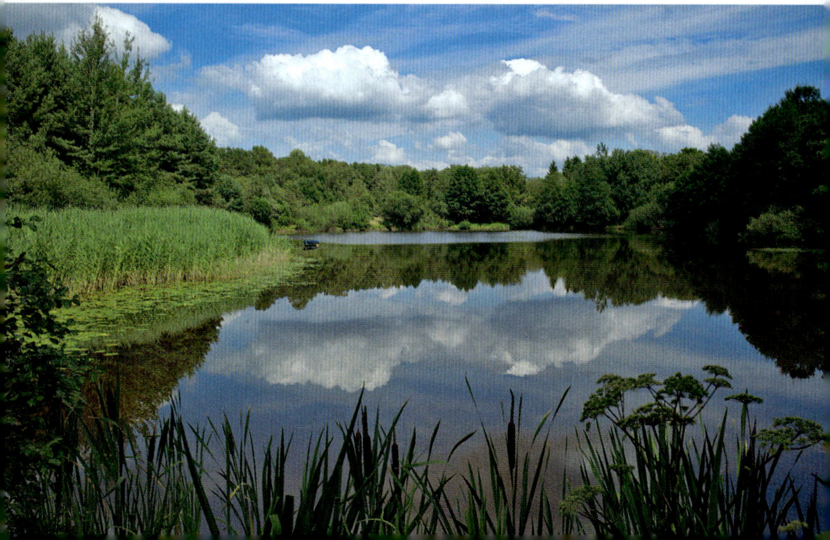

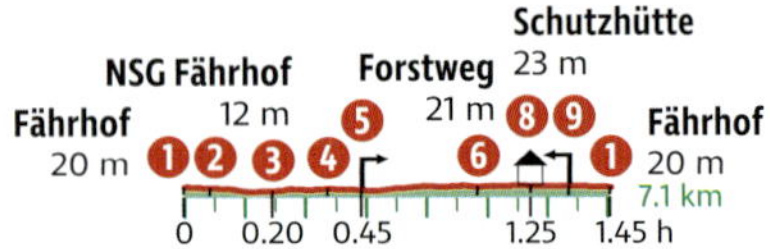

Der – ehemalige – **Gasthof Fährhof** ❶, hervorgegangen aus einer Umspannstation am Anleger einer Wümmefähre, war Ausflugsziel mit Kaffeegarten, Gestüt und Teichen. In Verlängerung der Zufahrt führt der leicht sandige Wanderweg unter alten Eichen durch einen farnreichen Wald zu einem ehemaligen Baggersee, der nun unter Naturschutz steht. Nach Passieren einer **Sitzbank** ❷ an der Westbucht des Sees tritt der weiterhin sandige Weg unter den Bäumen hervor an den Rand der Wümmewiesen und folgt ihnen am Waldsaum.
Nach einer Weile erreicht er eine Viehweide, hinter der an einer Verzweigung beim Notfallpunkt 1044 das Schild **»Naturschutzgebiet Fährhof«** ❸ dessen Beginn signalisiert: Vom sandigen Weg aus fällt der Blick in die Randbereiche dieses durch Ausblasungsmulden und Dünenaufwehungen geprägten Gebiets, in dessen nassen Mulden Wollgras-Torfmoos-Sümpfe sowie Gagel- und Weidengebüsch wuchern, während auf den trockenen Rücken Gehölze anfliegen.
Am Waldrand lädt eine rote Bank mit Tisch zur Rast ein, 5 Gehminuten später zweigt links der Nordpfad Richtung Rotenburg zur Wümme ab. Nach dieser Abzweigung schwingt der Nordpfad Richtung Voßberge (0,9 km) rechts unter die Bäume und erreicht eine Verzweigung an einer gewässerkundlichen **Messstelle** ❹: Hier folgen wir links dem Nordpfad und nehmen nach 500 den rechts in das Naturschutzgebiet Voßbergen abzweigenden **Pfad** ❺, der von dem Begehungsverbot ausgenommen ist, rechts vorbei

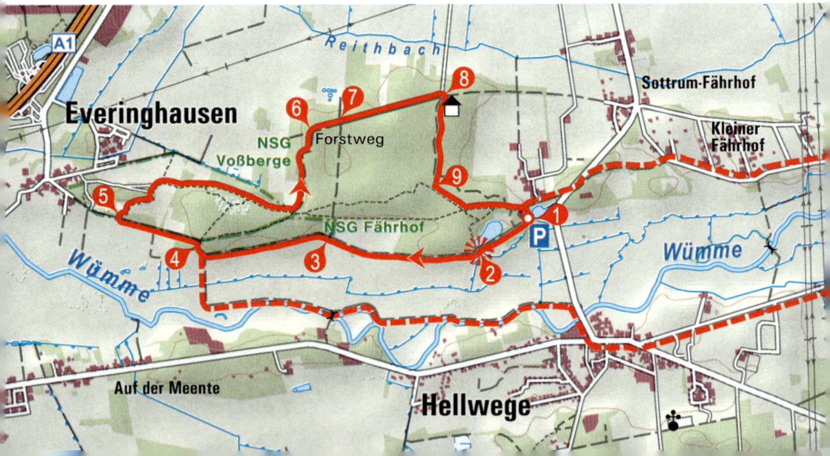

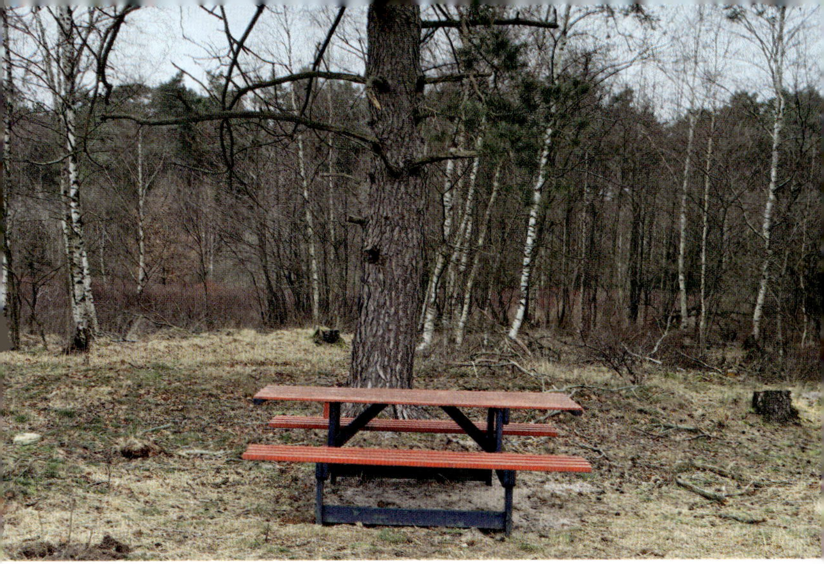

Wald in den Voßbergen.

an den Sandflächen der Binnendünen und nach einem Linksschwenk zwischen Wald und Feld nordwärts. Bei einer Kreuzung nach 400 m rechts und auf deutlichem Weg ostwärts in den Wald, wo rechts weitere Sandflächen der hellen Voßberge liegen, dem letzten Wanderdünengebiet des Wümmetals. Die Dünen sind forstwirtschaftlich geprägt: Zur Durchwurzelung aufgeforstet wurden sie mit Kiefern, von denen einige ein hohes Alter aufweisen. Bei Abzweigungen folgen wir den deutlichen Wegen links und erreichen einen breiteren **Forstweg** 6, den ersten ab den Voßbergen: Er führt rechts weiter, verwandelt sich kurz darauf in einen **Asphaltweg** 7, und sobald dieser links kurvt – links befindet sich eine kleine **Schutzhütte** 8 –, geht es rechts weiter (Reitverbot und Schranke). Wenn sich dieser Weg nach 0,6 km bei Notrufpfahl ROW-1047 **verzweigt** 9, links auf schmalem Waldweg geradeaus zurück und rechte Abzweigungen ignorierend zum Gasthof **Fährhof** 1.

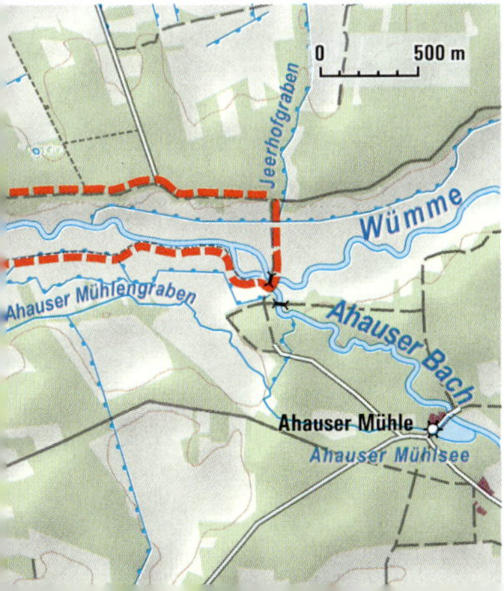

TOP

27 Ahauser Mühle – Ahauser Schleusen

↗ 40 m | ↘ 40 m | 5,6 km

1.30 h

Buchenwälder und Wümmewiesen

Die Ahauser Mühle inmitten eines (Buchen-)Waldgebiets wurde bereits im Jahr 1640 erstmals erwähnt, in den 1950er-Jahren sank die Rentabilität der an einem großen Mühlteich gelegenen Wassermühle. Der Betrieb wurde aufgegeben, die aus verschiedenen Jahrhunderten stammenden Gebäude werden heute privat bewohnt. Die Wald- und Wiesenwanderung an der Ahauser Mühle und durch die Wümmewiesen begeistert durch Naturnähe und Abwechslungsreichtum.

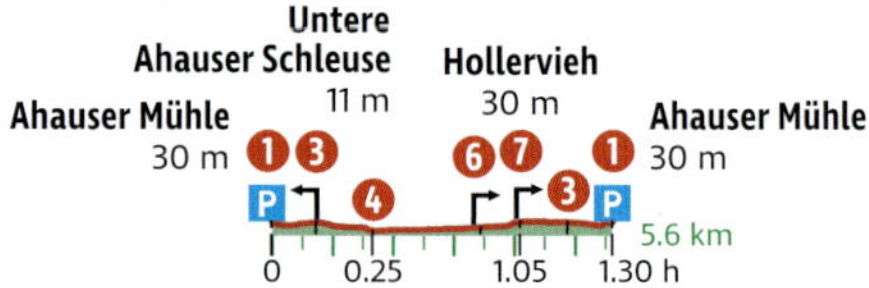

Ausgangspunkt: Waldparkplatz vor der Ahauser Mühle (30 m) in Ahausen (Navi: Ahauser Mühle 1, 27367 Ahausen).
ÖPNV: Haltestelle Ahausen Ortsmitte, Bus 805 Mo. – Fr. etwa stündlich von Rothenburg Bahnhof nach Ahausen bzw. Süderwalsede. 250 m nördlich der Bushaltestelle zweigt halb links die Mühlenstraße ab, die in etwa 1,5 km zur Ahauser Mühle führt. Der Bahnhof Rotenburg ist über den schönen Nordpfad und einen Zubringer (→ Varianten) 8,5 km entfernt von 7.
Anforderungen: Leichte Waldpfade und Spazierwege.
Markierung: Stellenweise Markierung für Nordpfad und dessen Zuweg (weißer Pfad auf orangem Grund).
Einkehr: Keine.
Varianten: Die Tour ist mit dem gut markierten Nordpfad »Wümmeniederung« in westliche (→ Tour 26) oder östliche (bis Rotenburg) Richtung gemäß Karte verlängerbar (jeweils zusätzlich rund 14 km), beim Wendepunkt Rotenburg führt ein 1,7 km langer Zubringer zum Bahnhof Rotenburg. www.nordpfade.info.

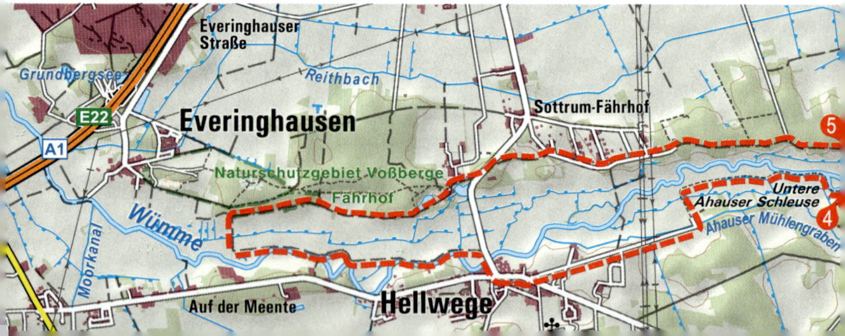

Die im 17. Jh. erstmals erwähnte Ahauser Mühle war bis 1972 in Betrieb.

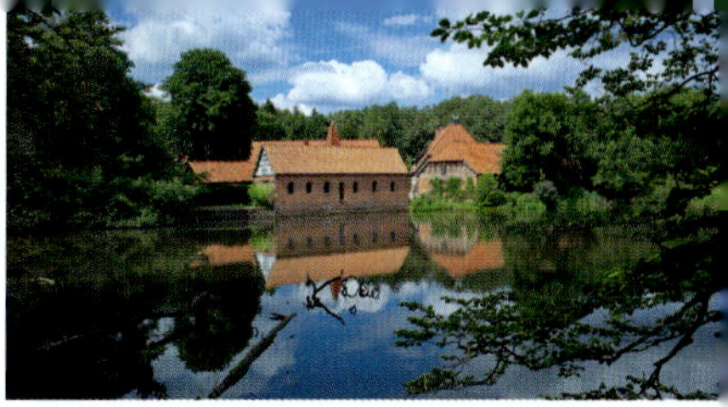

Der Wanderweg führt vom Parkplatz an der **Ahauser Mühle** ❶ zwischen den Gebäuden hindurch und überquert hinter einer mehrhundertjährigen Eiche den Mühlbach. An der ersten **Verzweigung** ❷ hinter dem Bach wechselt der Wanderweg links in den Wald und erreicht nach gut 5 Minuten einen links abzweigenden sandigen **Feldweg** ❸. Hier folgen wir der Nordpfad-Markierung nach links durch das Wümmetal mit Auwäldern. Nach etwa 10 Minuten nehmen wir an der ersten Wegekreuzung den Feldweg rechts zur unteren **Ahauser Schleuse** ❹ an der Wümme; wenige Meter unterhalb befindet sich eine Kanueinsatzstelle.

Hinter dem in die Jahre gekommenen Wehr führt der sandige Feldweg durch die artenreichen **Wümmewiesen**. Unser Wiesenweg mit Nordpfad-Markierung führt auf den Wald zu und mündet dort in einen **Sandweg** ❺, der am Waldsaum rechts weiterführt mit Blick auf die Wümmewiesen und die Wälder rund um die Ahauser Mühle.

Wenn der sandige Weg in eine schmale **Asphaltstraße** ❻ mündet, geht es auf dieser rechts durch die Wiesen und über die **obere Ahauser Schleuse** dem Wald zu. Gleich nach dem Eintritt in den Wald **Hollervieh** ❼ zweigt rechts ein Weg ab, der später links kurvt und zurück zum Ausgangspunkt an der Ahauser **Mühle** ❶ führt, wie der Hinweg am Anfang der Wanderung.

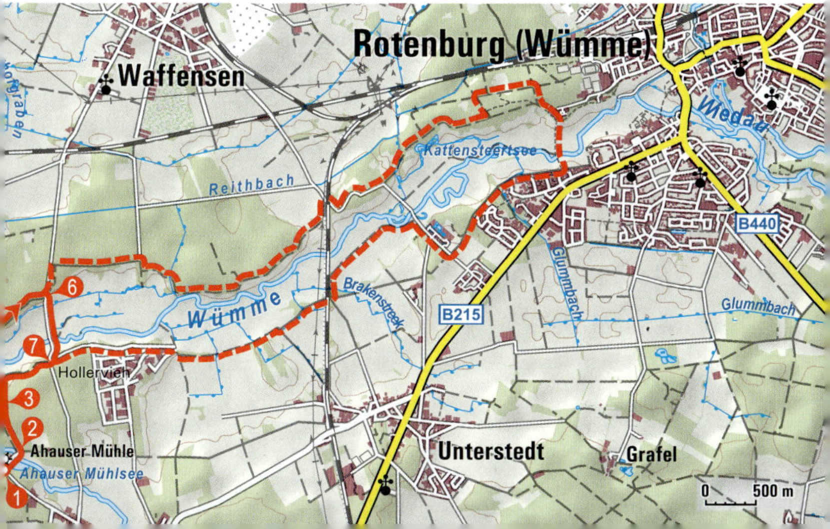

↗ 80 m | ↘ 80 m | 12,6 km

28 Syke – Barrien – Hoher Berg

3.00 h

Durch die Barrier Schweiz zum Naturerkundungsturm

In Syke präsentiert das Kreismuseum auf waldumgebenen 1,3 ha ein niederdeutsches Fachwerk-Hallenhaus (1747), zwei Speichergebäude (1612 und 1723), eine Durchfahrtsscheune, ein Backhaus (1606) und weitere historische Gebäude. An Aktionstagen werden alte Handwerkstechniken vorgeführt. Vom Freilichtmuseum schlängeln sich Pfade durch die Buchenhochwälder des Friedeholzes zu den Aussichtspunkten der Syker Geestlandschaft über dem Hachetal. Der Aussichtsturm auf dem Hohen Berg am Geestrand bietet an klaren Tagen ein Bremen- und Wesertal-Panorama, das so weit ist, dass man den Eindruck gewinnt, am Horizont die Nordsee zu sehen.

Ausgangspunkt: Kreismuseum Syke/Freibad (26 m) mit beidseitigem Parkstreifen sowie Parkplatz (Navi: Herrlichkeit 63, 28857 Syke), alternativ Parkplätze am Mühlenteich des Sportvereins in Barrien (Navi: An der Wassermühle 14, 28857 Syke), am Hohen Berg ⑩ oder am Bahnhof Syke ⑬.
ÖPNV: Bahnhof Syke ⑬ mit halbstündlichen Regionalbahnverbindungen Richtung Bremen und Twistringen (– Osnabrück). Bushaltestellen Syke Kreismuseum ① und Barrien Rathaus mit u. a. Linie 102 Richtung Bremen Mo. – So. zweistündlich, So. seltener sowie Linie 185 Mo. – Fr. mehrfach täglich auch mit Halt in Leerßen ⑪, www.vbn.de.
Anforderungen: Leichte Wald- und Feldwege, passagenweise grasig; die anfangs hervorragende Ausschilderung endet leider bereits an der Schutzhütte ④.
Markierung: Stellenweise »Wilde Geeste«-Wege Siebenhäuser, Delmepfad und Goldhortweg, außerdem anfangs Hachepad und zwischen Barrien und Hohem Berg Geestweg und Jakobsweg.
Einkehr: Bioland Hofrestaurant Voigt in Barrien (Fr. ab 15 Uhr, sonst tagsüber nur Sa. und So.), Ortslage Syke.

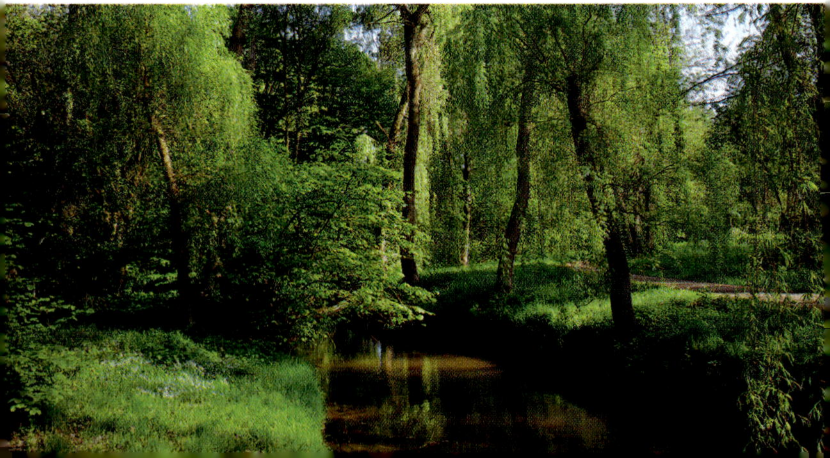

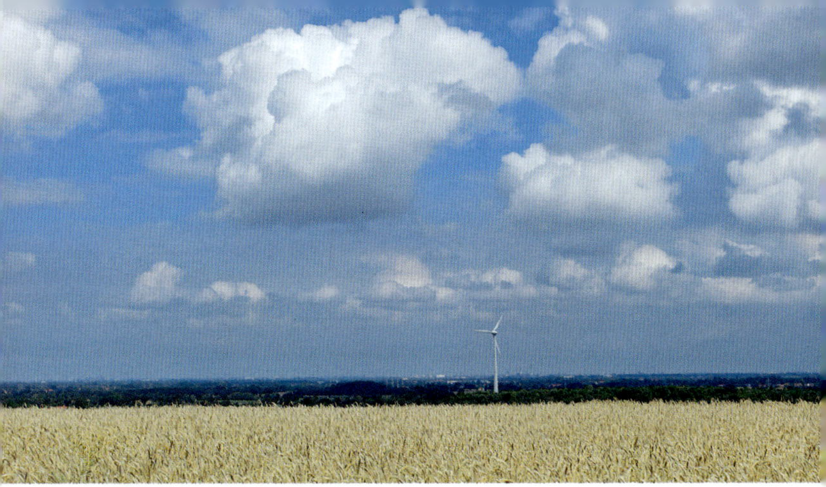

Oben: Ausblick vom Hohen Berg in Richtung Bremen.
Links: Der Wanderweg an der Hache.

Vor dem **Kreismuseum Syke** ❶ neben dem Freibad verläuft durch den Wald die historische Syker Prachtstraße Herrlichkeit, im 19./20. Jh. gesäumt von Villen, heute eine Bundesstraße, über die eine Fußgängerampel hilft: dahinter geradeaus auf dem Buchenpfad ins **Friedeholz** und geradeaus auf Hachepadd aufwärts Richtung Märchenplatz. Begleitet von Holzskulpturen unter dem Motto »Kunstbereich Wald Weg Zeichen« leitet der Pfad unter hohen alten Buchen zur **Wolfsschlucht** ❷, einem steilen Geländeeinschnitt, der im ausgehenden 19. Jh. durch Sandabbau entstand.

Vor der Wolfsschlucht führt der Buchenpfad links zu einem Forstweg, der rechts zum **Märchenplatz** ❸ weiterführt (Hachepadd), mit Schutzhüttenpavillon und Märchenskulpturen bei der Kastenbeinbuche. Die beiden nach dem Förster Kastenbein benannten Rotbuchen, deren Stämme weiter oben zu einem einzigen Stamm zusammenwachsen, wurden um 1900 gepflanzt. Wer zwischen den Stämmen hindurchgeht, hat einen Wunsch frei. Am Märchenplatz beginnt halb links der Douglasienpfad, der zugleich mit der namenlichen Markierung Hachepadd ausgeschildert ist (Wegweiser: Schutzhütte 530 m). Zwischen mehr als 100 Jahre alten Douglasien schlängelt sich der Pfad durch herrlichen Wald. Bei einer Kreuzung nach 5 Gehminuten links und bei der folgenden Kreuzung des Forstweges bei einer kleinen **Schutzhütte** ❹ geradeaus. Der Forstweg erreicht am Waldrand eine Sitzbank unter einer alten **Eiche** ❺. Hier verläuft ein Weg links hinaus zwischen Feldern und dem Naturschutzgebiet **Schlatt am Friedeholz**, in das an einem Gatter rechts der Blick fällt: Das nährstoffreiche Stillgewässer in einer größeren Mulde ist ein Amphibienlebensraum. Es wird gesäumt von Feuchtgrünland und Flatterbinsen-Riede, Gehölzstreifen und Hecken sowie einem jungen Eichenwald.

An der ersten **Baumreihe** 6 senkt sich ein grasiger Feldweg aussichtsreich links hinab, jenseits des Hachetals zeigt sich der Aussichtsturm auf dem Hohen Berg. An der ersten **Wegekreuzung** 7 leitet ein breiter grasiger Feldweg aussichtsreich rechts weiter (gelbe Pfähle), an einem Gehölz vorbei und in das nächste Gehölz links hinein abwärts in der **Schlucht** 8. Unten setzt sich der Weg als Stichstraße Zum Grund fort, an deren Ende geht es geradeaus bzw. schräg rechts durch die Heinrichstraße zwischen Gartengrundstücken, am Ende links hinab Am Hohen Esch zur Bundesstraße, dahinter auf der schmalen Glockenstraße zum Hallenbad nahe der aus Feldstein errichteten Kirche von **Barrien** am Jakobsweg. An der Kreuzung vor dem Hallenbad geht es links (Jahnstraße) und nach 70 m links am Kindergarten vorbei und auf der Stegbrücke über die Hache zur Grünanlage am **Mühlenteich** 9.

Vom Rand des Parks führen Geest- und Jakobsweg längs der Straße Am Spreeken über die Bahngleise und durch das Waldgebiet Gesseler Spreeken. Bei einer Kreuzung in der Linkskurve der Straße geradeaus auf Betonplattenweg (Goldhort- und Jakobsweg) und nach 0,6 km links auf den **Hohen Berg** 10 (58 m). Er gewährt ein außergewöhnliches Panorama der Umgebung und der Silhouette von Bremen; neben Rastmöglichkeiten und einer Schutzhütte wurden geesttypische Gehölze angepflanzt. Der 2010 er-

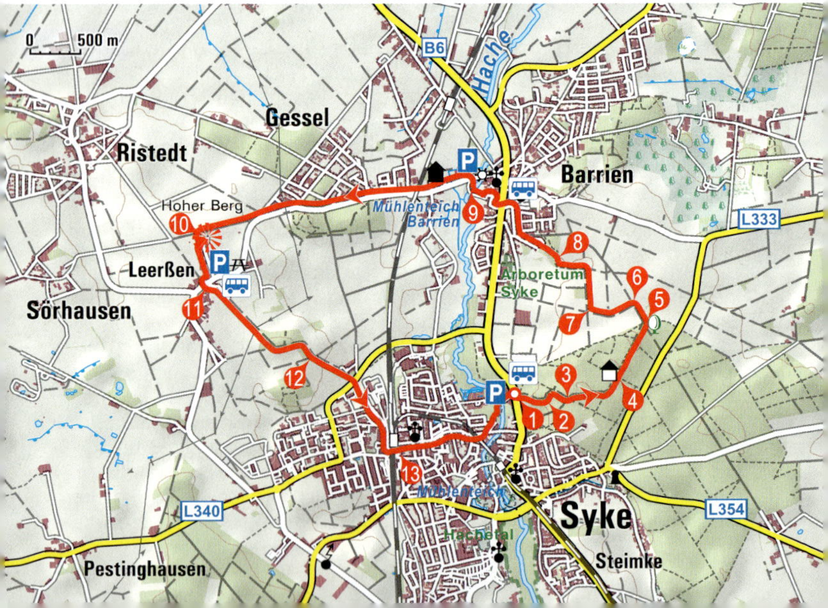

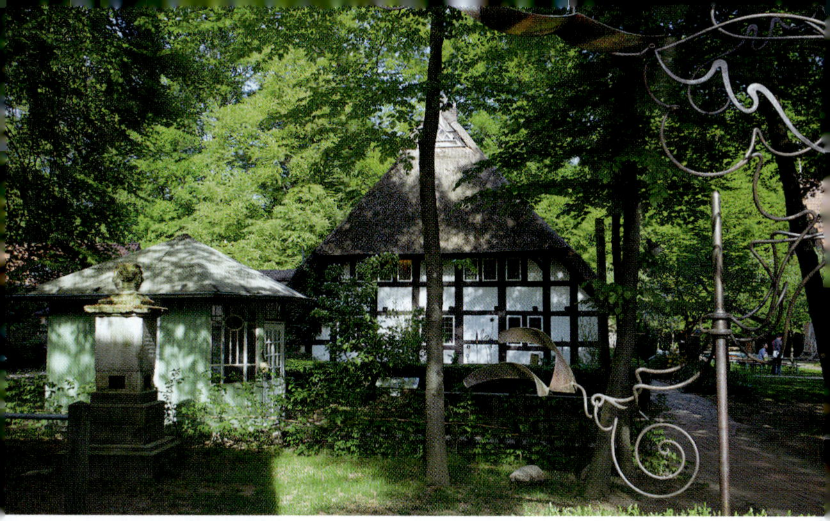

Das Freilichtmuseum Syke zeigt bäuerliche Gebäude aus dem 17. und 18. Jh.

öffnete **Naturerlebnisturm** ist eine 13 m hohe Metallkonstruktion mit drei Aussichtsplattformen in 4, 8 und 12 m Höhe.
Beim Aussichtsturm Markierungen des Goldhortwegs südwärts folgen zur Hofzufahrt Zum Hohen Berg. Diese senkt sich in den Höhenweiler **Leerßen** ⑪ hinab, wo der **Archehof Evers** (Pohlstraße 3) Federfüßige Zwerg- und Deutsche Lachshühner, Bunte Bentheimer Schweine, Cröllwitzer Puten, Leinegänse, Meißner Widder und weitere vom Aussterben bedrohte Nutztierrassen züchtet (Hofbesichtigung nach Absprache). Nach Queren der Durchgangsstraße (Leerßer Straße) rechts und halb links (Am Heidberg) hinauf zum Sportplatz auf dem **Leerßer Berg**, mit Weitblick. Hier links weiter und auf Feldwegen aussichtsreich rechts hinab bis zu einem **Waldstreifen** ⑫ und zur Landstraße. Nach deren Überquerung Am Ristedter Weg talwärts und zum **Bahnhof Syke** ⑬; die Straße Auf den Wührden führt ostwärts, übergehend in den Mittelweg, der sich nach Queren der Museumseisenbahn-Trasse als Hachedamm fortsetzt, bis halb links der Weg Im Hachetal abzweigt: Er führt im Grünen zum Fluss, überquert die Hache und erreicht beim Freibad den Parkplatz am Ausgangspunkt neben dem Freibad und dem **Kreismuseum Syke** ①.

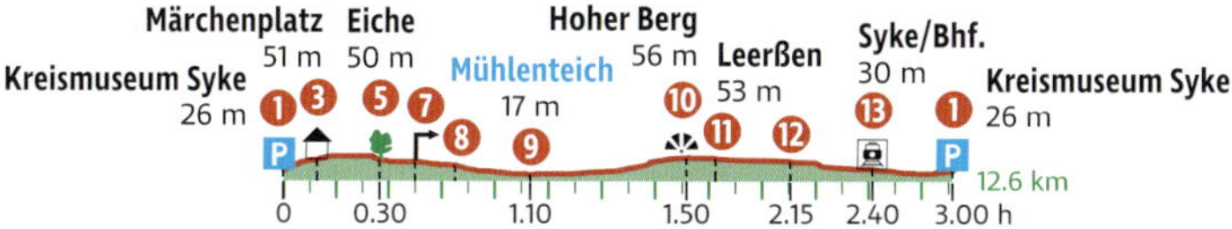

TOP

29 Harpstedt – Horstedt – Amerika

↗ 60 m | ↘ 60 m | 9,7 km

2.30 h

Delme-Wanderweg zur Ozeanbrücke

Durch die Wälder an der Delme führt der idyllische Delme-Wanderweg zur hölzernen »Ozeanbrücke« in saisonal weitflächig überschwemmten Bruch- und Erlenwäldern sowie durch aussichtsreiches Wiesenland nach Horstedt. Den Hin- und den Rückweg in den Feldhecken-Wiesen auf der gegenüberliegenden Seite der Delme begleiten die Tafeln eines Naturlehrpfads.

Ausgangspunkt: Parkplatz am Hotel Zur Wasserburg in Harpstedt (31 m) gegenüber vom historischen Amtshaus, dem heutigen Rathaus (Navi: Amtsfreiheit 4, 27243 Harpstedt), alternativ Wanderparkplatz bei ❷ an Kreuzung Redekerweg/Amtmannsweg in Harpstedt.

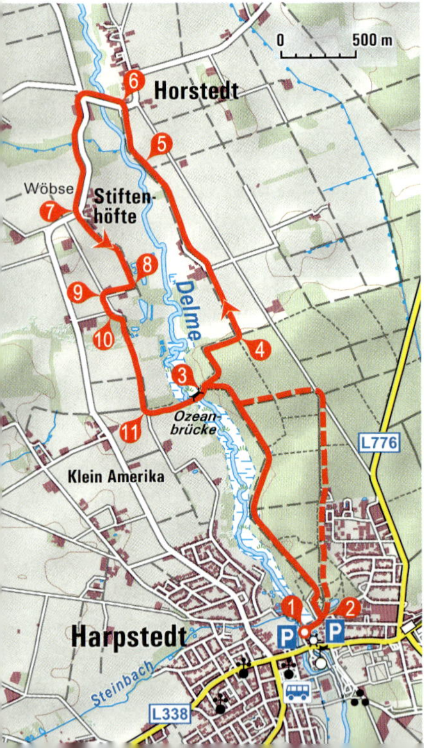

ÖPNV: Bushaltestelle Harpstedt Markt, Linie 226 Richtung Wildeshausen Bahnhof oder Bremen Hbf.; Mo. – Fr. etwa alle 2 Std., Sa. seltener, So. kein Verkehr; www.dhe-reisen.de. Von der Bushaltestelle der Langen Straße 100 m nördlich folgen, dann an Kreuzung Amtsfreiheit rechts zum Hotel zur Wasserburg.
Anforderungen: Leichte Wald- und Wiesenwege, überwiegend naturbelassen.
Markierung: Von Beginn bis ❹ sowie Rückweg ab Ozeanbrücke ❸ Delmepfad (rote Schilder »Wilde Geest zu Fuß – Delmepfad«).
Einkehr: Harpstedt.
Variante über Amtsheide: Bei Rückweg 250 m nach Ozenabrücke ❸ links Richtung Dünsen Amtsheide abzweigen und vor der Straße rechts, an einigen Waldskulpturen vorbei, später am Waldrand entlang immer geradeaus bis Harpstedt.
Hinweis: Fährt die Museumseisenbahn »Jan Harpstedt«, kann man dem Delme-Wanderweg bis Delmenhorst folgen und mit der Dampfeisenbahn zurückfahren.

Am hinteren Ende des Parkplatzes hinter dem Hotel **Zur Wasserburg** in **Harpstedt** ❶ überquert eine Holzbrücke die Delme, dahinter leitet der schmale Weg zwischen Birken am Waldrand entlang und erreicht eine Verzweigung vor einem kleinen Waldparkplatz am Amtmannsweg. Hier führt ein Rad-/

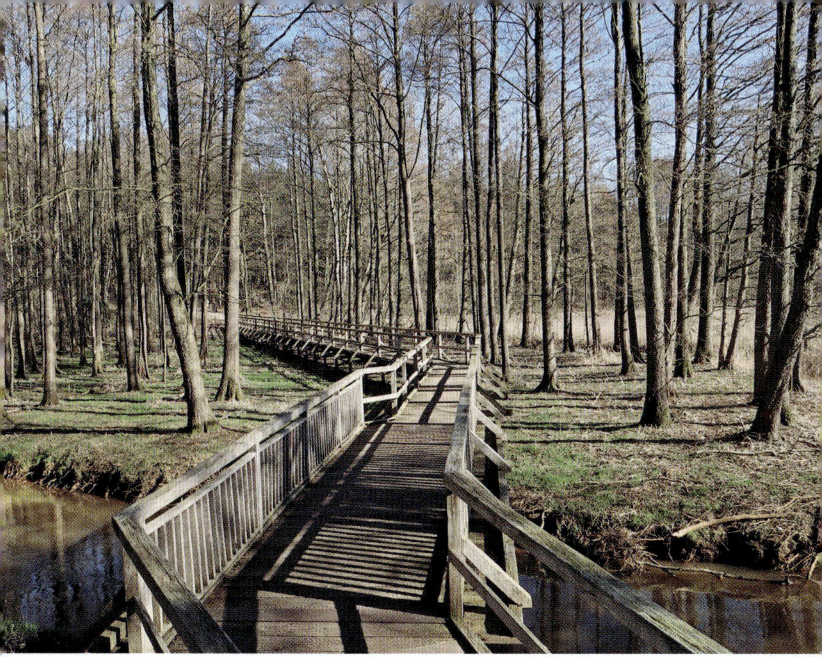

Die 175 m lange Ozeanbrücke verdankt ihren Namen dem ehemaligen Gasthaus Amerika.

Fußweg links an der **Mooshütte** ❷ vorbei, einem Schutzhütten-Rondell an einem Teich. Direkt dahinter geht es an der Gabelung links und kurz danach rechts hinauf (Markierung Delmepfad) und oben an der Kreuzung mit Bank links auf einem geraden Waldweg, der in etwa der Hangschulter über dem breit in die Geest eingetieften Tal der Delme führt. Während im breiten Tal Erlenbruchwälder zu sehen sind, führt der Weg in sanftem Auf und Ab zuerst durch Buchenwald, später durch Fichtenforst.

Nach etwa 1,5 km folgen wir dem links abzweigenden Weg zur **Ozeanbrücke** ❸, wo eine Lehrtafel über die Erlenwälder an der Delme informiert; auf 175 m Länge führt die Holzbrücke über die Delme und ihre feuchten Uferbereiche, in denen Gelbe Schwertlilien, Sumpfdotterblumen und Schlammschachtelhalme wachsen. Am gegenüberliegenden Ende der Brücke befin-

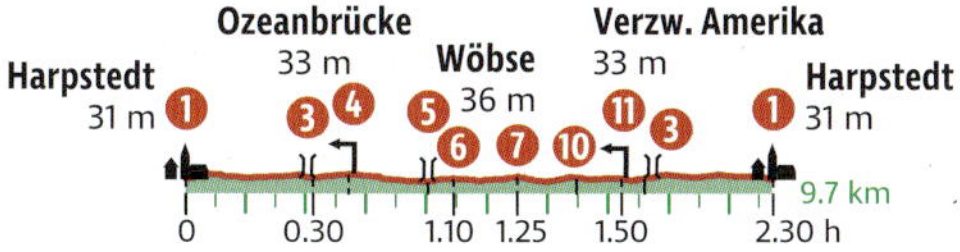

det sich eine Schutzhütte. Vor der Informationstafel geht es rechts im Wald weiter auf dem Delmepfad, nach 150 m an der T-Kreuzung links und nach etwa 200 m an der nächsten T-Kreuzung rechts. Nach 250 m erreichen wir eine **Abzweigung** ❹ am Waldrand, wo wir den Delmepfad verlassen und links dem Feldweg folgen. Am ersten Gehöft mündet der Weg in die Zufahrt »In den Wiesen«, wenig später verliert er wieder den Asphaltbelag, der Blick schweift über das Wiesental hinweg zu den Windrädern bei den Häusern des Weilers Stiftenhöfte. Bei einer **Holzbrücke** ❺ über die Delme lädt eine Sitzbank zur Rast ein, wenig später mündet der Wiesenweg beim **Schützensaal** ❻ des Schützenvereins **Horstedt** in die Dorfstraße, neben der uns ein Fußweg links über die Delme führt. Nach 250 m folgen wir dem Radweg neben der Hauptstraße nach links Richtung Harpstedt.
10 Gehminuten später biegen wir am Gehöft **Wöbse** ❼ in **Stiftenhöfte** vor Pappeln links zurück in die Wiesen. Wir folgen dem Feldweg bis zur einer Rechtskurve am **Fischteich** ❽, wo wir rechts zu den Häusern gehen. Oberhalb der beiden **Häuser** ❾ an der T-Kreuzung links, in der Rechtskurve nehmen wir den Pfad links, an einem **Einzelhaus** ❿ vorbei, wo wir uns nicht

Im Frühjahr überschwemmter Bruchwald an der Delme bei Harpstedt.

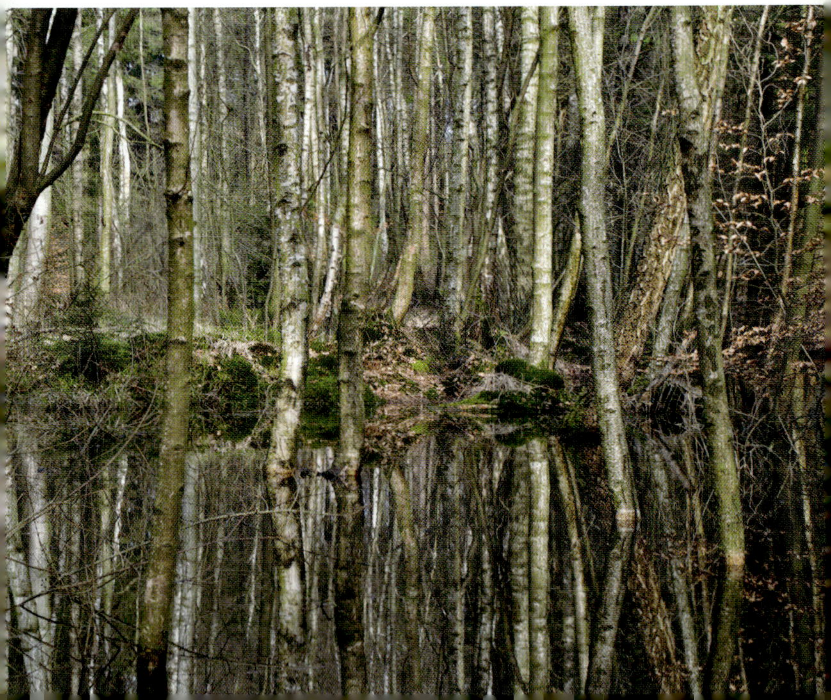

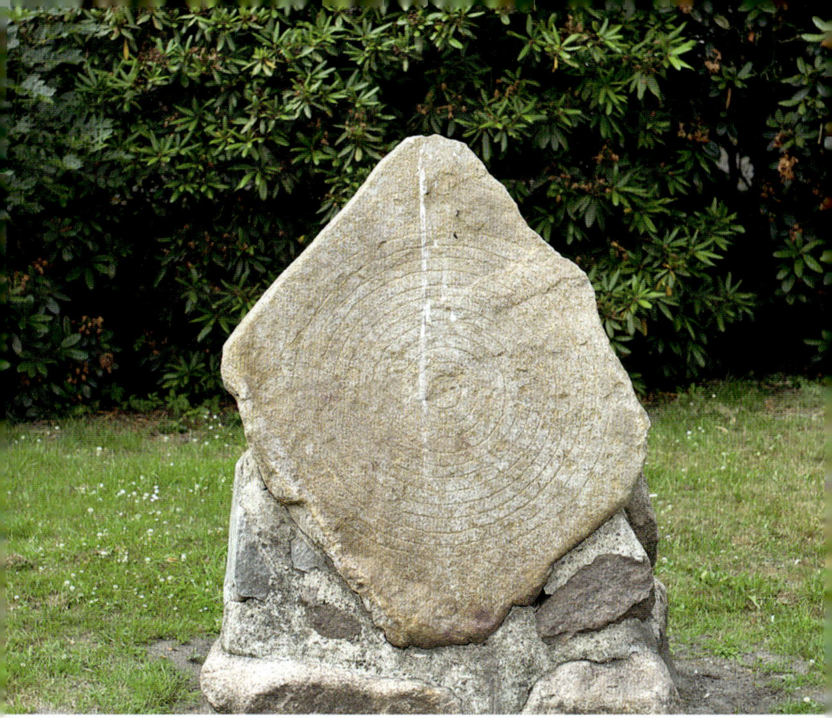

Der bronzezeitliche Harpstedter Sonnenstein ähnelt einer Dartscheibe.

von der Klingel irritieren lassen; der Fußweg ist öffentlich. Vor dem nächsten Fischteich am Zaun entlang auf einem überwucherten Trampelpfad rechts aufwärts (sollte der Pfad zu sehr überwuchert sein: rechts zur Straße, kurz links an der Straße entlang und die erste links). Hinter den Fischteichen geradeaus durch den Baumwall, direkt dahinter folgen wir links dem Feldweg am Baumwall entlang, bis auf Höhe der Gehöfte von Amerika eine **Kreuzung** ⓫ erreicht wird.

Unsere Route führt hier links zur **Ozeanbrücke** ❸ und auf demselben schönen Waldweg zurück geradeaus aufwärts dem Delmepfad folgend zum Ausgangspunkt am Hotel **Zur Wasserburg** in **Harpstedt** ❶. Hier kann man sich im Biergarten sowie im Kaminrestaurant allerhand Köstlichkeiten schmecken lassen. Abschließend lohnt der Abstecher zum Fachwerkbau des historischen Amtmannhauses auf dem Gelände der ehemaligen Wasserburg: Hier steht in einem parkartigen Gelände der Harpstedter Sonnenstein, ein bronzezeitlicher Kultstein mit zwölf konzentrischen Kreisen in rosa Granit; der größte Kreis hat einen Durchmesser von 67 cm.

↗ 30 m | ↘ 30 m | 7,1 km

30 Hasbruch

2.00 h

Urwald mit vielhundertjährigen Eichen

Die Naturschutzverordnung bezeichnet den Urwald Hasbruch als »eines der acht bedeutendsten historisch alten Laubwaldgebiete im nordwesteuropäischen Flachland«. Mehrhundertjährige Eichen und Buchen sowie viele Stechpalmenhorste prägen das 630 Hektar große Naturschutzgebiet im Naturpark Wildeshauser Geest. Eine Vielzahl an gepflegten Wegen und Pfaden, teilweise mit einem urigen Verlauf, erwarten den Wanderer in diesem wunderschönen Wald.

Ausgangspunkt: Wanderparkplatz Hasbruch (25 m) südlich von Hude (Navi: Am Forsthaus, 27798 Hude).; an Wochenenden sind die Parkplätze schnell voll, eine Wander-Übersichtskarte mit alternativen Parkplätzen gibt es im Internet: www.hasbruch.de/images/stories/Revierfoersterei/Wanderkarte_Hasbruch_2015.pdf.
ÖPNV: Keine sinnvolle Möglichkeit.

Anforderungen: Leichte, gut gepflegte Waldwege und Pfade.
Markierung: Die Wanderung folgt in großen Teilen dem mit grüner Hasbruch-Waldfläche auf weißem Grund markierten Rundwanderweg sowie der Wilde-Geest-Route »Hasbruch« mit gelber Schrift auf rotem Grund, was die Orientierung einfach macht.
Einkehr: Keine.

Am **Wanderparkplatz Hasbruch** ❶ führt der Waldweg links am Gebäude des ehemaligen **Forsthauses** vorbei in das Naturschutzgebiet Hasbrucher Urwald. Von der Verzweigung hinter dem Forsthaus führt die **Liebesallee** ❷ links durch einen gras- und krautreichen Laubwald mit Buchen, Ahornen und Eichen unterschiedlichen Alters; der Weg ist mit Rundweg-Schildern markiert. Der nach etwa 5 Minuten zweite rechts abzweigende Weg leitet als Abstecher zur Friederikeneiche, längs des pfadartigen Wegs wach-

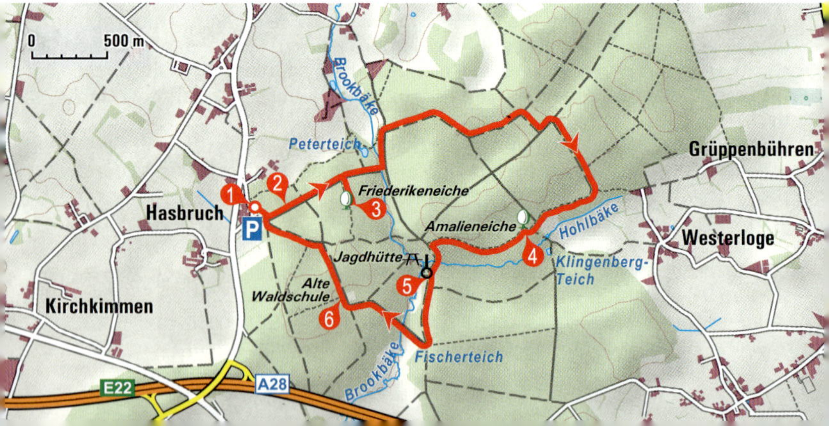

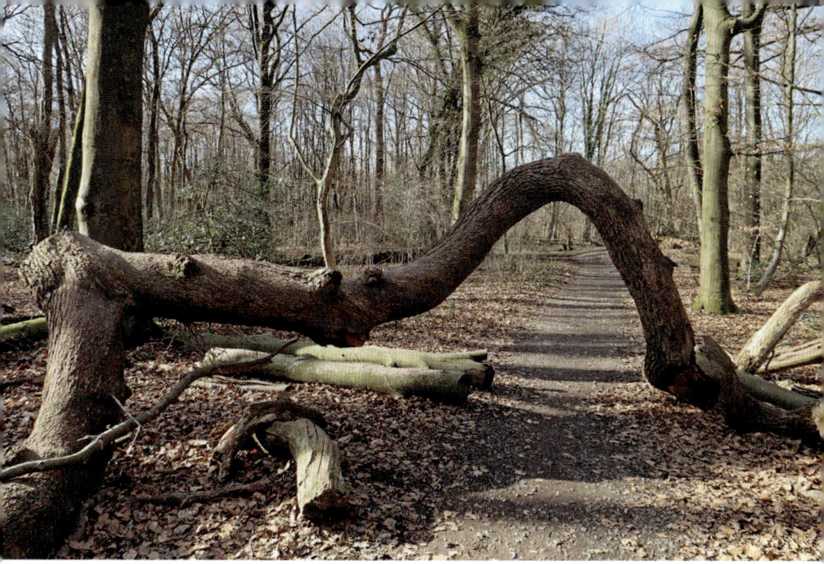

Nach der Amalieneiche führt der Urwaldpfad unter diesem Eichenast hindurch.

sen uralte Bäume in teils exzentrischen Formen sowie zahlreiche Stechpalmen. Bei der 1200 Jahre alten **Friederikeneiche** ❸, dem ältesten Baum im Hasbruch und einem der ältesten in ganz Deutschland, lädt eine Sitzbank zur Rast ein.

Von der Friederikeneiche gehen wir denselben Weg zurück und weiter auf der markierten Liebesallee. Nach 250 m überqueren wir an einer Infotafel einen Bach, die Brookbäke, und folgen dem breiten Forstweg nach links und weiter der Rundweg-Markierung, bis wir nach knapp 10 Minuten eine Infotafel über Forstwirtschaft mit einer Bank erreichen. Hier folgen wir der links abzweigenden Wilde-Geest-Markierung. An der nächsten Kreuzung rechts und kurz darauf an der T-Kreuzung links, immer der Wilde-Geest-Markierung folgend, die uns kurz darauf bei der nächsten Abzweigung nach rechts führt. An einer Gabelung vor dem Waldrand mit einer Bank stand früher die Dicke Eiche, heute sind nur noch Reste erhalten. Geradeaus am Waldrand zur **Amalieneiche** ❹; sie wurde 1982 von einem Sturm umgeworfen, beim Stammtorso lädt erneut eine Sitzbank zur Rast ein. Ein

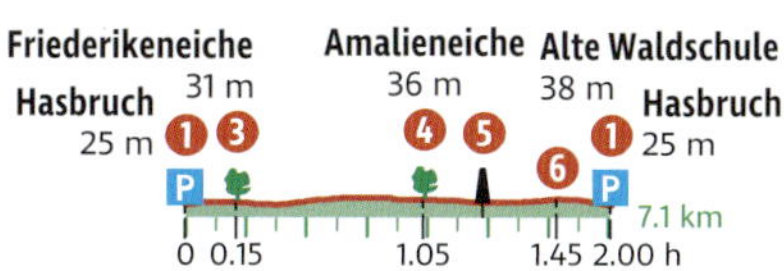

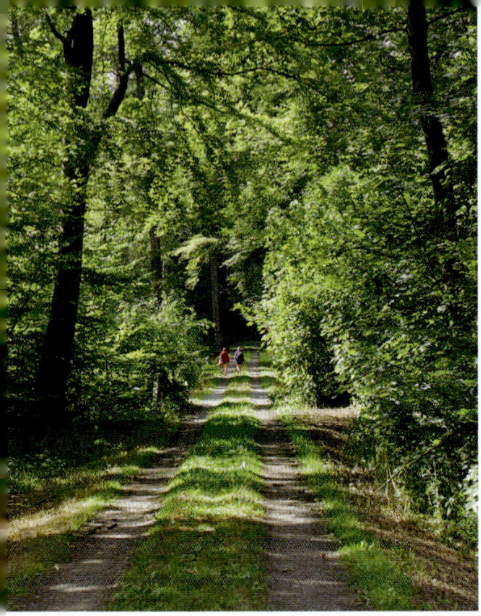

Spurweg im Urwald Hasbruch.

schmaler Weg führt hier rechts unter einem riesigen Eichenast durch den Urwald weiter, an dessen Ende wir links dem Weg über die Hohlbäke zur Kreuzung folgen und weiter geradeaus zum hölzernen **Aussichtsturm** 5 mit Blick auf ein renaturiertes Wiesen-Teilstück der Brookbäke. Rechts vorher ist ein 10 m langer Abstecher zum Picknickplatz an der Jagdhütte jenseits der Brookbäke möglich.

Der Weg folgt der renaturierten Wiesenlichtung südwärts, nach etwa 5 Minuten geht es an der Kreuzung rechts weiter, an einem kleinen Fischteich vorbei, über die Brookbäke und sacht aufwärts zu einer Wiesenlichtung, die die Karten als **Alte Waldschule** 6 verzeichnen. An dieser T-Kreuzung führt uns die Rundweg-Markierung nach rechts, nach 5 Minuten an der Kreuzung nach links zurück zum **Parkplatz** am **Forsthaus Hasbruch** 1.

Aussichtsturm an der Brookbäke-Wiese.

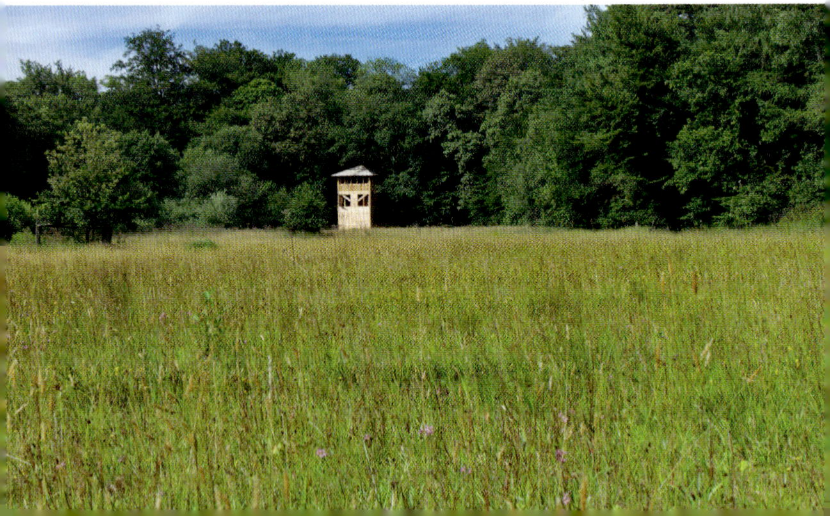

↗ 50 m | ↘ 50 m | 13,0 km

3.00 h

Hude – Wittemoor

31

Ruinenromantik und vorgeschichtlicher Bohlenweg im Moor

Von der Ruine des Klosters in Hude führt diese Wanderung durch alte Laubwälder in die Moore am Übergang zur Wesermarsch: Das Naturschutzgebiet Wittemoor und Holler Moor ist ein verwunschen wirkendes Naturparadies mit Hochmooren, aufgelassenen Torfstichen, Wollgräsern, Birkenbruchwäldern, kleinen Heideflächen und grasig-torfigen Wegen. Moorarchäologen haben hier ein Teilstück der »Hünenbrücke« rekonstruiert, eines vorgeschichtlichen Bohlenwegs.

Ausgangspunkt: Ruine der Klosterkirche Hude (12 m) mit Parkplatz 150 m südlich (Navi: Von-Witzleben-Allee, 27798 Hude), alternativ Wanderparkplatz an der Linteler Straße zwischen 3 und 4 (Navi: Kreuzung Linteler Straße / Hinterm Reiherholz, 27798 Hude).
ÖPNV: Bahnhof Hude; vom Bahnhof am südlichen Ausgang rechts (Hohle Straße), über die Vielstedter Straße, dahinter Rad-/Fußweg nach rechts am Bach entlang zur Klosterruine.
Anforderungen: Diese leichte Wald- und Moorwanderung weist fahrradfähige Passagen auf, ist jedoch vor allem in den Moorgebieten nur zu Fuß zu empfehlen: Das Rad müsste auf den grasigen Wegen im Moor geschoben werden.
Markierung: Stellenweise Oldenburger Wanderweg (rote Raute).
Einkehr: Klosterschänke Hude.
Varianten: Die Tour lässt sich durch mehrere Varianten von Moorundwegen zwischen 4 und 10 wie in der Karte verlängern/abkürzen, die in dieser Karte sowie genauer auf der Infotafel beim Wanderparkplatz südlich von 4 angegeben sind. Von dort wäre auf den angegebenen Moorundwegen auch ein reiner Moorrundweg ohne das Kloster möglich von inkl. Zubringer 8 bis 10 km Länge.

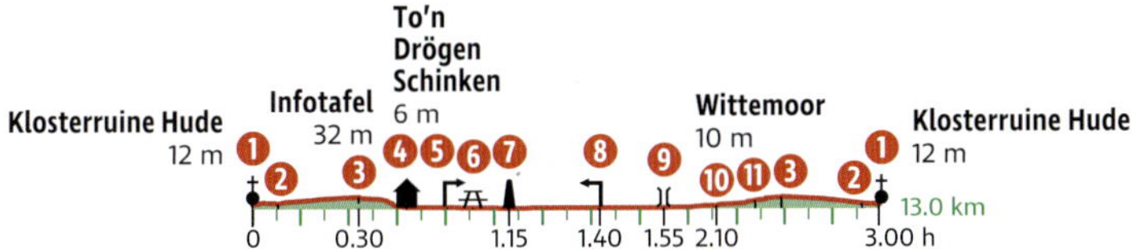

Die monumentale Ruine der **Klosterkirche Hude** 1 in einem parkartigen Gutsgelände mit uralten Bäumen zählt zu den herausragenden Denkmälern der Backsteingotik und ist eines der stimmungsvollsten Ausflugsziele im Naturpark Wildeshauser Geest. 1232 gründeten Zisterzienser im Auftrag der Grafen von Oldenburg das Kloster Marienbusch am Rand des Urwalds Hasbruch an der Berne. Die Größe der dreischiffigen Klosterkirche unterstrich die wirtschaftliche Blüte des Klosters, die Kirche fungierte als Grablege der Grafen. Nach der Reformation wurde das Kloster zerstört, die Kirche verkam zur Ruine. Die Familie von Witzleben erwarb 1693 das Klostergut.

Seit der Restaurierung 1983–94 ist das eindrucksvolle Ruinengelände wieder öffentlich zugänglich.

Von der **Klosterschänke** neben der Klosterruine führt die Zufahrt Von-Witzleben-Allee nördlich zur frühgotischen **Elisabeth-Kirche**, der ehemaligen Torkapelle des Klosters. Der Kirchstraße (später Linteler Straße) folgen wir links an der Kirche vorbei und geradeaus über die Berne, biegen am Ortsausgangsschild hinter dem Waldstück halb links auf den **Linteler Kirchweg** ❷, einen pfadartigen Feldweg, der aussichtsreich in der Grünflur dem Reiherholz zustrebt, im Wald geradeaus. Das **Reiherholz** ist ein altes Waldgebiet mit Mischwaldbeständen.

Etwa 300 m nach Passieren eines allseits von Wald umgebenen Feldes verlassen wir den Linteler Kirchweg an einer erdgeschichtlichen **Informationstafel** ❸ und gehen im Wald rechts weiter zum Wanderparkplatz Reiherholz an der Linteler Straße. Hier wenige Meter längs der Straße auf dem Radweg links und die erste rechts (Hinterm Reiherholz, Schild »Wege zum Moor«) am unter alten Eichen gelegenen, jetzt geschlossenen Reetdach-Gasthof **To'n Drögen Schinken** ❹ vorbei. Etwa 200 m dahinter zeigt das Schild »Bohlenweg« links auf einen Feldweg; von diesem geht es auf dem zweiten rechts abbiegenden Weg ❺ weiter und sofort links (»Bohlenweg«). Er führt durch einen Birkenbruchwald und zweigt vor dem Geestrandgraben, einem Entwässerungskanal, links auf einen federweichen Damm ab, der zwischen Birken dem **Rastplatz** ❻ am **Bohlenweg** zuführt. Auf einer Länge von 6,5 km überbrückte dieser im 8. Jh. v. Chr. angelegte Eichen-

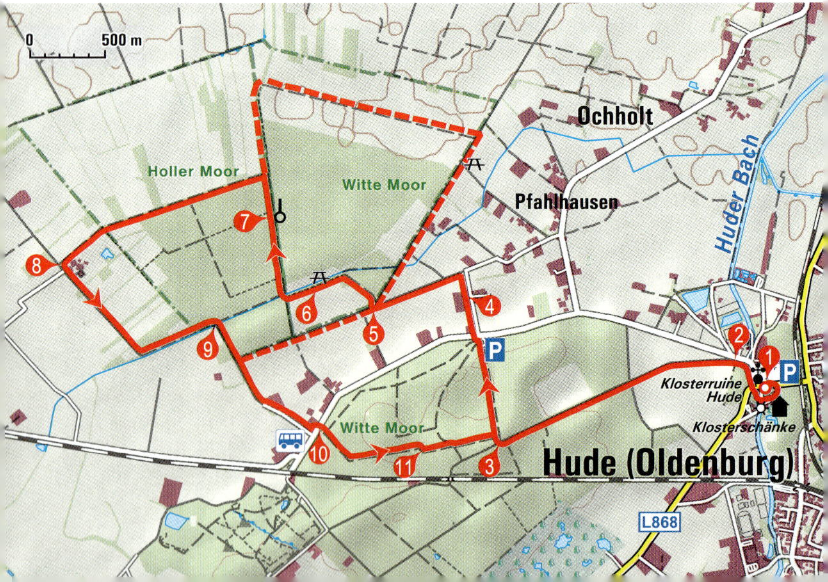

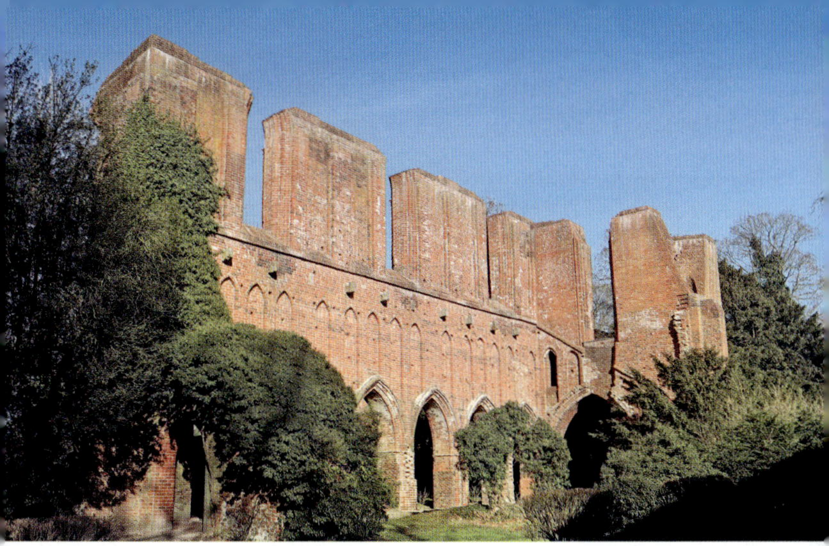

Von der Klosterkirche Hude sind nur noch die Backsteinmauern erhalten.

holzweg das Moor zwischen Loyerberg bei Oldenburg und dem heutigen Bardenfleth bei Elsfleth. Mittelalterliche Sagen bezeichnen ihn als »Hünenbrücke«, da er aus den heidnischen Zeiten stamme, als noch Riesen Marsch und Geest bevölkerten. Moorarchäologen haben ein Teilstück der Hünenbrücke im Originalmaßstab rekonstruiert. Neben den Bohlen wurden auch Nachbildungen zweier vorgeschichtlicher »Verkehrszeichen« aufgestellt: hölzerne Statuen eines Mannes und einer Frau.

Vom Rastplatz an der Hünenbrücke folgen wir dem Geestrandgraben zum Waldrand und gehen dort rechts in das verwaldete Naturschutzgebiet **Wittemoor/Holler Moor**. Wenn 200 m hinter der **Aussichtsplattform** 7 Feldflur sichtbar wird, macht der Weg einen Linksschwung und mündet nahe eines Demeter-Hofs in einen schmalen **Fahrweg** 8. Dieser führt nach links alleeartig von Bäumen flankiert am Rand des Naturschutzgebiets am Hof vorbei und geht bald in einen Feldweg über, der vor dem Geestrandgraben links schwingt. Nach 500 m auf der ersten **Brücke** 9 überqueren wir den Geestrandgraben und wandern durch das Grünland zurück zum Reiherholz, an der Linteler Straße wenige Meter links und an der **Bushaltestelle »Wittemoor«** 10 rechts in die Wälder des Reiherholzes. Bald schwingt der Weg links, steigt nach Überqueren eines Bachs an und erreicht eine Wegekreuzung vor einem **Reitweg** 11. Hier rechts und sofort links, bis der naturnahe Waldweg nach etwa 10 Gehminuten den Radweg erreicht, wo nach wenigen Metern rechts die **Informationstafel** 3 erreicht wird. Links führt uns der Weg zurück zum Ausgangspunkt am **Kloster Hude** 1.

↗ 50 m | ↘ 50 m | 8,7 km

32 Oldenburg Bahnhof – Schlossgarten – Eversten Holz

2.30 h

Residenz an der Hunte

Oldenburg an der Hunte war jahrhundertelang die Residenz eines Staates, der als sächsische Grafschaft im Grenzgebiet zu den Friesen entstand und 1777 Herzogtum, 1815 Großherzogtum sowie 1870/71 Mitglied des Deutschen Reiches wurde. Mit Renaissance-Schloss, Schlossgarten und autofreier Altstadt lädt Oldenburg dazu ein, seine bauhistorischen Zeugnisse und Landschaftsparks zu erkunden.

Ausgangspunkt: Hauptbahnhof Oldenburg (5 m) mit Parkhaus Post an der Südseite (Navi: Bundesbahnweg, 26122 Oldenburg), alternativ an der 91er-Straße an der Eisenbrücke nördlich vom Lappan (Navi: Heiligengeiststraße 12, 26121 Oldenburg). Am Ortsrand gibt es auch einige Gratis-Parkplätze, die meisten aber mit Zeitbegrenzung (2 Stunden). Größerer P&R-Platz westlich vom Eversten Holz unter der AB-Brücke.
ÖPNV: IC-Bahnhof Oldenburg Hbf. am Ausgangspunkt mit vielen Verbindungen Richtungen Bremen, Osnabrück und Leer; im Ort darüber hinaus zahlreiche Bushaltestellen für beliebige Variationen, ZOB nördlich vom Bahnhof, www.vwg.de.
Anforderungen: Leichte Wanderung über Straßen und durch Parks.
Einkehr: Zahlreiche Möglichkeiten im Stadtgebiet.
Tipp: Schloss 5 mit Niedersächsischem Landesmuseum für Kunst- und Kulturgeschichte (Mo. Ruhetag), www.landesmuseum-ol.de.

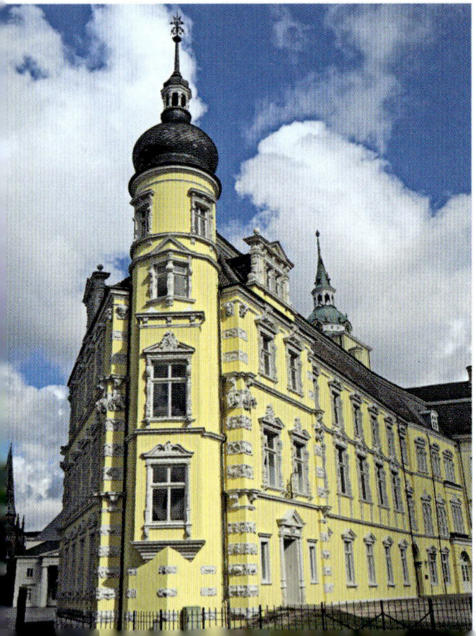

Die erste Bahnverbindung zwischen Bremen, Oldenburg und Wilhelmshaven wurde 1867 eröffnet, der **Hauptbahnhof Oldenburg** 1 entstand 1911 bis 1914 nach Plänen des Jugendstil-Architekten Friedrich Mettegang. Der ursprüngliche Raumeindruck ist im ehemaligen Wartesaal I. Klasse erhalten.
Vom Bahnhofsplatz führt die Kaiserstraße unter dem mehrstöckigen Haus hindurch und erreicht die Straße Stau, nach deren Querung wir dem Fußweg geradeaus folgen zur **Hafenpromenade** 2 am **Stau**, dem unter diesem Namen 1383 erstmals erwähnten Hafen an der Hunte. Die

Das Oldenburger Schloss wurde im 17. Jh. im Renaissancestil erbaut.

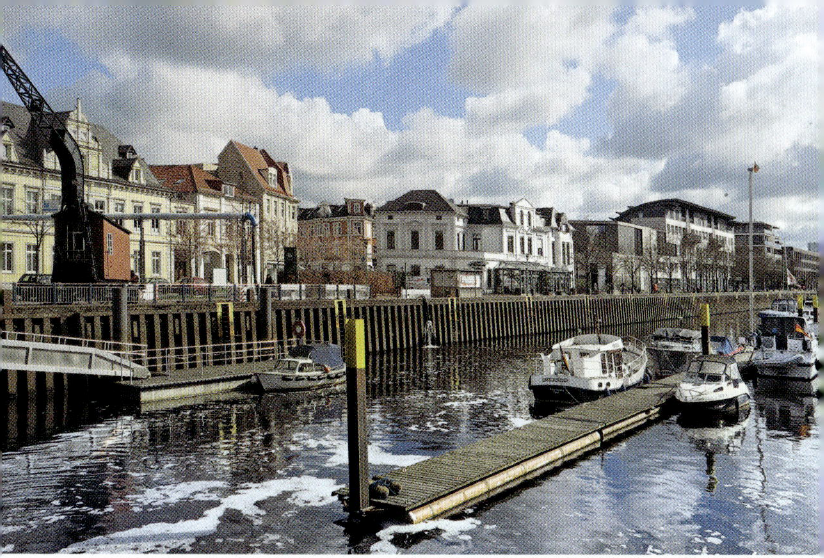

Der ehemalige Frachthafen Stau wird heute vor allem von Freizeitkapitänen genutzt.

Promenade führt an einem Restaurant vorbei rechts in Richtung der autofreien Altstadt: Am Ende des Hafens geht es links versetzt geradeaus (Stau/Poststraße) an einem Rest des Stadtgrabens vorbei, geradeaus in die als Fußgängerzone ausgewiesene Staustraße und an der ersten Kreuzung links durch die **Achternstraße** 3 (ebenfalls Fußgängerzone) zum **Markt** 4 mit der **Lambertikirche**. Mit ihren prägnanten fünf Türmen ist sie ein Wahrzeichen der Stadt; errichtet wurde sie ab 1155 als romanische Saalkirche, ab 1377 erfolgte der Umbau zur gotischen Hallenkirche, 1791 erhielt sie die klassizistische Rotunde. Das **Degodehaus** am Markt 24 ist eines der wenigen Häuser, die den Stadtbrand von 1676 überdauert haben; das Fachwerkhaus mit Steilgiebel wurde 1502 errichtet, erhielt seine heutige Gestalt 1616/17 und ist benannt nach dem Kaufmann Wilhelm Degode. Das **Rathaus** am Marktplatz wurde 1888 im Stil von Neugotik und Neurenaissance errichtet. An den Markt schließt im Süden der Schlossplatz an; der Renaissancebau des **Oldenburger Schlosses** 5 beherbergt das Niedersächsische Landesmuseum für Kunst und Kulturgeschichte. Gegenüber dem Schloss, jenseits des Schlosswalls, trifft man auf das 1856/57 im Stil der Renaissance errichtete **Augusteum** (Elisabethstraße 1), das erste Kunstmuseum Oldenburgs und heute Ausstellungshaus des Landesmuseums. Es beherbergt Teile der großherzoglichen Gemäldesammlung, insbesondere italienische und niederländische Gemälde des 16.–18. Jhs. und europäische Malerei vom Mittelalter bis zur Neuzeit.

Nach Queren des Schlosswalls südlich des Schlosses links ist der Eingang des **Schlossgartens** erreicht, neben dem Palaisgarten (privat) beim Klinkerbau des Sozialgerichts; vor Palaisgarten und Sozialgericht befindet sich der **Schlossteich** 6.

Von diesem folgt die Promenade unter alten Bäumen dem Lauf der **Alten Hunte**. Sie bildet die östliche Begrenzung des Parks, der Anfang des 19. Jh. im englischen Gartenstil auf Initiative von Herzog Peter Friedrich Ludwig angelegt wurde; der Rhododendronbestand ist der älteste in ganz Deutschland. Die Promenade führt am ehemaligen Küchengarten (heute Anzuchtgarten) vorbei zum Sonnen- und Rosengarten beim **Tropenhaus** 7 und weiter durch den Oberen Garten, allmählich rechts schwingend zu einem weiteren Wasserlauf, der Hausbääke. Nach deren Überquerung auf der blauen Brücke geht es zum **Nordwestausgang** 8 – an allen Ausgängen des Parks informieren Übersichtstafeln.

Hier rechts, nach Queren der Gartenstraße geradeaus (Roggemannstraße) und die erste links (Durchschlupf Holzweg bei Haus Nr. 18a auf der rechten Seite) zum **Eversten Holz** 9, einem 18 ha großen Landschaftspark, dessen 2,5 km lange Laufstrecke Freizeitsportler anzieht. Angelegt wurde er, wie der Schlossgarten, Anfang des 19. Jh. unter Herzog Peter Friedrich Ludwig. Vom Eversten Holz führt die Tappenbeckstraße rechts in einem Abstecher

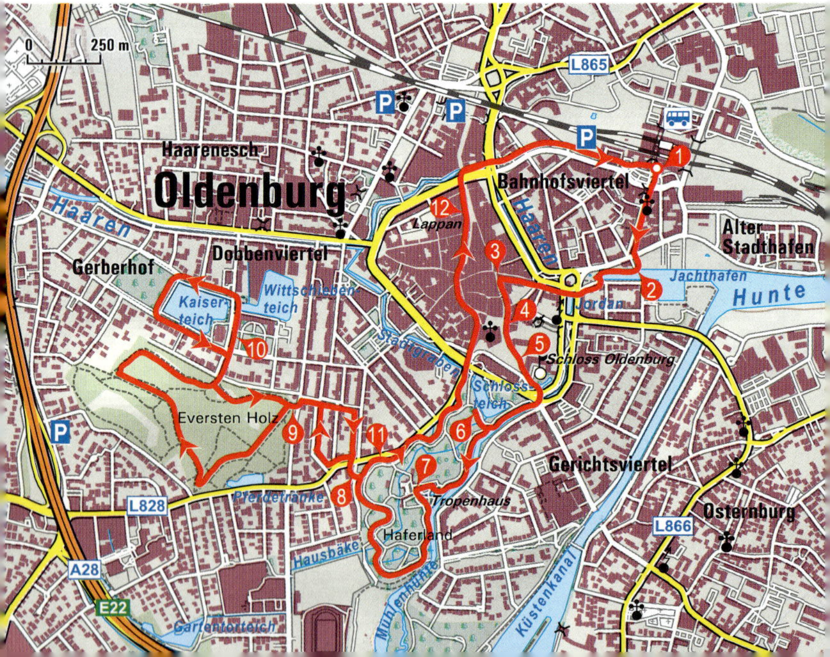

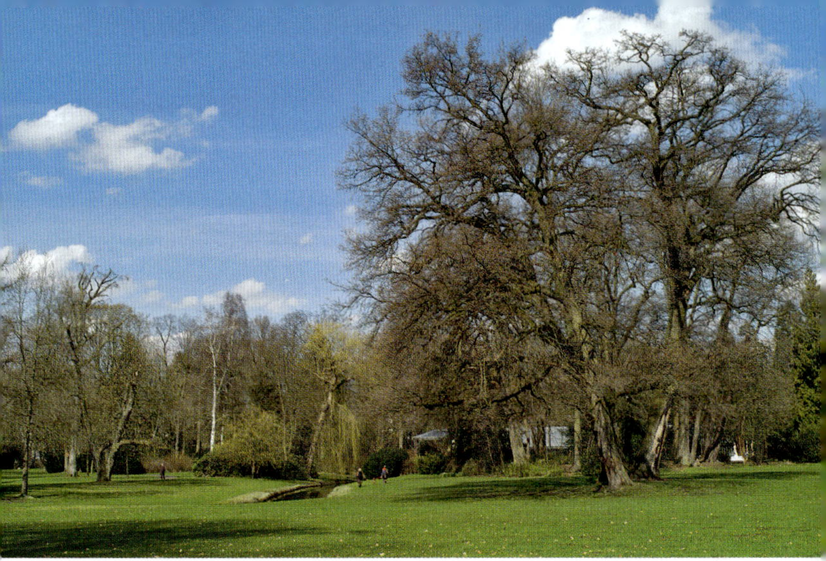

Frühling im Oldenburger Schlossgarten.

zum ehemaligen **Oldenburgischen Landtag** ⑩ am Theodor-Tantzen-Platz bei den Dobbenteichen und der Dobbenwiese. Das zwischen 1914 und 1917 errichtete Gebäude fungierte bis zum Beginn der nationalsozialistischen Diktatur 1933 als Parlament des Landes Oldenburg. Der Name »Dobben« (Plattdeutsch für Niederung) bezieht sich auf das bis weit ins 19. Jh. hinein sumpfige Gelände mit seinen Tümpeln.
Nach der Runde durch den Landschaftspark Eversten Holz geht es zurück zum **Nordwesteingang** ⑧ des **Schlossgartens** und auf der Promenade auf der **Nordseite** ⑪ zurück zum Schlosswall. Dahinter geradeaus durch die Fußgängerzone zum **Markt**, hier halb links am **Degodehaus** vorbei durch die Lange Straße (Fußgängerzone) in den Norden der Altstadt zum 35 m hohen Glockenturm **Lappan** ⑫ von 1467. Er überstand den Stadtbrand von 1676 unbeschadet und bildet mit seiner Renaissancehaube eines der Wahrzeichen der Stadt. Nach Passieren des Lappan und Queren des Heiligengeistwalls folgen wir rechts dem Fuß-Radweg neben der Straße Staulinie (Moslestraße) zurück zum **Hauptbahnhof Oldenburg** ①.

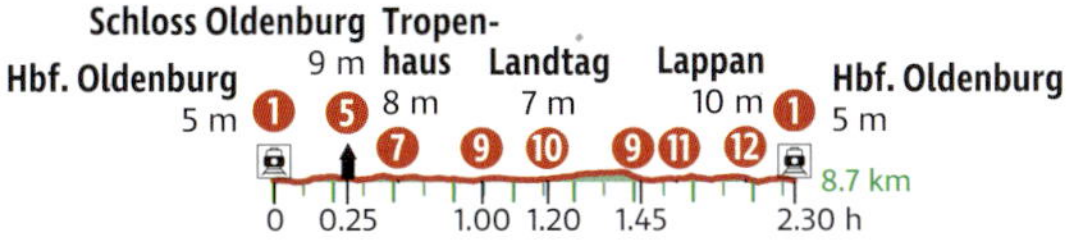

↗ 30 m | ↘ 30 m | 16,3 km

33 Oldenburg – Tungeln – Tillysee

3.45 h

Durch die Buschhagen-Niederung an der Hunte

Die Graspfade auf dem von Schafen beweideten Uferdamm östlich der von Kanuten befahrenen Hunte führen mit weitem Blick auf das artenreiche Wiesenland der Buschhagen-Niederung zum waldumrahmten Tillysee. Die Krone des westlichen Uferdamms ist geschottert und wird von Radlern genutzt, ist jedoch nicht weniger schön zum Wandern. Mehrere Stegbrücken ermöglichen den Wechsel vom rechten ans linke Ufer.

Ausgangspunkt: Oldenburg, Parkplatz des OLantis Huntebads (3 m). Der Parkplatz befindet sich unter der Brücke der Autobahn 28 nahe der Abfahrt Oldenburg-Marschweg (Navi: Westfalendamm oder Marschweg 81, 26133 Oldenburg), alternativ nahe 6 in Hundsmühlen (Navi: Hunoldstraße 62, 26203 Wardenburg).
ÖPNV: Bushaltestellen Westfalendamm/OLantis am Ausgangspunkt sowie weitere in Wardenburg, Tungeln und Hundsmühlen – alle mehrmals stündlich von/nach Oldenburg Hbf.
Anforderungen: Leichte Tour auf geschotterten oder gepflasterten Deichwegen. Zwischen 6 und 8 ist der östliche Deichweg asphaltiert, dieser Teil könnte auch auf der Westseite der Hunte umgangen werden. Der westliche Damm hingegen ist gepflastert oder geschottert und überwiegend fahrrad- bzw. kinderwagenfähig.
Markierung: Stellenweise Jadeweg (J).
Anforderung: Großteils Weg auf Deichkrone; gepflastert, asphaltiert oder befestigt, ohne Belag, aber keine Graswege.
Einkehr: Cafe Pauls-Berliner in Tungeln (Mo. & Di. Ruhehtag), Hafenhaus Oldenburg bei Autobahnbrücke (täglich).
Varianten: Die Tour lässt sich an mehreren Punkten abkürzen, wo Brücken die Hunte queren; bei 5, 6 , 8 und 9.

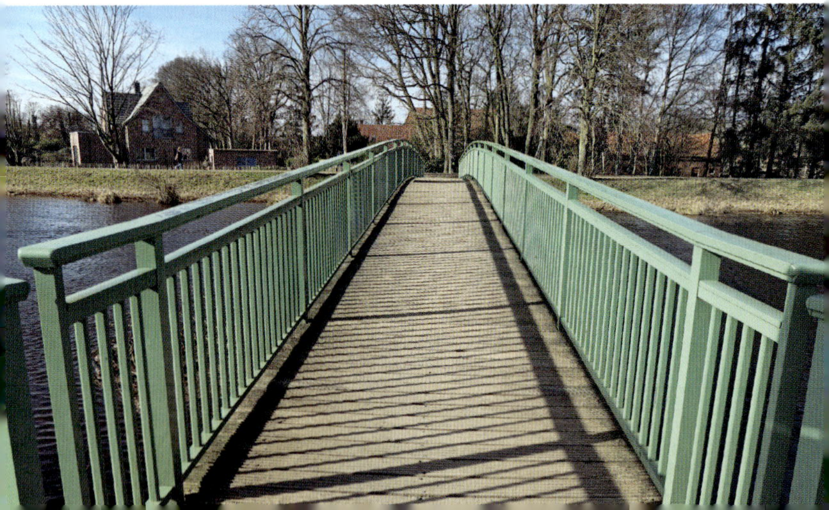

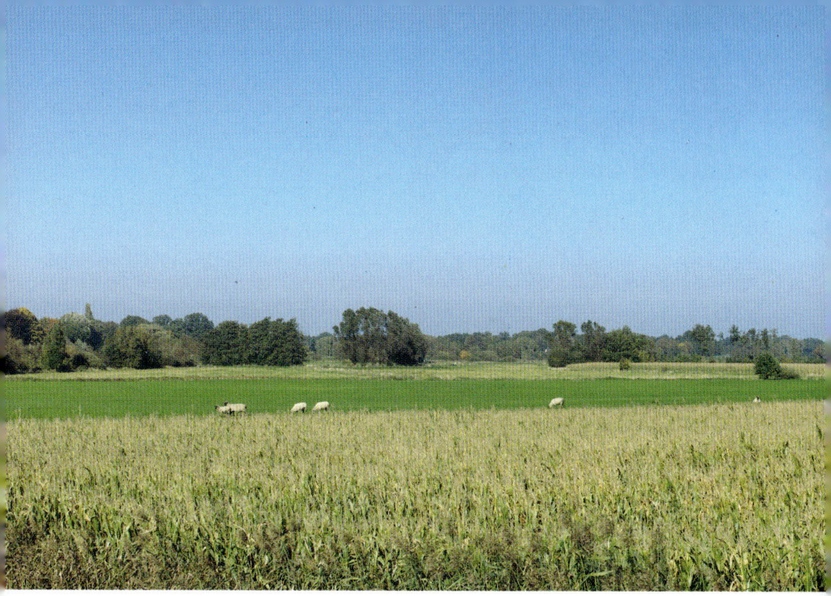

Oben: Die Buschhagen-Niederung an der Hunte.
Links: Die Brücke bei Hundsmühlen ist eine von sechs Huntebrücken dieser Tour.

Die Sauna-, Wellness-, Erlebnis- und Sportwelten des **OLantis Huntebades** in **Oldenburg** erstrecken sich südlich des Schlossgartens (vgl. Tour 32) an der Alten Hunte (Mühlenhunte), der wenig ansprechende **Parkplatz** ❶ befindet sich unter der Autobahnbrücke. Vom östlichen Ende des Parkplatzes vor dem **Küstenkanal** ❷ geht es auf einem gestuften Fußweg rechts hinauf zum Niedersachsendamm. Der Damm überquert den Küstenkanal, passiert die Einmündung unseres Rückwegs und überquert dann die (Neue) Hunte, dahinter geht es rechts hinab zum denkmalgeschützten **Wasserkaftwerk Oldenburg** ❸, wo der Wanderweg auf dem Huntedamm beginnt.
Von Anfang an außerhalb der Bebauung, folgt er dem Fluss aussichtsreich neben Wiesen, am gegenüberliegenden Ufer starten Kanuten am Oldenburger Yachtclub, und hinter dem nächsten Schafgatter an der Kanueinsatzstelle **Buschhagen-Niederung** ❹ mündet in einem Gehölz der

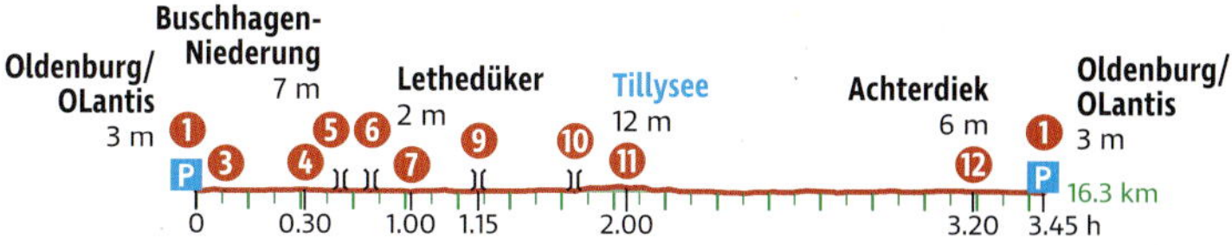

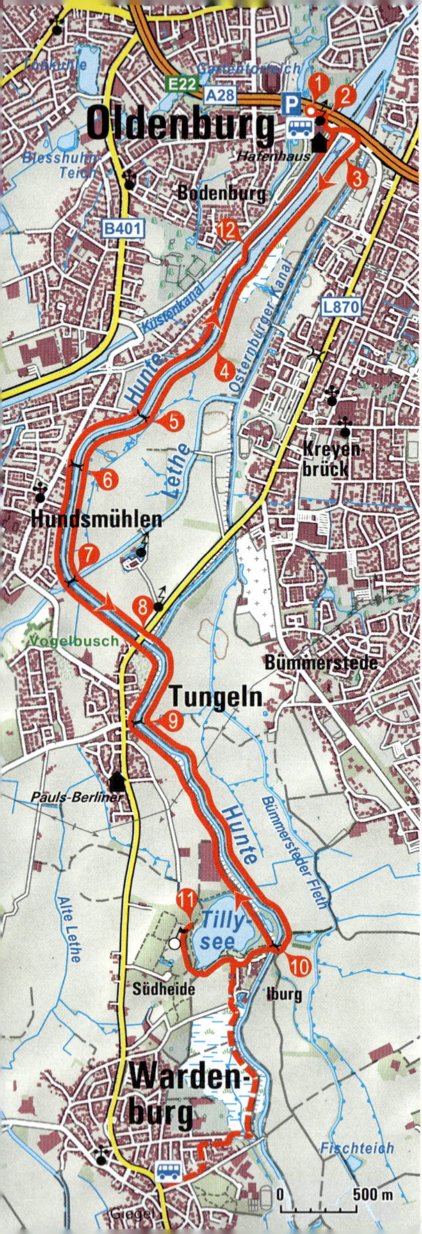

mit dem Buchstaben »J« markierte Jadeweg auf den niedrigen Damm, der uns vorbei an der ersten **Stegbrücke** 5 am Beginn der Gemeinde Wardenburg begleitet.

Die Buschhagen-Niederung an der mittleren Hunte wurde jahrhundertelang regelmäßig überschwemmt; zwischen den Hochwasserdämmen des Osternburger Kanals und der Neuen Hunte hat sich ein Rest dieser Landschaft von fast musealem Charakter mit typischen Pflanzengesellschaften wie Sumpfdotterblumenwiesen, Wasserkreuzkrautwiesen, Seggenriedern und Röhrichten erhalten. Die zweite autofreie **Brücke** 6 befindet sich zwischen Hundsmühlen und dem Grünland der Tungeler Marsch, hinter den letzten Häusern von Hundsmühlen überquert die Hunte die von den Ahlhorner Fischteichen herabfließende Lethe: Das Wasser wird durch einen **Düker** 7 (»Taucher«) unter der Hunte hindurchgeführt und dem Osternburger Kanal zugeleitet; obwohl die Lethe ein linker Nebenfluss der Hunte ist, mündet sie seit dieser Umleitung von rechts. Der Deichweg passiert die **Straßenbrücke** 8 der Oldenburger Straße bei Tungeln, wo von der Hunte der Osternburger Kanal abzweigt, die Fischtreppe ist gut zu sehen, dann führt der weiterhin grasige Dammweg weiter durch das Wiesenland, passiert die autofreie Stegbrücke nach **Tungeln** 9. Nach und nach tauchen hinter den von Schafen beweideten Deichen die Wälder am Tillysee auf: Die nächste **Brücke** 10 führt hinüber zur Siedlung **Bei der Iburg** und zum **Tillysee** 11, an des-

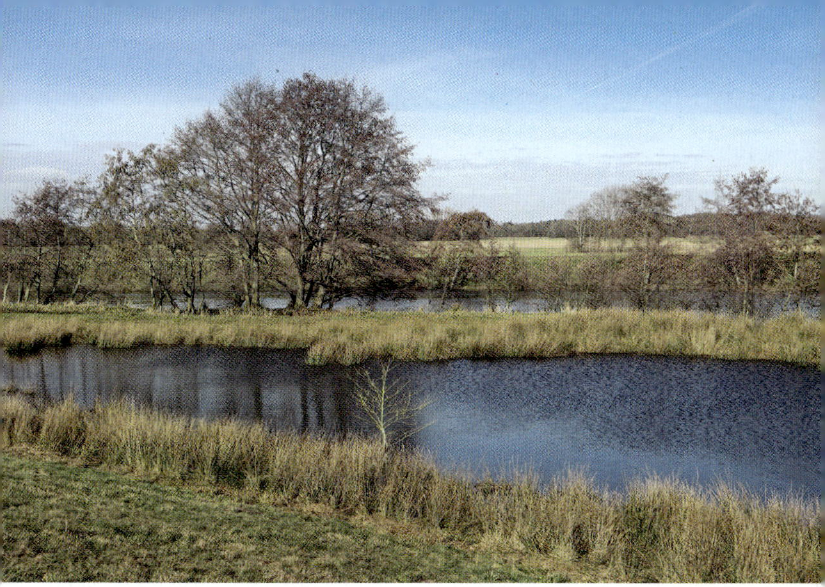

Uferbereich der Hunte.

sen Ufer wir ein Stück entlanggehen, stellenweise auf dem Radweg. Die Trampelpfade im Uferbereich dürfen nicht genutzt werden, das Baden im See ist verboten, ein Umrunden des Sees ist nicht erlaubt. Daher kehren wir vom Tillysee zurück zum Huntedeich und auf dem westlichen Uferdammweg längs der Hunte zurück Richtung Oldenburg; der westliche Uferdamm ist ab Tungeln als Radwanderweg ausgewiesen, jedoch nie asphaltiert, sondern meist gepflastert und zwischen ❽ und ❺ geschottert – ein schöner Wanderweg. Er führt vorbei an den Brücken ❽, ❼, ❻ und ❺ und mündet zuletzt in die schmale Straße Achterdiek ⓬ zwischen Hunte und Küstenkanal und führt hinter einer Einkehrgelegenheit zum Niedersachsendamm hinauf: Die Straße queren, links über den Küstenkanal ❷ und den bekannten Fußweg rechts hinab zum Parkplatz ❶ unter der Autobahnbrücke.

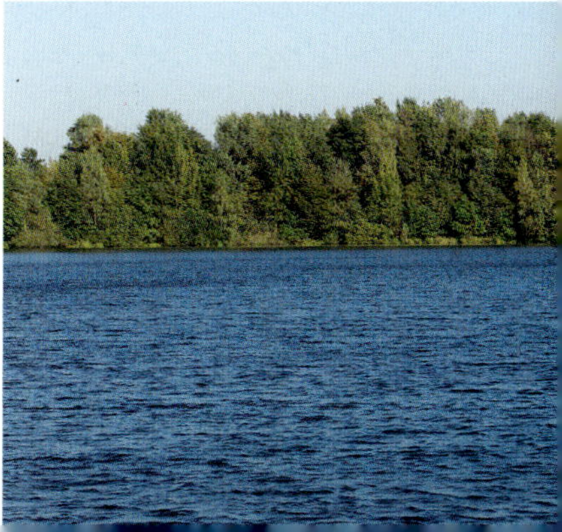

Der Tillysee liegt 3 m niedriger als die nahe vorbeifließende Hunte.

↗ 30 m | ↘ 30 m | 23,4 km

34 Huntlosen – Oldenburg

5.30 h

Streckenwanderung durch Naturwald und auf dem Huntedeich

Diese Streckentour folgt der Hunte flussabwärts, anfangs durch das Naturschutzgebiet Mittlere Hunte mit naturnahem Auwald, später zusammen mit dem Jadeweg auf Deichen aussichtsreich über offene Flächen und Vororte von Oldenburg, ehe die Innenstadt erreicht wird. Unterwegs kann die Wanderung an mehreren Punkten vorzeitig beendet werden, dank guter öffentlicher Verkehrsverbindungen.

Ausgangspunkt: Bahnhaltestelle Huntlosen mit (kostenfreiem) Parkplatz (Navi: Am Bahndamm, 26197 Großenkneten).
Endpunkt: Oldenburg Hbf. mit (gebührenpflichtigem) Parkhaus, alternativ vorher Parkplatz unter Autobahnbrücke am Olantis-Bad mit Bushaltestelle und Parkplatz (Navi: Marschweg 81, 26131 Oldenburg).
ÖPNV: Bahnhaltestelle Huntlosen am Ausgangspunkt sowie unterwegs bei Abstecher Sandkrug mit stündlichen Regionalbahnverbindungen Richtung Osnabrück und Oldenburg, letzteres Zielpunkt dieser Tour. Unterwegs Bushaltestellen in Wardenburg, Tungeln und Hundsmühlen sowie Westfalendamm/OLantis – mehrmals stündlich nach Oldenburg Hbf., www.vbn.de.
Anforderungen: Leichte Wanderung an der Hunte über Pfade durch Wald und über Deiche – dort auf Gras, Pflastersteinen oder Asphalt. Am Anfang und Ende der Tour auch Straßen.
Markierung: Ab 5 fast durchgehend Jadeweg (J) sowie Wegweiser.
Einkehr: Café beim Biohof Sannum (Mo. Ruhetag), Café Pauls Berliner in Tungeln (Mo. & Di. Ruhehtag), Hafenhaus Oldenburg vor Autobahnbrücke (täglich), viele in Oldenburg.
Varianten: 1. Die Tour kann bereits beendet werden in Wardenburg, Tungeln und Hundsmühlen, von wo mehrmals stündlich Busse nach Oldenburg verkehren.
2. Aufteilen der Tour durch Beenden oder Starten in Sandkrug mit Bahnhof; dazu 2 km langer Zubringer auf Radweg neben Straße ab/nach 5.
Hinweis: Die Deichwege sollen bei Schafbeweidung nicht begangen werden; dann auf die andere Flussseite oder den Radweg neben dem Deich ausweichen!

Die 189 km lange Hunte ist der zweitlängste Nebenfluss der Weser.

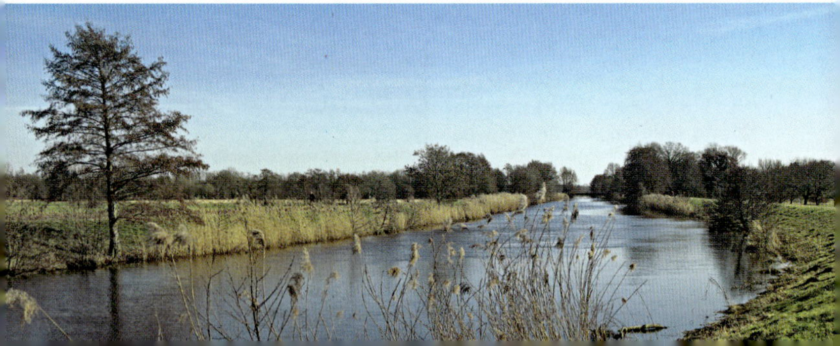

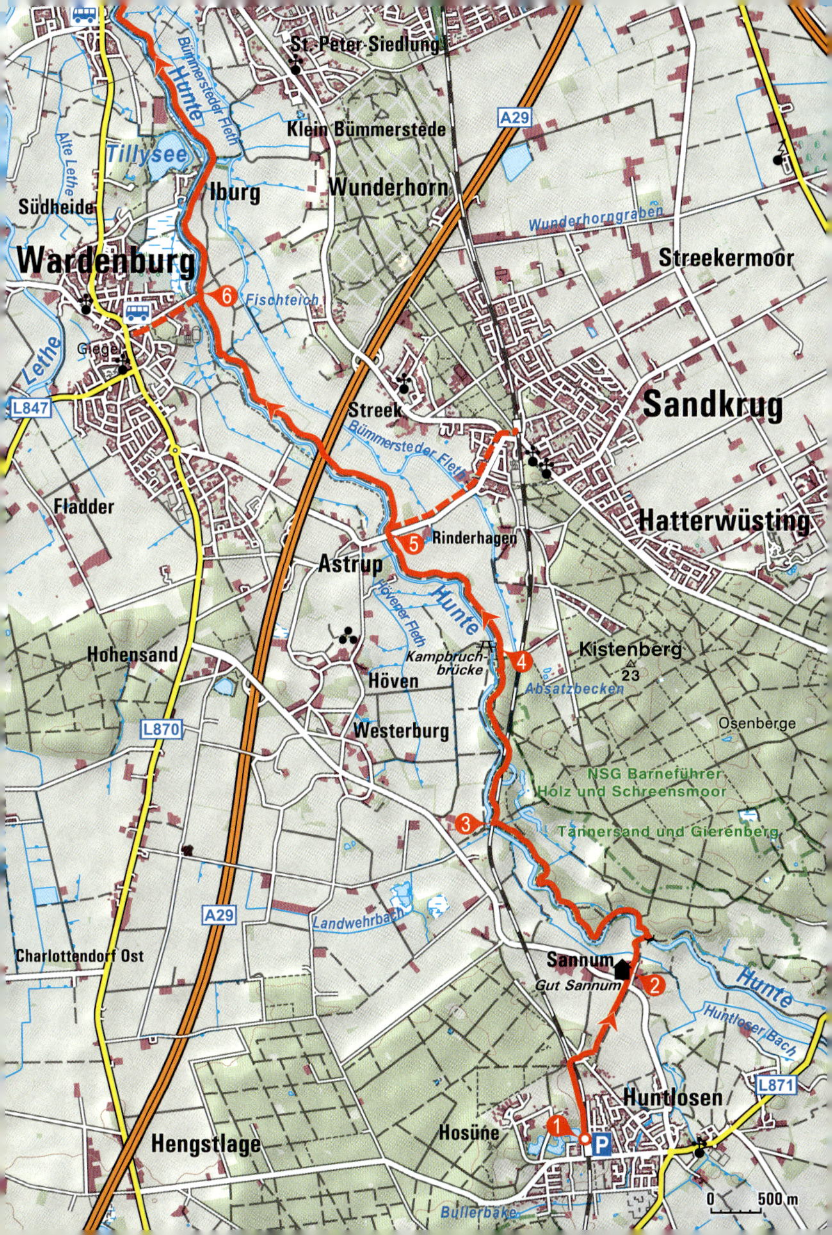
St. Peter-Siedlung
Klein Bümmerstede
A29
Hunte
Bümmersteder Fleth
Alte Lethe
Tillysee
Iburg
Wunderhorn
Südheide
Wunderhorngraben
Streekermoor
Wardenburg
6
Fischteich
Lethe
Giegel
L847
Streek
Sandkrug
Bümmersteder Fleth
Fladder
Hatterwüsting
5
Rinderhagen
Astrup
Höveler Fleth
Kistenberg
Hohensand
Kampbruch-
brücke
4
23
Höven
Absatzbecken
L870
Westerburg
Osenberge
NSG Barneführer
Holz und Schreensmoor
Tannersand und Gierenberg
3
A29
Landwehrbach
Charlottendorf Ost
Sannum
Gut Sannum
2
Hunte
Huntloser Bach
L871
Huntlosen
1
Hengstlage
Hosüne
P
Bullerbäke
0
500 m

Von der **Bahnhaltestelle Huntlosen** ❶ folgen wir der Straße Am Bahndamm nordwärts rechts neben der Bahnlinie, auch bei einem Sackgassenschild. 5 Gehminuten nach dem Start biegen wir nach Haus Nr. 9 in den BahnPadd, der unmittelbar neben den Gleisanlagen zu einem Bahnübergang führt, wo wir der Straße rechts folgen. Beim Fahrradknotenpunkt 46 links, nach 10 m rechts entlang der kleinen Asphaltstraße und bei der T-Kreuzung vor einem Gatter links auf Spurweg über offene Fläche. Nach Querung der Kreissstraße passieren wir das **Gut Sannum** ❷, eine Behinderteneinrichtung mit Biolandwirtschaft, Hofladen und Café.
Weiter geradeaus führt der Weg zur Hunte, die wir über die Holzbrücke queren, um danach nach links zu schwenken. Bis kurz vor Oldenburg wandern wir rechtsseitig flussabwärts entlang der Hunte möglichst ufernah und beachten rechte Abzweigungen nicht. Bei einer **Bahnbrücke** ❸ geht es etwas abenteuerlich auf schmalem Weg entlang dem gemauerten Brückenpfeiler unter den Gleisen hindurch. Nach einer halben Stunde durch das urige Barneführer Holz mit naturnahem Baumbestand empfängt uns bei der hölzernen **Kampbruchbrücke** ❹ mit linksseitig Rastgelegenheit eine offene Landschaft. Weiter geht es aussichtsreich geradeaus auf der Deichkrone über deren Graspfad – alternativ auf der anderen Flussseite

Der Garten des Hofs Sannum ist ein Paradies für Insekten.

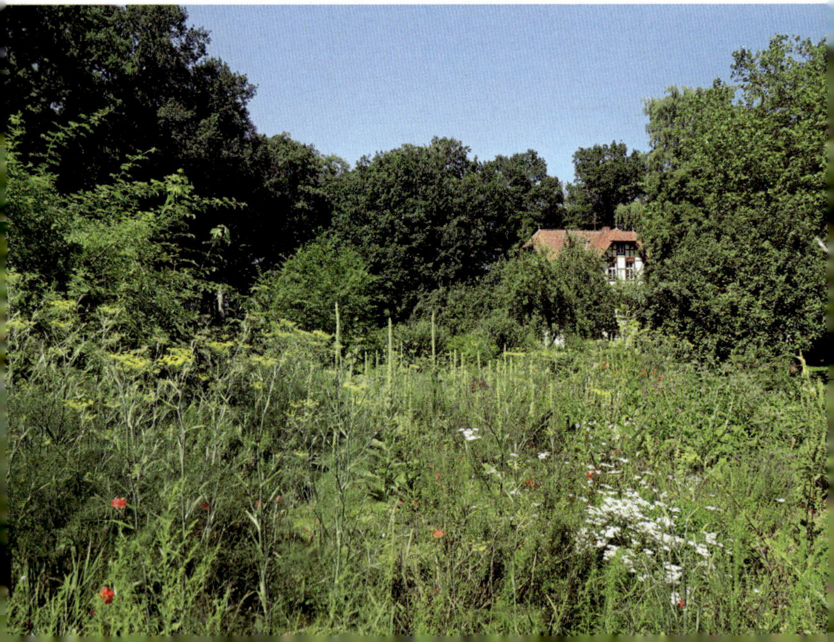

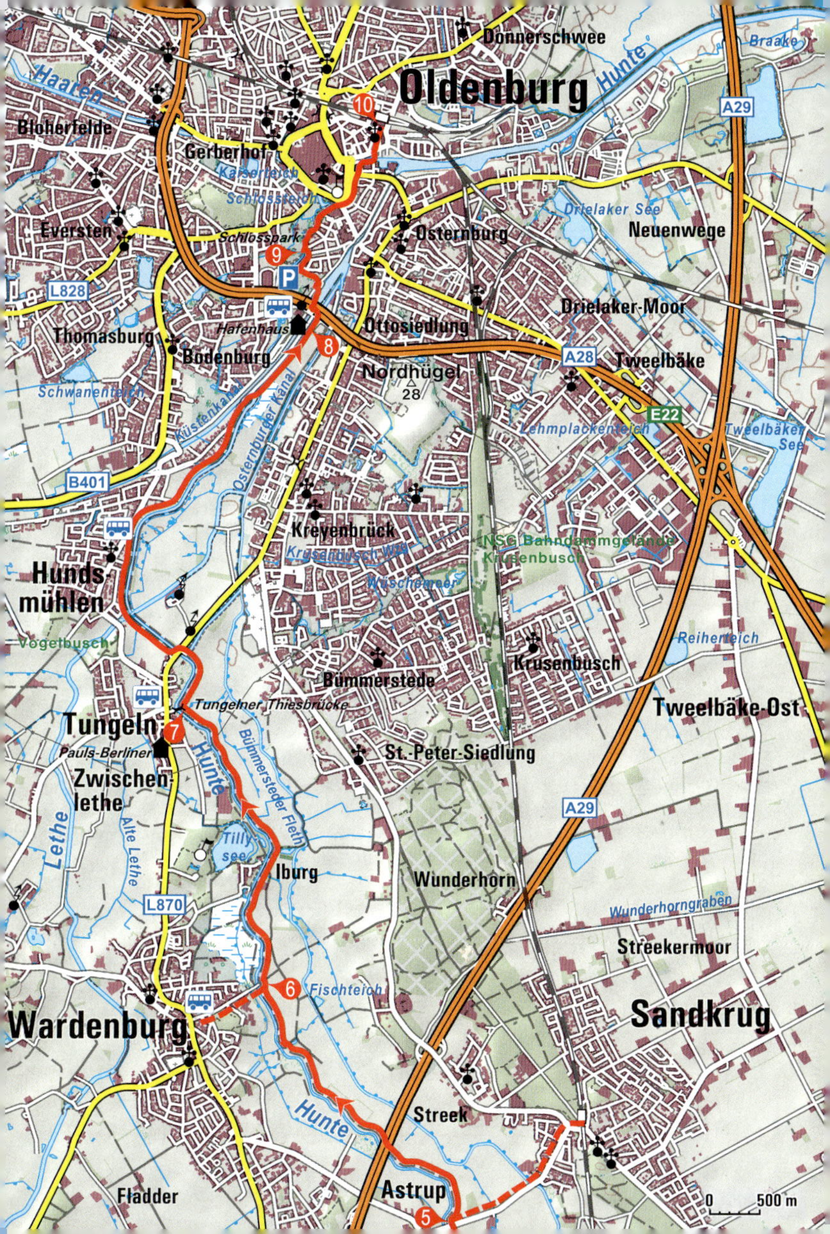

Oldenburg
Donnerschwee
Hunte
Braake
A29
Haaren
Bloherfelde
Gerberhof
Kaiserteich
Schlossteich
Eversten
Schlosspark
Osternburg
Drielaker See
Neuenwege
L828
Drielaker-Moor
Hafenhaus
Ottosiedlung
Thomasburg
Bodenburg
A28
Tweelbäke
Nordhügel
28
Schwanenteich
Küstenkanal
Osternburger Kanal
Lehmplackenteich
E22
Tweelbäker See
B401
Kreyenbrück
NSG Bahndammgelände Krusenbusch
Krusenbusch-Wie
Wüschemeer
Hundsmühlen
Vogelbusch
Reiherteich
Krusenbusch
Bümmerstede
Tungelner Thiesbrücke
Tweelbäke-Ost
Tungeln
Pauls-Berliner
St.-Peter-Siedlung
Zwischenlethe
Bümmersteder Fleth
A29
Lethe
Alte Lethe
Tilly see
Iburg
Wunderhorn
L870
Wunderhorngraben
Streekermoor
Fischteich
Wardenburg
Sandkrug
Streek
Astrup
Fladder
0 500 m
10
9
8
7
6
5

Auf dem Gutshof Sannum leben und arbeiten Menschen mit Behinderung vielfältig mit Begleitung.

oder dem rechts unterhalb vom Deich verlaufenden Radweg, der später auch über mehrere Zaunüberstiege erreicht werden kann.
Die nächste Brücke ist weniger idyllisch: Westlich von Sandkrug quert die **Sandkruger Straße** ❺ die Hunte beim Kanu-Anleger Astrup, deren Radweg rechts nach 2 km zum Bahnhof Sandkrug führt (Abkürzungsmöglichkeit). Wir folgen weiter dem Huntedeich rechts oder links vom Fluss, begleitet von den »J«-Markierungen des Jadewegs, der rechts von Sandkrug einmündet. Kurz vor der nächsten Brücke – östlich von **Wardenburg** ❻, dorthin wären es nach links 10 Gehminuten – ist die Deichkrone rechtsseitig gepflastert, nach der Einmündung des Oldenburger Kanals kurz nach der schmalen **Tungelner Thiesbrücke** ❼ asphaltiert. Daher empfiehlt sich ab der querenden Oldenburger Landstraße der Wechsel auf die linke Flussseite mit wanderfreundlicherem Untergrund. Wir bleiben bis zum Beginn von Oldenburg auf der linken Seite, zuletzt auf schmalen Stück mit beidseitig Wasserläufen: rechts der Hunte, links dem Küstenkanal. Der Jadeweg zweigt hinter dem denkmalgeschützten **Wasserkraftwerk** ❽ nach links und quert den Küstenkanal. Gleich nach der Brücke steigen wir scharf rechts die steile Treppe hinab zum Kanal, dessen Ufer wir unter der wenig einladenden AB-Brücke hindurch folgen. Danach bei der Gabelung am Verkehrsverbotsschild links auf den Fußweg zwischen Bäumen, nach einer Linkskurve zur Straße Westfalendamm dort um 20 m nach rechts versetzt geradeaus weiter auf Parkweg, bei der ersten Gabelung rechts und in großem Linksbogen an einem Spielplatz vorbei. Die Bäume links wurden von mehreren Schülerprojekten gepflanzt. Drei Birken und dahinter drei Bänke markieren die nächste Abzweigung; hier rechts weiter durch Grünanlagen und schließlich links auf einer Stegbrücke über die Alte Hunte, auch Mühlenhunte genannt. Auf der anderen Seite erwartet uns der **Schlosspark** ❾, dem wir möglichst rechts folgen entlang dem ursprünglichen Flussbett der Hunte. Vor dem Oldenburger Schloss queren wir die Straße und setzen die Wanderung entlang dem von Straßen umgebenen Grünstreifen links neben der Hunte fort, ehe wir den Hafen am Stau erreichen; wo uns die Uferpromenade auf der nördlichen Seite rechts aufnimmt. Diese verlassen wir nach 100 m links auf dem Fußweg, queren die Straße Stau und folgen der Kaiserstraße zum **Oldenburger Hauptbahnhof** ❿.

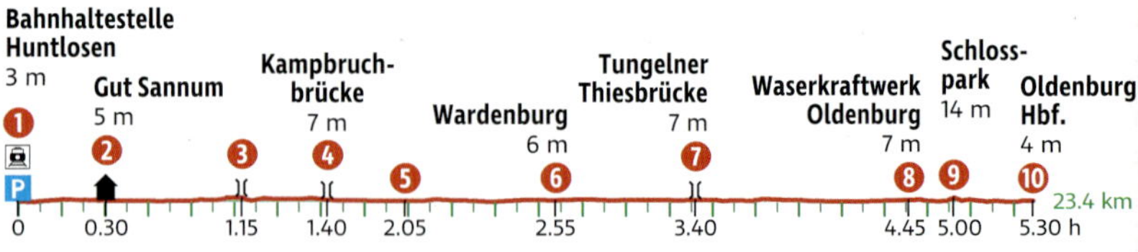

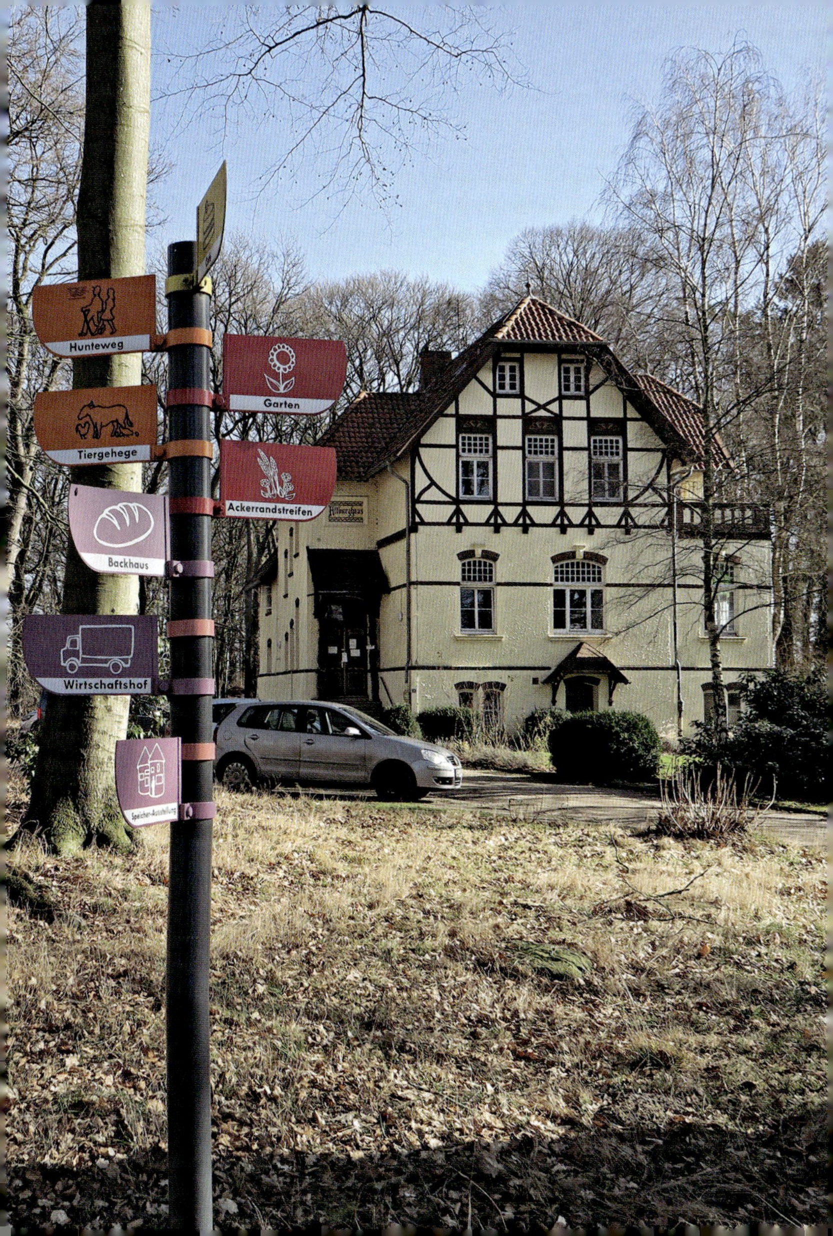
Hunteweg
Garten
Tiergehege
Ackerrandstreifen
Backhaus
Wirtschaftshof

TOP

35

Huntlosen – Hunte – Dehlandbrücke

↗ 30 m | ↘ 30 m | 8,6 km

2.15 h

Rundwanderung über Felder und auf Uferpfaden

Urige Pfade begleiten die Hunte im Naturschutzgebiet Mittlere Hunte. Diese Rundwanderung beginnt am Bahnhof Huntlosen mit Feldwegen als Zubringer, kann aber ab der Dehlandbrücke auch als reine Flusstour gegangen werden. Die Tour lässt sich mit einer Schleife durch das Barneführer Holz mit naturnahen Auwäldern verlängern.

Ausgangspunkt: Bahnhaltestelle Huntlosen mit (kostenfreiem) Parkplatz (Navi: Am Bahndamm, 26197 Großenkneten), alternativ Parkplatz am Kanu-Anleger Dehlandbrücke 3, dabei könnte man ausschließlich entlang der Hunte wandern ohne Abstecher nach Huntlosen (Navi: Huntloser Str., 26209 Hatten).
ÖPNV: Bahnhaltestelle Huntlosen mit stündlichen Regionalbahnverbindungen Richtung Oldenburg und Osnabrück.
Anforderungen: Leichte Wanderung an der Hunte über Pfade, sonst Feldwege und in Huntlosen verkehrsarme Straßen.
Markierung: Stellenweise Wegweiser.
Einkehr: Cafe beim Biohof Sannum (Mo. Ruhetag).
Varianten: 1. Bei Anfahrt zum Parkplatz an der Dehlandbrücke 3 Wanderung ausschließlich entlang der Hunte ohne Abstecher nach Huntlosen (gesamt 4,6 km); dazu nach der Holzbrücke vor dem Hof Sannum links auf den Uferpfad und auf diesem zurück zum Ausgangspunkt.
2. Zusätzlich 5 km lange nördliche Schleife entlang der Hunte und dem Schwarzen Graben; dazu bei der Holzbrücke vor dem Gut Sannum 5 dem Uferweg rechts von der Hunte weiter flussabwärts folgen bis zur Bahnbrücke, vor dieser rechts und bei der alten Jagdhütte wieder rechts. Links vom Schwarzen Graben geht es zurück durch Wald und Wiese, bei Abzweigungen halten wir uns rechts und erreichen kurz nach den Dachsbergen wieder die Hunte nahe der Holzbrücke.

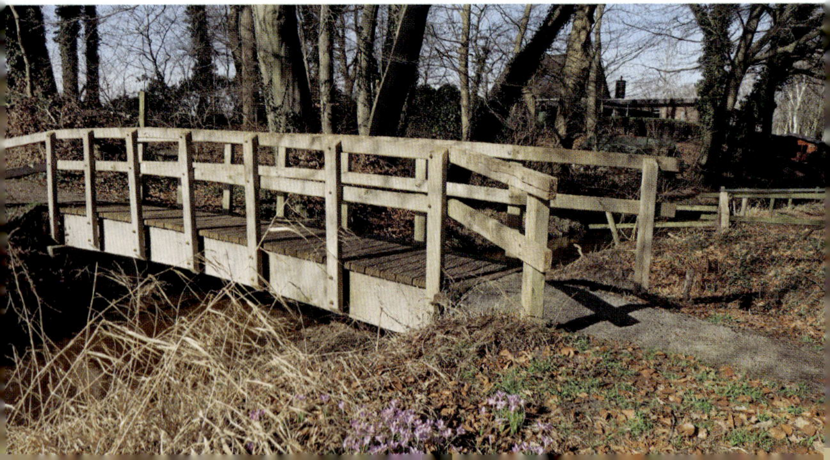

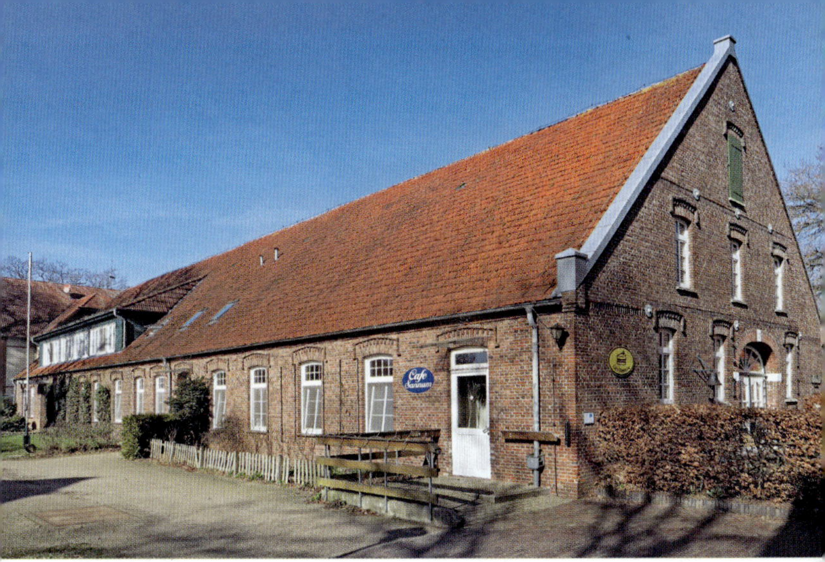

Oben: Der Gutshof Sannum bietet auch einen Bioladen und ein Café.
Links: Kleine Holzbrücke kurz nach Huntlosen.

Von der **Bahnhaltestelle Huntlosen** ❶ mit Parkplatz folgen wir der Straße Am Bahndamm nordwärts rechts neben den Gleisen und biegen nach 150 m vor dem Sackgassenschild rechts in den Alten Postweg. Immer geradeaus, auch in einer Linkskurve der Straße (Drei Eichen) 20 m nach einem Schild »Ende Tempo 30-Zone«; der gepflasterte Weg führt nach Kurzem als reiner Rad-/Fußgängerweg durch ein Wohngebiet. Bei der Kreuzung mit dem Westerburger Weg geradeaus auf gepflastertem Prechtweg, in einer Rechtskurve links auf Grasweg zwischen Feldern und an der T-Kreuzung mit einem Wiesenweg rechts. Wir queren die Kreisstraße und gehen 20 m nach links versetzt geradeaus weiter, queren den Huntloser Bach und halten uns danach rechts. Der Weg schwenkt vor einem Heuschuppen nach links und erreicht eine Kreuzung mit **Rastgelegenheit** ❷. Geradeaus (Kröllheide) und bei der folgenden T-Kreuzung links bis zur Hunte. Dort rechts auf dem Uferpfad entlang der Hunte – der schönste Teil der Tour.
Nach einem Zaun endet der Pfad vor einer Straße mit einem Parkplatz und dem **Kanu-Anleger Dehlandbrücke** ❸. Hier auf dem Fußweg längs der Straße über die Hunte, bis der erste Feldweg links in die Feldflur eintaucht und sich rasch wieder dem Fluss nähert. In einer Rechtsbiegung der Hunte zweigt der Wanderpfad unvermittelt **schräg links** ❹ unter die alten Eichen auf dem Hochufer der Hunte ab und folgt ihr flussabwärts. Der Pfad taucht in das Barneführer Holz ein mit geschützten naturnahen

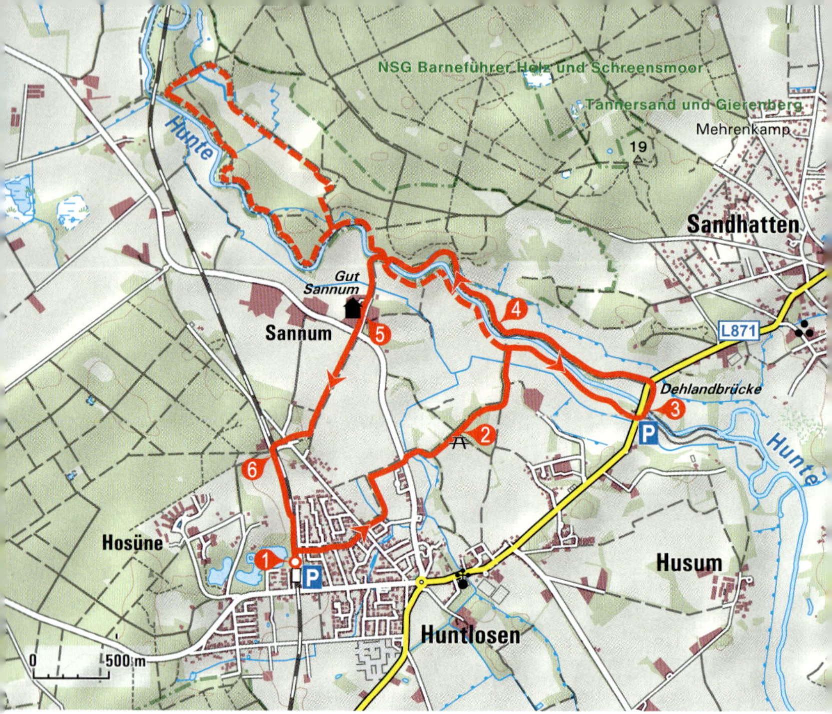

Waldgebieten und erreicht eine Holzbrücke über die Hunte, die uns links zum **Gut Sannum** ❺ führt, einer Behinderteneinrichtung mit Biolandwirtschaft, Hofladen und Café.

Dahinter über die Straße und geradeaus auf dem Feldweg in südwestliche Richtung. Nach 10 Gehminuten führt uns bei einem Gatter zur Linken rechts ein Spurweg am Waldrand auf ein Haus zu, bei der folgenden Straße mit links dem Radknotenpunkt 46 geradeaus auf dem Graspfad rechts neben der Straße Westerburger Weg auf den **Bahnübergang** ❻ zu und davor links. Der Pfad begleitet die Bahngleise zur Rechten und schwenkt nach einer Linkskurve im Wohngebiet in die Straße Am Bahndamm ein, die rechts zurück zur **Bahnhaltestelle Huntlosen** ❶ führt.

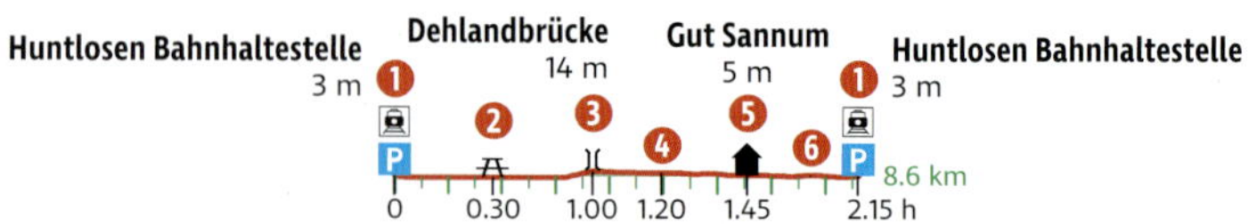

↗ 50 m | ↘ 50 m | 11,5 km

3.00 h

Kirchhatten – Dingstede – Schmede 36

Alte Wälder, Tingstätte und ein Waldsee

Durch die alten Wälder von Kirchhatten führt diese Wald- und Wiesenrunde mit einem Abstecher zur rekonstruierten mittelalterlichen Gerichtsstätte von Dingstede (»Tingstätte«) und zum See in den Bookholt-Wäldern.

Ausgangspunkt: Südöstlicher Ortsrand von Kirchhatten mit Parkgelegenheit bei Abzweigung der Straße Hinterm Holz östlich vom Schützenhof (Navi: Dingsteder Str. 27, 26209 Hatten), alternativ Wanderparkplatz 300 m südlich (→ Tour 37).
ÖPNV: Haltestelle Kirchhatten Vor dem Holze mit Buslinie 270 von/nach Oldenburg Hbf, Mo.–Sa. stündlich, So. alle 2 Std. Von der Bushaltestelle geht es am östlichen Ende des Parkplatzes auf den grasigen Weg hinter den Häusern in nördlicher Richtung in 5 Min. zum Ausgangspunkt ❶.
Anforderungen: Waldwanderung auf Forstwegen, Pfaden und Klinkerwegen.
Einkehr: Cafe/Restaurant Heuerhaus bei Golfclub (etwa 10 Gehminuten von ❸, ❹, ❿). Schützenhof am Ausgangspunkt tagsüber nur So.
Variante: Abstecher in 10 Gehminuten zur Tingstätte kurz nach ❼ auf Altem Postweg.

An der Übersichtstafel am östlichen Ortsrand von **Kirchhatten** ❶ führt links von der Straße »Hinterm Holz« der Rad-/Fußweg Richtung Dingstede am Picknicktisch vorbei in die Wälder des **Hatter Holzes** hinein, an das sich die ebenfalls alten Waldgebiete Twiestholz, Strenge, Dingsteder Gehäge und Hornmoor anschließen. Charakteristisch für diese Wälder sind alte Buchen und Eichen mit Altholzbeständen sowie Kleingewässer und Nasswiesen; Grünspecht und Hohltaube fühlen sich hier ebenso wohl wie

Die rekonstruierte mittelalterliche Tingstätte in Dingstede.

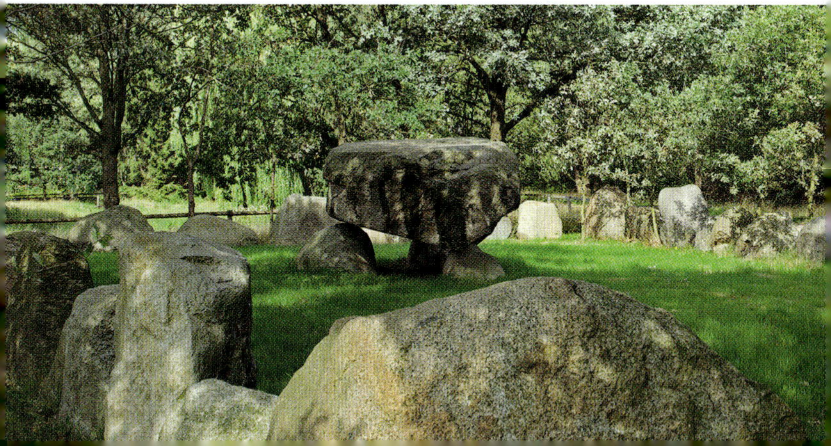

Knabenkräuter und die Hohe Schlüsselblume. Im Waldstück **Strenge** lädt an einer Kreuzung eine **Schutzhütte** ❷ zur Rast ein; unser Weg führt geradeaus, tangiert am Ende des **Dingsteder Gehäges** ❸ kurz den Waldrand, schwingt hier links in die Hornmoor-Wälder, erreicht kurz vor der Hatter Straße eine Kreuzung, wo ein **Forstweg** ❹ uns rechts weiterführt. Am Ende links zur **Hatter Straße** ❺; dort Rad- und Fußweg rechts zur ersten Bushaltestelle und hier links in den schmalen Klinkerweg **Auf dem Berge** ❻ am Rand der Felder.

Nach wenigen Minuten zweigt links der alleeartige Sandweg **Auf dem Sande** ❼ am Waldrand ab, während wir geradeaus zum Alten Postweg gehen, den die von Graf Anton Günther 1656 zwischen Oldenburg und Bremen eingerichtete »reitende Post« benutzte; am Baggersee rechts führt ein Abstecher über den Alten Postweg zum Rastplatz an der rekonstruierten **Tingstätte von Dingstede** an der Franzosenbrücke über einen Seitenarm der Kimmer Bäke. Noch vor etwa 300 Jahren mussten die Reisenden einen Büchsenschuss weit durch diesen Seitenarm der Kimmer Bäke fahren, und in die Postkutschen lief das Wasser; während der napoleonischen Kriege vor 200 Jahren errichteten die Militäringenieure des Kaisers dann die **Franzosenbrücke**.

Die Route führt hier auf dem **Alten Postweg** ❽ links zur **Schutzhütten-Kreuzung** und dann durch den Wald, bis nach einigen Minuten links direkt

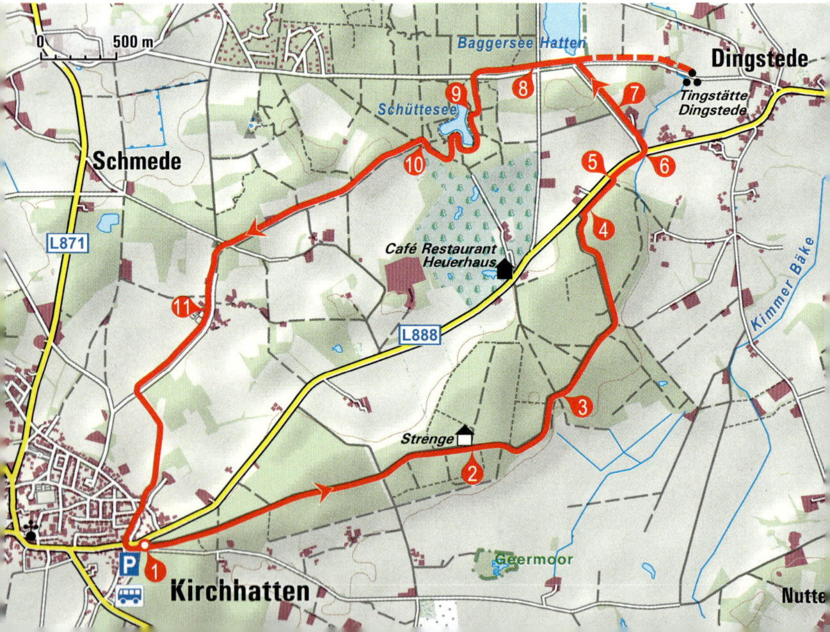

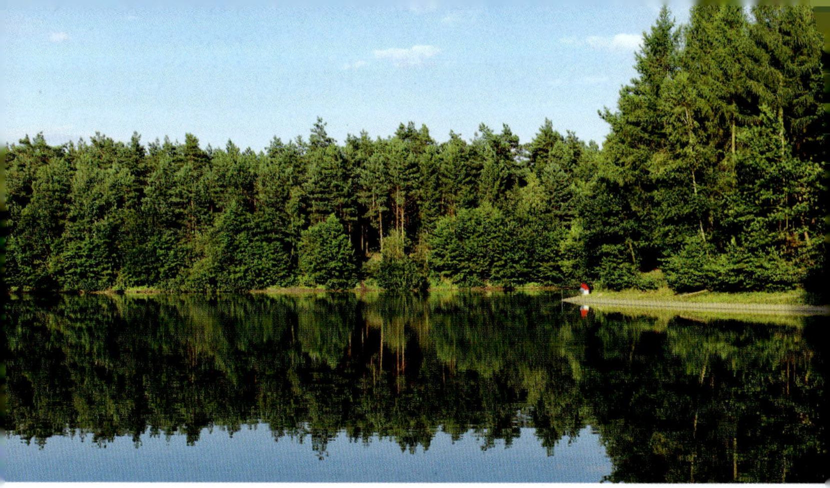

Der Schüttesee entstand als Baggersee.

nach einem kurzen Abstieg ein sandiger Pfad zum renaturierten **Baggersee** 9 in den **Bookholt-Wäldern** leitet. Der Name »Bookholt« verweist auf das ursprüngliche Buchenwaldkleid, doch auch heute ist dieser Wald erfreulich naturnah: Buchen, Kiefern und Eichen, Letztere in oft bizarren Wuchsformen, sind im Bannkreis des Sees vielfach zu sehen. Der Pfad folgt dem Hochufer links herum zu Sitzbänken mit Tisch, umrundet die Südbucht und erreicht am Ende der Westbucht einen Brückensteg, den wir queren. Dahinter befindet sich eine Hütte, an der unser Weg rechts versetzt geradeaus weiterführt und am Ende der Wiese geradeaus dem Fußweg folgt. Kurz darauf an der **Kreuzung** 10 geradeaus auf Pfad zwischen Steinen rechts vom Golfplatz und auf Reitweg links am Waldrand entlang. Nach etwa 5 Min. halten wir uns an einer Gabelung bei Baumwällen zwischen Feldern rechts. Hier führt der Bookholter Weg im Wechsel aus aussichtsreicher Feldflur und Gehölzen nach Querung des gepflasterten Weges zum Weiler **Schmede** 11; dort geht es weiter auf dem Schmeder Weg, hinter dem nächsten Waldstück links auf einen Feldweg, nächste halb rechts, am Ortsanfang über die gepflasterte Straße und auf Pfad zwischen Hecken zur nächsten Straße, die links zurück führt zum Ortsrand von **Kirchhatten** 1.

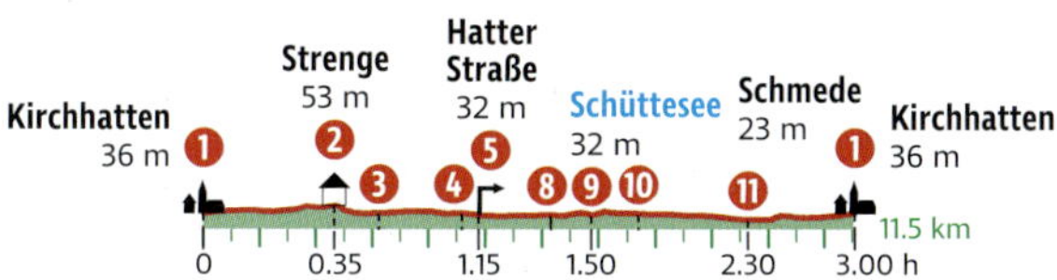

↗ 60 m | ↘ 60 m | 11,8 km

37 Kirchhatten – Schierenbuchen – Hexenstein

3.00 h

Waldlehrpfad und aussichtsreiche Feldfluren am Wehe

Mit dem Naturerlebnispfad Schierenbuchen beginnt diese Laubwald-, Feld- und Wiesenrunde zum Hexenstein, einem der größten Findlinge der Wildeshauser Geest, sowie durch das Waldgebiet Braker Sand.

Ausgangspunkt: Vor dem Holze (36 m), Parkplatz am südöstlichen Ortsrand von Kirchhatten (Navi: Kreuzung Vor dem Holze/Wildeshauser Straße, 26209 Hatten).
ÖPNV: Haltestelle Kirchhatten Vor dem Holze am Ausgangspunkt, Buslinie 270 von/nach Oldenburg Hbf, Mo. – Sa. stündlich, So. und feiertags alle 2 Stunden, www.vbn.de.
Anforderungen: Leichte Wald- und Feldwanderung, passagenweise auf grasigen Wegen.
Einkehr: Keine unterwegs.

Rechts gegenüber vom Wanderparkplatz **Vor dem Holze** ❶ an der Wildeshauser Straße am Ortsrand von **Kirchhatten** taucht der Forstlehrpfad links von der Straße »Schierenbuchen« unter die alten Buchen und Eichen des Naturwalds **Schierenbuchen** ein. Der Waldweg führt geradeaus zu einem **Rastplatz** ❷. Nach Durchqueren des Waldes folgen wir dem schmalen geteerten Papenmoorweg links in aussichtsreicher Feld- und Wiesenflur am **Papenmoor** ❸ entlang, einem Feuchtgrünland, in dem sich Schafstelzen und Wiesenpieper wohlfühlen.
Am ersten Hof verliert der Papenmoorweg den festen Belag und führt als Feldweg dem Wald zu, an dessen Rand eine Sitzbank zum Verweilen

Der Hexenstein vor dem Wehe.

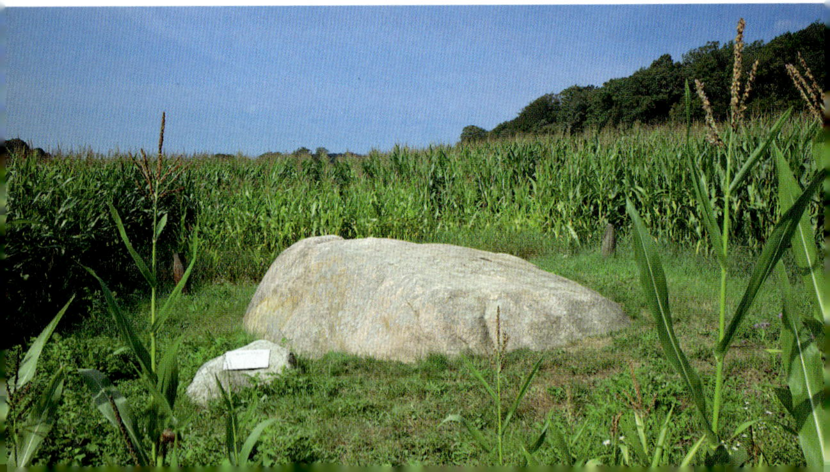

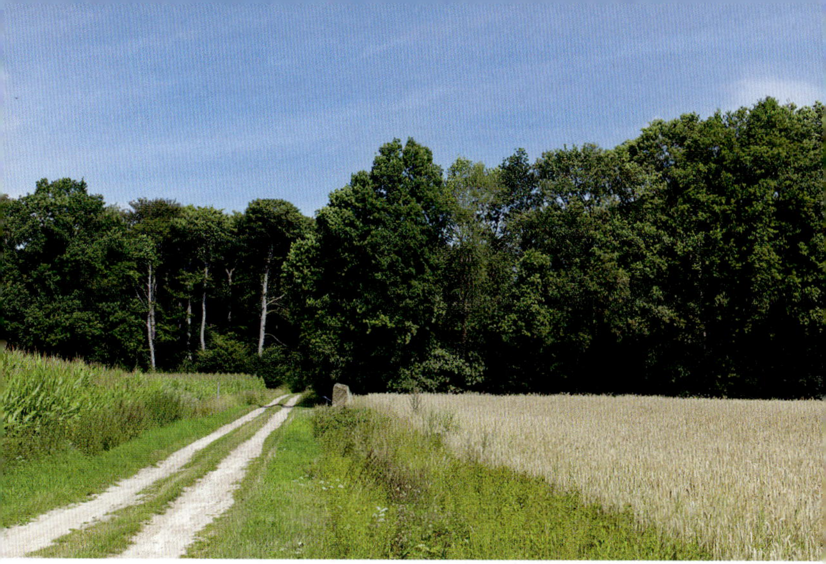

Wald- und Wiesenfluren wechseln sich vor und hinter dem Wehe ab.

einlädt. Nach Durchqueren des kleinen, artenreichen Waldstücks geht es weiter durch die Felder, an der Verzweigung bei den Höfen geradeaus (Hatter Weg) zum Wehe, dem Grenzwald zwischen Kirchhatten (»Hinter dem Wehe«) und Dötlingen (»Vor dem Wehe«). Der Forstweg ist hart geschottert, so zweigen wir an der Kreuzung 200 m nach Anfang des Waldes links ab beim **Reitverbot-Schild** 4 und folgen dem ersten Weg rechts. Nach 100 m dem nächsten Forstweg links bis zum Ende folgen, wo sich nach rechts ein Abstecher zum **Hexenstein vor dem Wehe** 5 lohnt; der 4,30 x 3,30 m große Findling aus rötlichem Granit liegt in einem Feld, gegenüber befindet sich ein Rastplatz.

Vom Hexenstein geht es auf demselben Forstweg zurück in den Wehe, nach 5 Min. an der T-Kreuzung rechts und nach 150 m links »Am Wehe« 6, hinter dem Wehe über die »Neue Dorfstraße« und geradeaus auf einem aussichtsreichen Feldweg, an der Verzweigung halb rechts Richtung Landstraße, nach Queren der **Kirchhatter Straße** 7 geradeaus auf der bis zum ersten Hof geteerten Straße »Am Braker Sand«, dann weiter geradeaus auf einem idyllischen Weg am Rand des Waldgebiets **Braker Sand**. Nach Passieren eines **Teichs** 8 zweigen wir scharf links ab und folgen dem Forstweg geradeaus zum Waldrand. Nach etwa 1 km dort links und hinter dem ersten Hof rechts (Twiestweg). Nach 200 m zweigen wir vor einem Hof links auf einen aussichtsreichen Wiesenweg (»Zum Stiegemeer«) ab und erreichen die Höfe von **Hinterm Holze** 9. Am letzten Hof geht es weiter

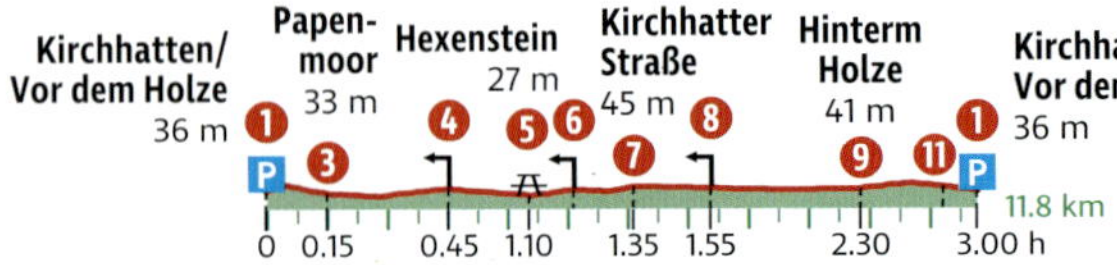

geradeaus, auf einem grasigen Waldrandweg, am nächsten **Waldrand** ⑩ führt ein Forstweg rechts weiter, quert am nächsten Hof eine kleine Straße, führt im Wald geradeaus und erreicht dort eine Waldwegekreuzung mit Sitzbank. Hier wenden wir uns links, biegen an der **Übersichtstafel** ⑪ vor den ersten Häusern (geradeaus der Gasthof Schützenhof) links in den Weg Unter den Buchen ein und sind wenig später zurück am Ausgangspunkt am Ortsrand von **Kirchhatten** ①.

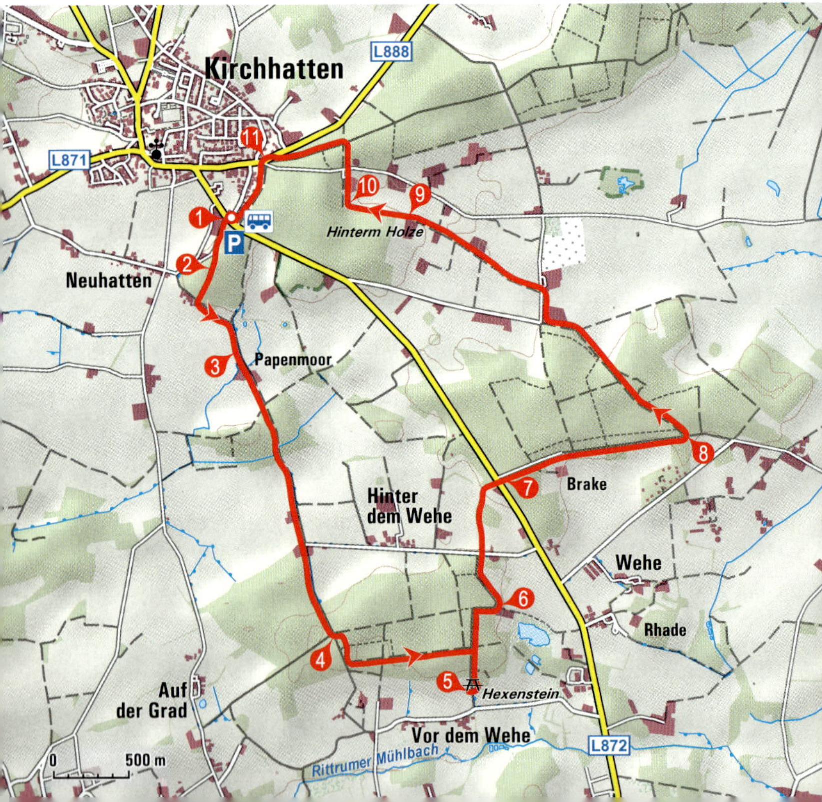

↗ 30 m | ↘ 30 m | 4,0 km

TOP

38 Dötlingen – Glaner Braut

1.00 h

Runde auf dem Huntepadd

Der Huntepadd führt vom Bilderbuchdorf Dötlingen auf idyllischen Pfaden durch die Wald-, Fluss- und Heidelandschaft an der Hunte zur Steinsetzung Glaner Braut im Naturpark Wildeshauser Geest. Der Huntepadd ist kurz, doch auf diesen 5 Kilometern wartet ein hohes Maß an Naturnähe. Informationstafeln berichten Wissenswertes über dieses landschaftliche Kleinod an der Hunte.

Ausgangspunkt: Dötlingen (29 m), Kirche, Parkplatz an der Kirche, Kreuzung Dorfring-Karkbäk.
ÖPNV: Haltestelle Dötlingen Feuerwehr 200 m östlich vom Ausgangspunkt, von dort auf Dorfring links am Dötlinger Hof vorbei und zweite Straße links (Karbäk) zum Startpunkt. Buslinie 270 von Oldenburg Hbf, Mo. – Sa. stündlich, So. alle 2 Std. Von der Haltestelle dem Dorfring südlich vom Dötlinger Hof zur St.-Firminus-Kirche folgen.
Anforderungen: Leichte Waldwege, Pfade.
Einkehr: Keine am Weg.

Dötlingen ❶ an der Hunte ist das Bilderbuchdorf der Wildeshauser Geest mit reetgedeckten Fachwerkhöfen und -häusern zwischen mehrhundertjährigen Eichen. Eine 1000-jährige Eiche steht bei der **St.-Firminus-Kirche** und dem **Tabkenhof**, der mit 58 m Länge und 18 m Breite eines der größten Niedersachsenhäuser ist. Die mittelalterliche Kirche wurde im 12./13. Jh.

Glaner Braut – jungsteinzeitliches Hünenbett oder versteinerter Hochzeitszug?

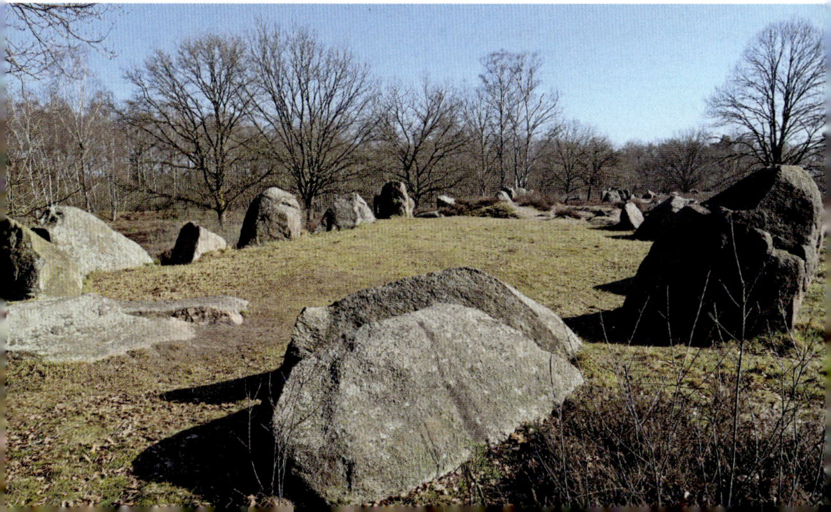

Die Kirche St. Firminus wurde im 12./13. Jh. aus Findlingen und Feldsteinen erbaut.

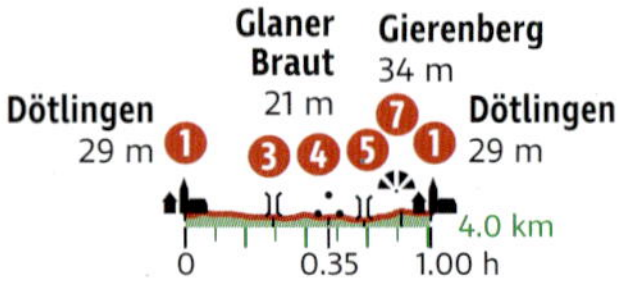

aus Feldsteinen und Findlingen in romanischen und gotischen Formen auf einem Hügel über der Hunte errichtet.

Auf der Südseite der Kirche geht es über eine gepflasterte Promenade am Fuß des Kirchhügels, die in Verlängerung der Parkplatzzufahrt vor Teichen rechts führt. An der ersten Verzweigung leitet der namentlich ausgeschilderte **Huntepadd** 2 hinter einer Schranke links in den Wald und folgt dem Steilufer über der Hunte durch einen urtümlichen Buchenwald. Eine Sitzbank lädt zur Rast ein über dem Fluss, der sich in weit ausholenden Mäandern dahinschlängelt. Schließlich verlässt der Huntepadd den Wald, passiert eine aussichtsreiche Sitzbank vor Feldern, überquert den Fluss auf einer **Holzbrücke** 3 mit Picknicktisch und wendet sich an der Kreuzung bei einem Haus links Richtung »Glaner Braut«. Alleeartig führt der Weg zwischen Feld und Weide dahin, hinter einem Waldstück öffnet sich die als Naturschutzgebiet ausgewiesene Heidefläche mit den Megalithen der **Glaner Braut** 4. Von ihnen sagen Wissenschaftler, es handle sich um jungsteinzeitliche »Hünenbetten«, und liefern auf Informationstafeln zentimetergenaue Daten über Höhe, Breite usw. dieser Betten, während die Legende berichtet, es handle sich um einen versteinerten Hochzeitszug.

Von den Steinsetzungen führt der Huntepadd weiter am Waldrand entlang, links haltend vor einem Altarm der Hunte, in einem Naturparadies mit Feuchtwiesen, Gehölzen und alten Bäumen. Schließlich erreicht er vor der nächsten **Holzbrücke** 5 eine weitere Raststelle. Der Huntepadd überquert hier die Hunte auf der Holzbrücke, führt über eine zweite Brücke durch ein Feuchtgebiet und mündet in die Zufahrt zum **Lopshof** 6 und bei diesem ehemaligen Schullandheim in den Heideweg, folgt ihm kurz links und wechselt hinter einem Teich schräg rechts hinauf in die Wälder des **Gierenbergs** 7, auf dessen Gipfelwiese eine Sitzbank unter alten Bäumen zur Rast einlädt. Wenn das Grün der Laubbäume die Sicht nicht versperrt, schweift der Blick über das Huntetal hinweg bis Ahlhorn und Wildeshausen.

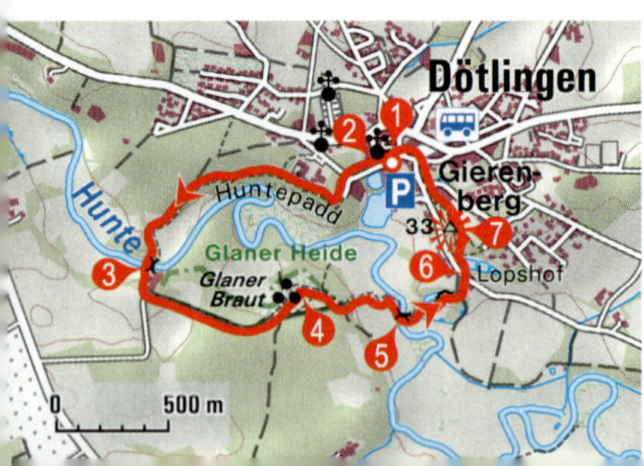

Vom Gierenberg führt der Huntepadd zurück zum Heideweg und folgt ihm rechts dorfeinwärts, vorbei an den reetgedeckten Fachwerkhäusern von **Dötlingen**, hinter denen am Ausgangspunkt der Turm der aus Feldsteinen errichteten alten **Kirche** 1 hervorspitzt.

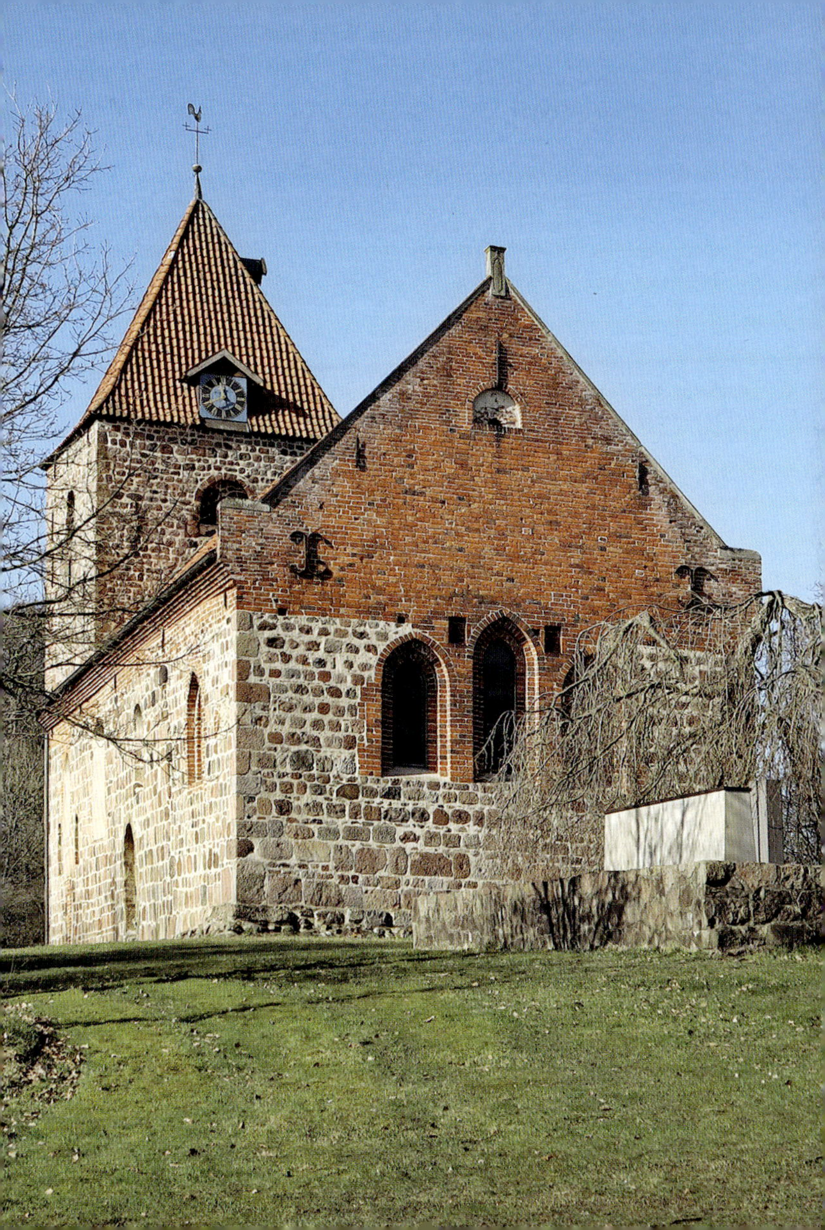

↗ 40 m | ↘ 40 m | 8,0 km

39 Pestruper Gräberfeld – Pestruper Moor

2.00 h

Schönste Heidefläche der Wildeshauser Geest

Das Pestruper Gräberfeld in der Heidelandschaft der Wildeshauser Geest gilt als größtes bronze- und eisenzeitliches Gräberfeld im nördlichen Mitteleuropa, das benachbarte Pestruper Moor als das wildeste Niedermoor im Oldenburger Land. Der Wanderweg gewährt faszinierende Einblicke in die Bruchwälder des die Hunte begleitenden Niedermoores am Geestrand.

Ausgangspunkt: Wanderparkplatz Pestruper Gräberfeld (34 m) südlich von Wildeshausen (Navi: Pestruper Str. 90, 27793 Wildeshausen).
ÖPNV: Bushaltestellen Kleinenkneten Abzweigung Lohmühlerweg bei 6 und Pestrup Dorf 150 m westlich von 7 mit Linie 263 an Schultagen mehrmals täglich, www.vol-buslinien.de.
Anforderungen: Leichte Wald-, Heide- und Wiesenwege, passagenweise pfadartig, passagenweise asphaltiert.
Markierung: Fast durchgehend umkreiste Ziffer »2« in umgekehrter Gehrichtung sowie stellenweise Radschilder.
Einkehr: Keine.

Nach Queren der Pestruper Straße am **Wanderparkplatz** 1 führt ein leicht sandiger Heideweg zum **Schafstall** 2 am nördlichen Rand des Naturschutzgebiets **Pestruper Gräberfeld** und folgt vorbei an Infotafeln als aussichtsreicher Pfad dem Rand dieser Heidefläche, auf der während der Bronze- und der frühen Eisenzeit rund 530 Grabhügel aufgeschüttet wurden; die größeren werden als **Königsgräber** bezeichnet. Verschlungene Wege zweigen in die ruhige Heidelandschaft ab, die saisonal von Heidschnucken beweidet wird, während unser Pfad dem Rand der waldgerahmten Heidefläche entgegen dem Uhrzeigersinn mit faszinierenden Ausblicken folgt. Die lang gestreckten Hügel inmitten des Gräberfeldes werden als Hochäcker gedeutet: Hier soll ein Kult namens »rituelles Pflügen« durchgeführt worden sein. 1908 erwarb das Großherzogtum Oldenburg das Pestruper Gräberfeld und stellte es unter Schutz, Funde sind im Oldenburger Landesmuseum ausgestellt.

An einer Verzweigung bei einem **Rastplatz** 3 mit Infotafel, Sitzbänken und Tisch am Westrand der Heidefläche zeigt das Schild »Kleinenknetener Steine 2,2 km« waldeinwärts auf einen schmalen Weg, der wenig später in den **Lohmühlenweg** 4 mündet. Dieser führt südwärts durch den Wald und taucht bei einer Bank und Asphaltbeginn in die Feldflur ein, zu

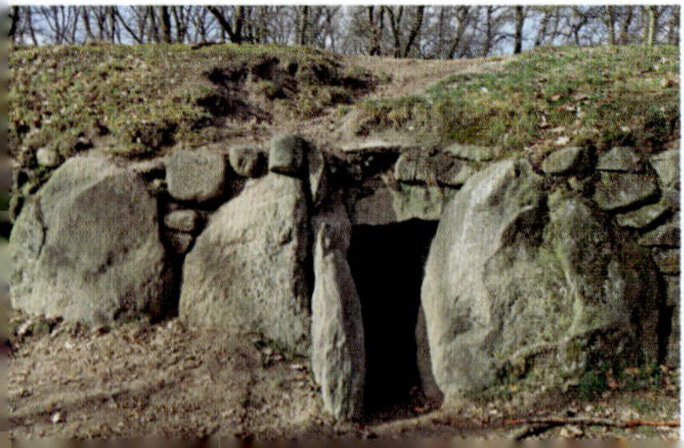

Eingang zum rekonstruierten Großsteingrab Kleinenkneten I.

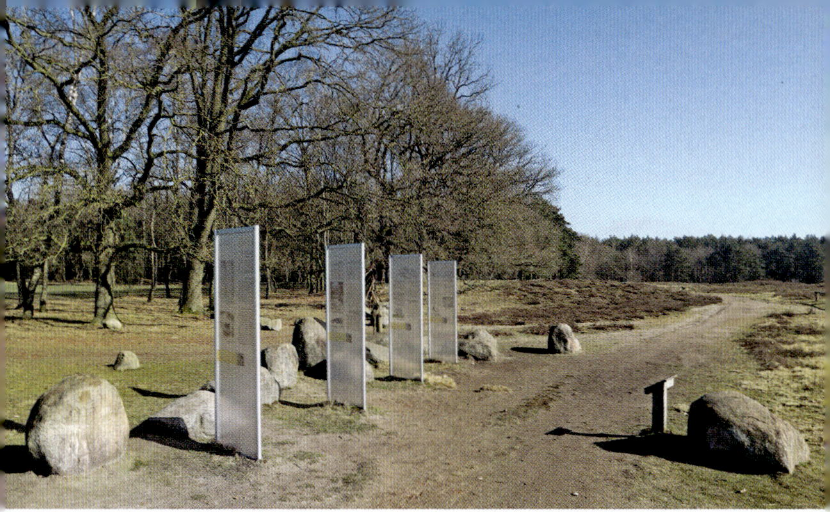

Hinter dem Schafstall informieren Panele über das Pestruper Gräberfeld.

der die Pestruper Heide außerhalb des Naturschutzgebiets umbrochen wurde. Nach 0,5 km biegen wir rechts in den Spur- und später Grasweg am Waldrand, der nach 5 Minuten nach links schwenkt und auf ein Gehölz zuführt, in dem wir uns zunächst rechts halten und kurz darauf die **Kleinenknetener Steine** ❺ passieren zwei jungsteinzeitliche Megalithanlagen: Das Hünengrab I wurde von Archäologen in seinen ursprünglichen Zustand versetzt und mit Erde teilweise überhügelt; es ist 50 m lang und 7 m breit, 85 Findlinge umgeben die Anlage, in deren Mitte sich eine 8 x 3 m große Grabkammer befindet. Die als »Hünenbett II« bezeichnete Anlage ist das einzige Ganggrab in Niedersachsen mit drei Kammern.

Vom Gehölz mit den Steinen führt ein Pfad südwärts, der erste Asphaltweg leitet links (Radschilder, u.a. Pestrup 2 km) an einer aussichtsreichen **Asphaltwegekreuzung** ❻ vorbei zur Kreisstraße mit einer Bushaltestelle, hinter der der Weiler **Pestrup** ❼ im Huntetal liegt. Dort biegen wir beim Trafohaus links in den Schotterweg ab, der uns links an einem Hof vorbei zu Dorfende führt und dort rechts am Feldrand entlang zu einer Rechtskurve, nach der wir links dem Radweg folgen (»Haus Nr.9«). Vor der Hunte

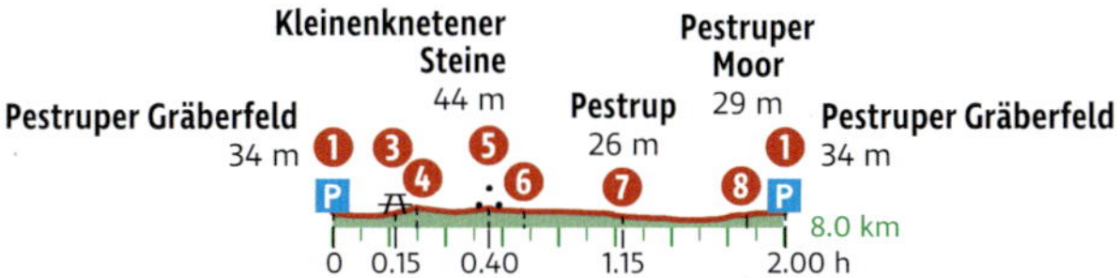

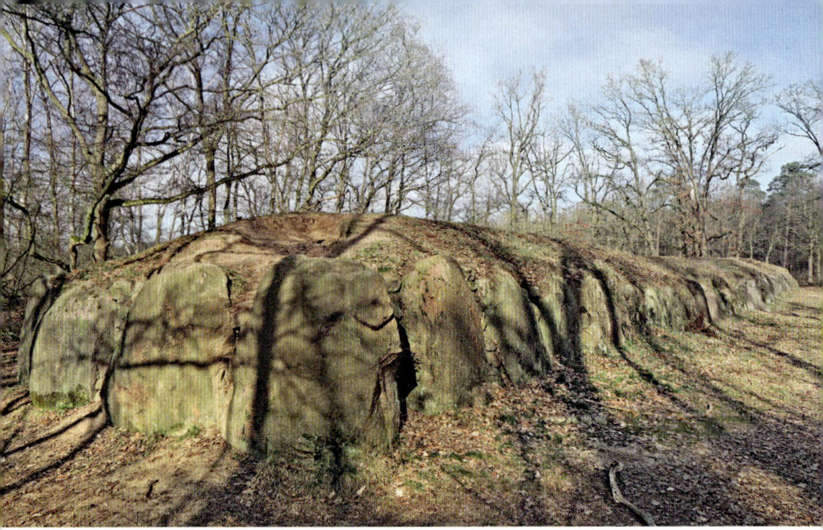

Das Großsteingrab Kleinenkneten I ist beachtliche 50 m lang und 7 m breit.

schwingt der Wander-/Radweg links flussabwärts (Verkehrsverbotsschild) und leitet im Wechsel aus Grünland und Gehölzen dem großteils bewaldeten **Pestruper Moor** 8 zu. Hier geht es an der Verzweigung im Wald dem Radweg folgend links (Pestruper Gräberfeld 0,8 km) und nach 50 m durch eine Rechtskurve zurück zum Ausgangspunkt, dem Wanderparkplatz am **Pestruper Gräberfeld** 1.

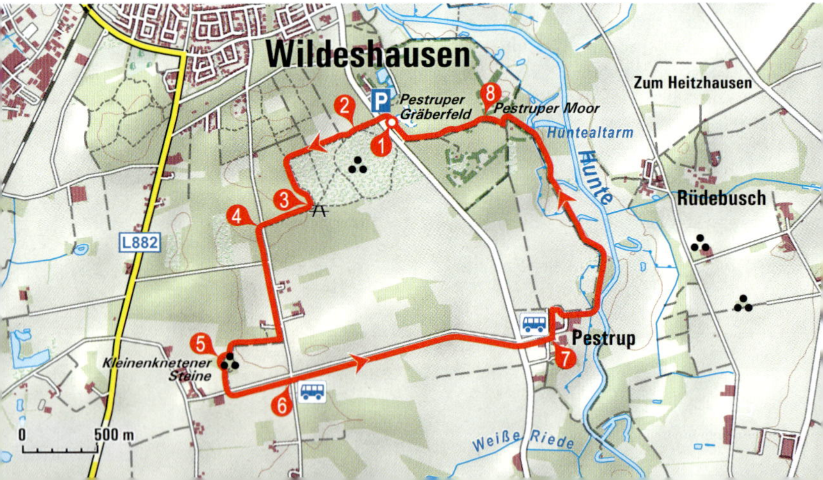

↗ 50 m | ↘ 50 m | 13,1 km

3.15 h

Beckstedt – Colnrade – Einen

40

Wiesen, Weizenfelder, Wälder an der Hunte

Durch die sanft gewellte Hunte-Landschaft von Colnrade und Goldenstedt führen Wald- und Feldwege wie am Rand der Welt: hohe Weißbirkenalleen, üppige Kornfelder, grüne Gehölze, immer wieder der weite Blick und in der Mitte der Fluss. Schon in vorgeschichtlicher Zeit wurden hier ein »Sonnenstein« aufgerichtet und große Steine, sogenannte Megalithen, zu »Hünengräbern« zusammengetragen.

Ausgangspunkt: Eglinger Platz (32 m), Bushaltestelle und Parkplatz zwischen Colnrade und Beckstedt (Navi: Eglinger Platz, 27243 Colnrade).
ÖPNV: Bushaltestellen Beckstedt Eglinger Platz am Ausgangspunkt, Austen. ❻, Colnrade Schule bei ❼, außerdem Beckstedt Kreuzung am Sonnenstein für die Variante – alle mit Linie 232, nur zu Schulzeiten, www.vbn.de.
Anforderungen: Leichte Waldwege und Nebenstraßen.
Markierung: Radwegweiser sowie entlang der Hunte »Ökopad«.
Variante: Kurz nach ❸ geradeaus nach Colnrade (0,5 km). Dadurch Abkürzungsmöglichkeit der Tour (8 km kürzer).

Tipp: Beckstedt ist bekannt für den Fund eines Findlings mit 11 konzentrischen vermutlich bronzezeitlichen Kreisen und dadurch dem Namen »Sonnenstein«. Das Original steht heute im Bremer Focke-Museum, eine Kopie erinnert in der Dorfmitte neben der Bushaltestelle Beckstedt Kreuzung an den Fundort. Zu Fuß (0,6 km) vom Ausgangspunkt in östliche Richtung entlang der Kreisstraße und in deren Linkskurve geradeaus entlang (»Im Dorf«) zur Ortsmitte mit Sonnenstein-Kopie.
Einkehr: Colnrade mit Café neben der Kirche (Sommerhalbjahr sonntagnachmittags) sowie weiter unten an der Hauptstraße Bäckerei-Café (täglich).

Der **Eglinger Platz** ❶ mit seiner Schutzhütte verdankt seinen Namen der Freundschaft zwischen den Schützenvereinen von Colnrade und dem bayerischen Egling. Wir folgen der kleinen Asphaltstraße Am Esch nordwärts und bei einer Kreuzung geradeaus dem Landwirtschaftsweg rechts am Hof vorbei und nach einer Linkskurve aussichtsreich zwischen Feldern. 500 m nach dem Hof halten wir uns bei einer T-Kreuzung 200 m vor dem Wald links und kurz darauf vor dem Wald rechts. Der Weg am Waldrand passiert nach 100 m links einen kleinen Jagdsitz, an dem wir links abzweigen. Der Weg erreicht nach dem Ende des Walds einen **Reitplatz** ❷, an dem wir rechts vorbeigehen und kurz darauf links in den als Radroute ausgewie-

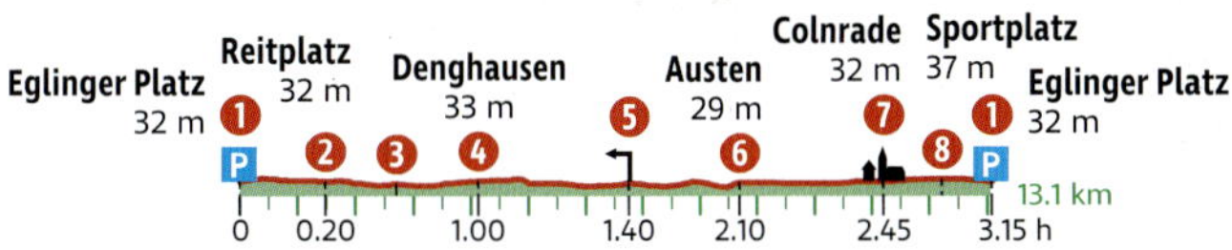

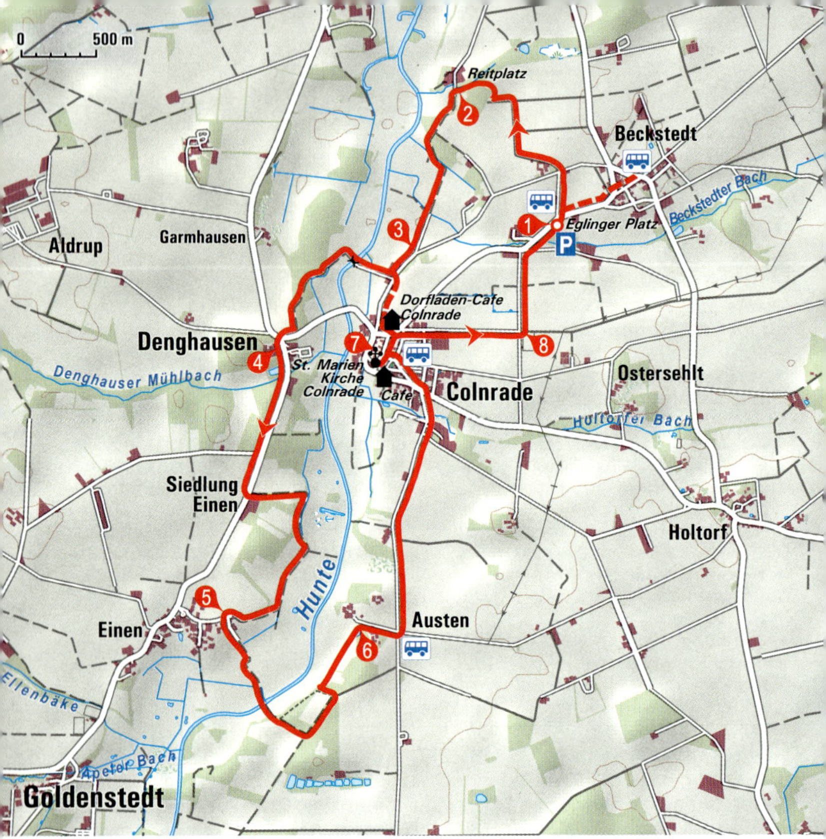

senen Feldweg biegen. Nach einer Kreuzung schwingt der Feldweg links in den Hang und erreicht den **Fahrrad-Knotenpunkt 35** ❸. Entlang der kleinen Straße nähern wir uns geradeaus Colnrade und biegen 50 m nach dem Ortsschild rechts in den Schotterweg (Schild: Bootsanleger). Das vor uns liegende Colnrade steuern wir später an. Nach der Stegbrücke über die Hunte folgen wir dem Pfad vor dem Wald durch die Linkskurve und kurz darauf dem Spurweg links haltend zwischen Wald (rechts) und Wassergraben (links). Nach kurzem Eintauchen in den Wald verlassen wir diesen nach kurzem Anstieg und einer Schranke und folgen kurz darauf der Pestruper Straße rechts zum Rad-Knotenpunkt 89 beim Weiler **Denghausen** ❹, nach dem uns links – alternativlos – eine weniger schöne 1 km lange Passage erwartet: auf dem Radweg links neben der Straße Richtung Einen, die wir

vor einem Hof links verlassen (Radschild Einen 2,2 km). Der auch als »Ökopad« ausgewiesene Radweg bietet nach einer Rechtskurve schöne Blicke auf das Tal der links parallel verlaufenden Hunte. Nach einer Rechtskurve vor einem Hof als Vorposten des Dorfs **Einen** 5 mit den Straßenschildern Zeisighagen/Stau gehen wir links abwärts in das Huntetal, über die Brücke und dahinter geradeaus durch Wald leicht aufwärts. 5 Gehminuten nach einer Linkskurve knickt der Weg nach rechts ab, an dieser Stelle nehmen wir den Spurweg links abwärts und gehen nach einer Rechtskurve auf das Gehöft bei **Austen** 6 zu, wo wir der gepflasterten Straße nach rechts folgen zur birkenbestandenen Austener Straße, die uns nach 1,5 km links nach **Colnrade** 7 führt. Dort halten wir uns vor dem Funkturm links und biegen nach 50 m in die Dorfstraße ab, nach der Bushaltestelle Colnrade-Schule links etwas schwenkend zur Dorfmitte, wo sich links ein 200 m langer Abstecher anbietet zur Kirche mit Rastgelegenheit und Café. Danach geht es nordwärts auf der Dorfstraße zur Kreisstraße mit einem Ofenladen rechts. Unten links liegt der Dorfladen mit Bäckerei-Café, wir aber biegen nach rechts ab und wählen nach 50 m in einer Linkskurve der Kreisstraße geradeaus den Kieselhorster Weg als verkehrsärmere Variante zurück nach Beckstedt (Schild: Zum Sportplatz).
Der Kieselhorster Weg verlässt den Ort bergwärts, am **Sportplatz** 8 geht es links ab (Hölinger Straße) und zurück zum Ausgangspunkt, dem **Eglinger Platz** 1 vor dem »Sonnensteindorf« Beckstedt.

Der Beckstedter Sonnenstein verdankt den Namen seinen 11 konzentrischen Kreisen.

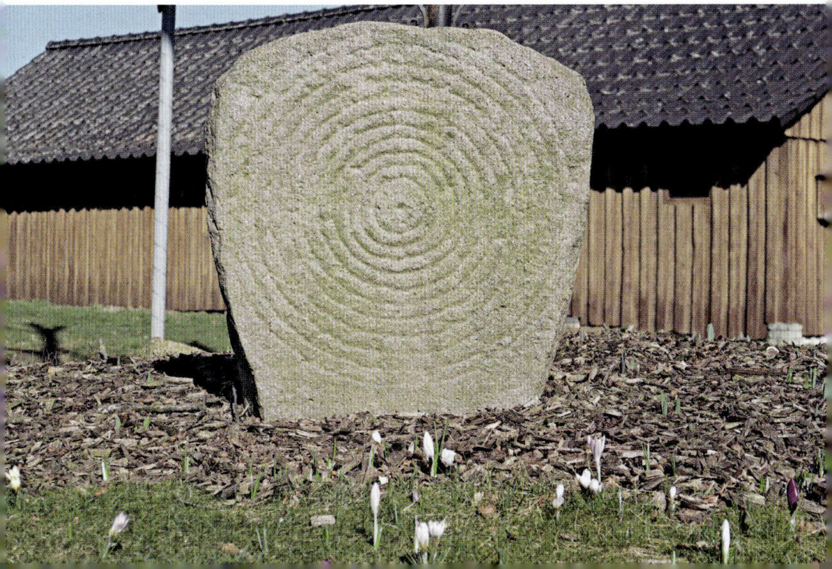

TOP

41

Engelmannsbäke – Visbeker Braut

↗ 50 m | ↘ 50 m | 12,9 km

3.15 h

Sagenumwobene Steinreihen in der Ahlhorner Heide

Der Visbeker Brautzug in der Ahlhorner Heide ist eines der bedeutendsten Ensembles von Megalithanlagen in Deutschland. Errichtet wurden die Großsteinanlagen während der Jungsteinzeit ab 3000 v. Chr. in einem malerischen Laubwaldgebiet, durch das als Wanderwege der »Brautweg« und der »Steingräberweg« führen. Nicht zu überhören ist allerdings die akustische Untermalung des Brautzugs durch die Autobahn A 1.

Ausgangspunkt: Landgasthof Engelmannsbäke (44 m), nordwestlich von Visbek (Navi: Engelmannsbäke 31, 49429 Visbek).
ÖPNV: Bushaltestelle Ahlhorn Bakler Berg 0,5 km nordwestlich vom Ausgangspunkt auf der anderen Seite der A1; Linie 267 mit wenigen Verbindungen an Schultagen vom/zum Bahnhof Ahlhorn, www.vbn.de.
Anforderungen: Leichte Wald- und Radwege.
Markierung: Stellenweise Geestweg (Steingrab), Braut-, Jakobs- und Pickerweg (P).
Varianten: Abkürzungsmöglichkeiten durch Abbiegen nach rechts und Queren der Aue nach 1,6 km (gesamt 3 km) und nach 3,1 km (gesamt 5,4 km).
Einkehr: Engelmannsbäke (Sommerhalbjahr Mi. – Do. ab 14, Fr. – So. ab 12 Uhr).

Vom Landgasthof **Engelmannsbäke** ❶ in einem niedersächsischen Fachwerkgutshof bei einem Forellenteich (Gartenrestaurant) führt der mit dem Zeichen »Steingrab« markierte Steingräberweg auf einem Waldweg – links wächst eine mehrhundertjährige Kandelabereiche – zum mehrere

Namensgebend für den Heidenopfertisch ist die 5×7 m große Deckplatte dieses Steingrabes.

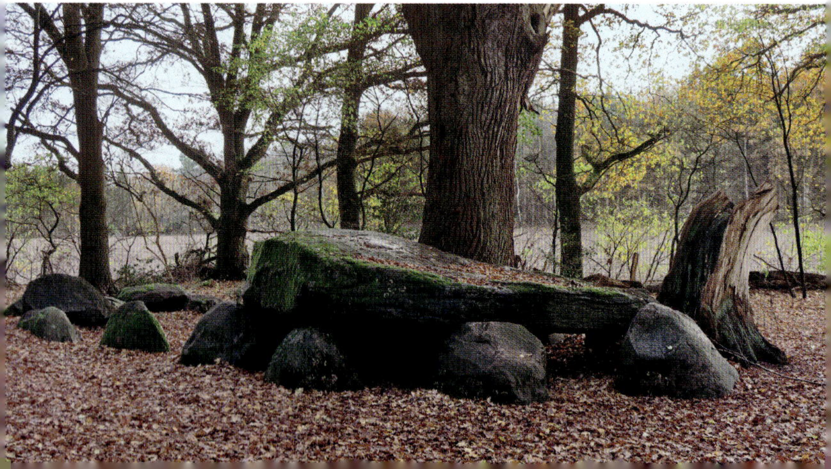

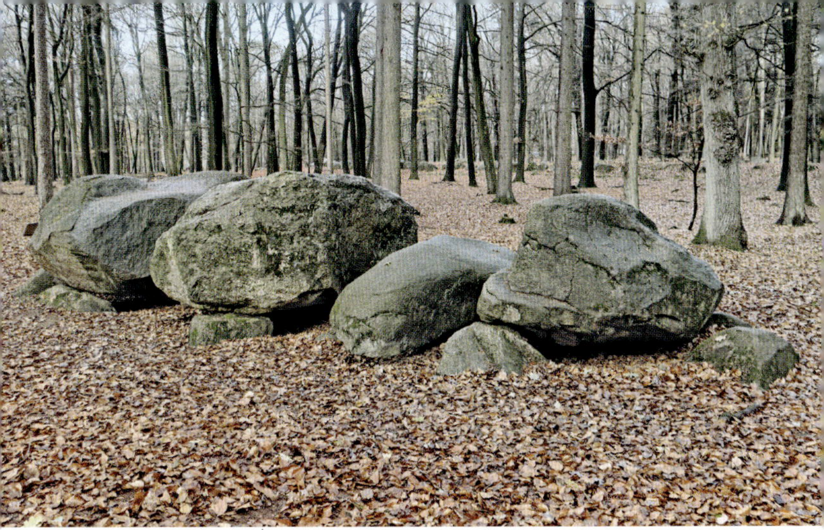

Der Visbeker Bräutigam ist eine mit einst 170 Findlingen eingefasste Grabanlage.

Tonnen schweren **Heidenopfertisch** 2, einem Großsteingrab mit einem 5x7 m großen Deckstein. Danach überqueren wir die Aue und erreichen nach einem Zaun zur Linken halb links den **Visbeker Bräutigam** 3: Die aus ursprünglich 170 Findlingen errichtete Einfriedung dieser Anlage ist 104 m lang, daneben befindet sich u. a. der »Visbeker Brautwagen«. Die Benennungen werden erklärt durch eine auf einer Infotafel wiedergegebene Sage, nach der ein ganzer Hochzeitszug bei einer Zwangsverheiratung zu Stein erstarrt sein soll.

Wir passieren das sagenhafte Steingrab links oder rechts und folgen dem Weg in östliche Richtung durch den Wald; bei einer 5-fach-Kreuzung hinter einer rot-weiß-roten Schranke führt nach links ein Abstecher zur **westlichen Doppelanlage Ahlhorner Kellersteine** 4. Hier kehrt man um und wandert an der 5fach-Kreuzung links weiter auf dem Brautweg am Waldrand (Schild zu Hundeanleinpflicht im Wildeinstandsgebiet). Bald taucht

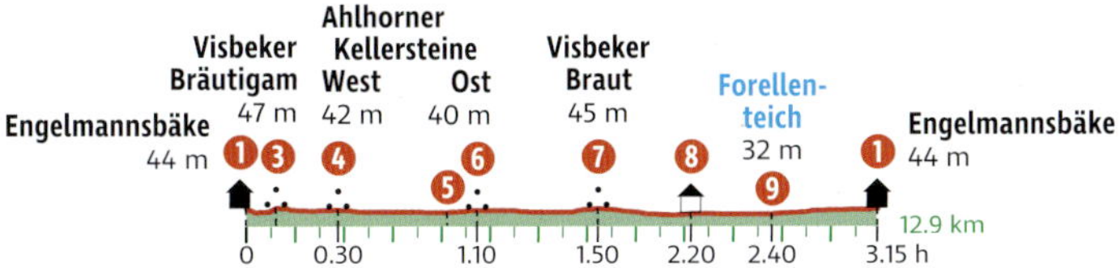

Die Megalithanlage Visbeker Braut gilt der Sage nach als versteinerter Hochzeitszug.

der Weg in einen unter Naturschutz stehenden Eichenwald ein. Wenn er einen niedrigen **Erdwall** ❺ erreicht, geht es links auf einem Pfad (Schild: Steinloger Kellersteine 0,7 km) über den Wall, ehe nach 5 Gehminuten zur Linken ein Holzschlagbaum erreicht wird, wo wir uns rechts halten, wenn wir nicht vorher geradeaus dem Pfad noch 200 m zur mäßig sehenswerten **östlichen Kellersteine-Doppelanlage** ❻ folgen (und wieder zurück). Der gerade Waldweg trifft nach einem Holzschlagbaum auf eine Straße, der wir 200 m nach links folgen. Weiter beim Radknotenpunkt 95 rechts (Geest-Radweg), bei der Kreuzung vor einer freier Fläche mit Rastgelegenheit und Stein »Nr. 2« links und bei einer T-Kreuzung mit einem Waldweg links (P) zur versteinerten **Visbeker Braut** ❼; am Ende des versteinerten »Hochzeitszuges« laden Tisch und Bänke zur Rast ein.
Auf demselben Pfad bzw. Weg zurück zur Kreuzung mit dem Stein »Nr. 2« und geradeaus bis zum ersten Asphaltweg Varnhorner Weg: Er führt links (P) über die Aue und erreicht nach Überqueren des Bachs am Radknotenpunkt 88 eine **Schutzhütte** ❽, an der Bänke und Tisch zur Rast einladen. Von hier folgt der Steingräberweg einem breiten, später asphaltierten Weg rechts (westwärts) zwischen Wald und Feldern (Engelmannsbäke 4,2 km). Hinter dem ersten Hof kurz nach dem **Forellenteich** ❾ besteht die Möglichkeit, rechts auf den schmalen Weg Richtung »Engelmannsbäke« abzuzweigen und nach 250 m links auf dem bekannten Brautweg zurück zum Ausgangspunkt zu wandern, während der Steingräberweg weiterhin dem breiten Forstweg folgt. 300 m vor der Straße geht es rechts auf dem Waldweg zurück zum Landgasthof **Engelmannsbäke** ❶.

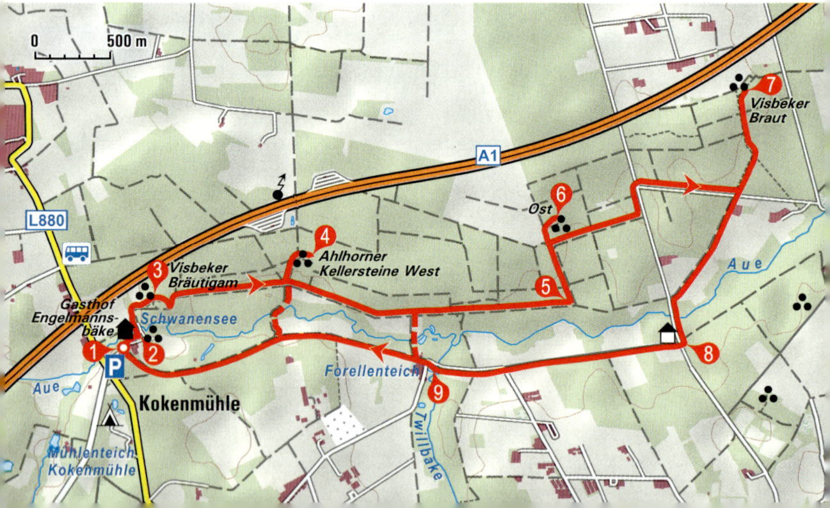

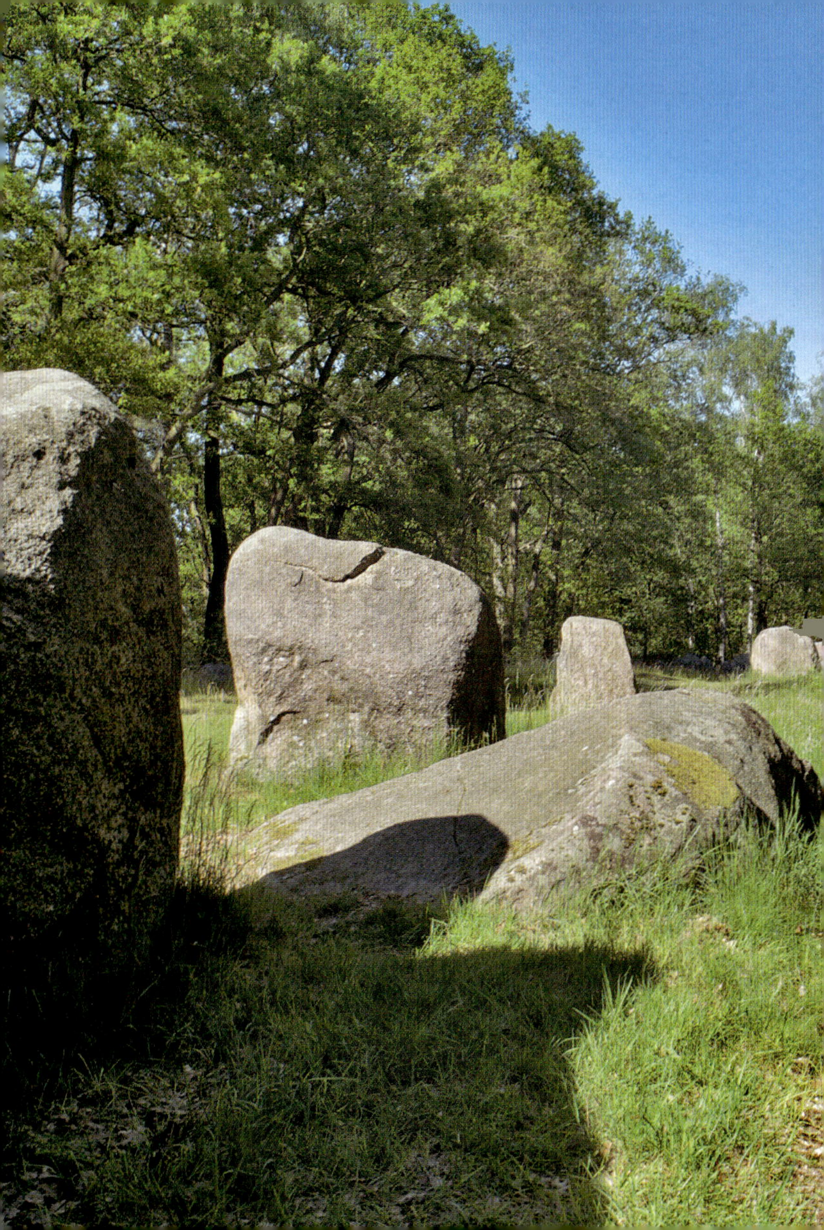

↗ 10 m | ↘ 10 m | 6,2 km

42 Ahlhorner Teiche – Zwölf Apostel

1.30 h

Wasserlandschaft an der Lethe

Fischadler, Baumfalken und Reiher kreisen über den mehr als 60 waldumrahmten Ahlhorner Teichen im Lethetal. Die ab 1906 als staatliches Fischzuchtgebiet des Großherzogtums Oldenburg angelegte Teichelandschaft erinnert an einen Landschaftspark mit über hundertjährigen Eichen und Buchen sowie den Relikten der vorgeschichtlichen Steinsetzung Zwölf Apostel. Viele Dämme sind als Wanderwege ausgewiesen, die Teiche und ihre Umgebung weisen ein bedeutendes Amphibienvorkommen auf und stehen auf einer Fläche von 485 Hektar unter Naturschutz.

Ausgangspunkt: Am Karpfen (35 m), Wanderparkplatz an der Einmündung der Straße »Zu den Fischteichen« in die Straße »Baumweg« (Navi: Baumweg, 49685 Emstek).
ÖPNV: Keine sinnvollen Verbindungen.

Anforderungen: Leichte Wald- und Forstwege, passagenweise Pfade.
Markierungen: Zuerst rot/gelb, dann hauptsächlich blau markiert.
Einkehr: Hofladen Teichwirtschaft Ahlhorn (Do. und Fr.).

Am Wanderparkplatz **Am Karpfen** ❶ beginnen am Schild »Naturschutzgebiet« der gelb markierte Lethe-Rundwanderweg und der rot markierte Zwölf-Apostel-Rundwanderweg. Auf einem Pfad unter hohen Weißbirken leiten die Markierungen zur Lethe, der Pfad schlängelt durch den Wald und überquert den durch Bruchwälder mäandernden kleinen Fluss auf zwei Holzbrücken. Direkt vor einem breiten Schotterweg folgen wir dem kleinen Pfad weiter links durch den Wald am Bach entlang. Dieser Pfad mündet schließlich in einen **Weg** ❷, auf dem es links weitergeht, wobei nun die blauen Markierungen des Fischteich-Rundwanderwegs die Route weisen. Der blaue Weg führt am **Kirchteich** ❸ vorbei, an dessen gegenüberliegendem Ufer sich das Jugendheim Blockhaus zwischen Kirch-, Schilf- und Helenensee befindet. Während sich links die Lethe durch die Wälder schlängelt, erstrecken sich rechts die Teiche, der nächste ist nach der Abzweigung ❹ Richtung Blockhaus der Schilfteich. Dann folgen die blauen Markierungen dem Uferdamm des Schwanensees, erreichen hier den westlichsten Punkt der Wanderung und folgen dem Uferweg vorbei an einem **Rastplatz am Schwanensee** ❺. Nördlich des Schwanensees hinter einer Brücke

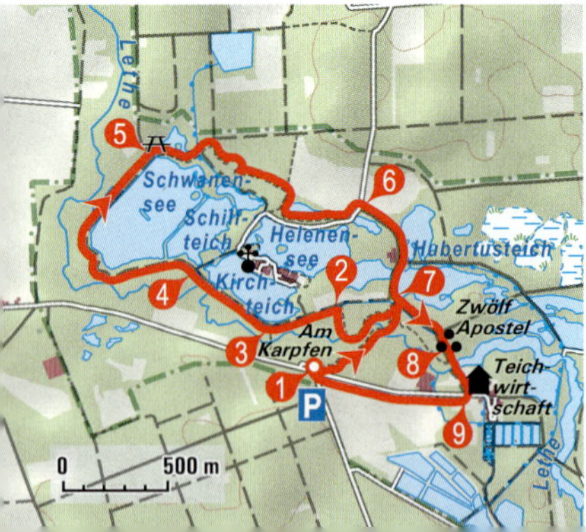

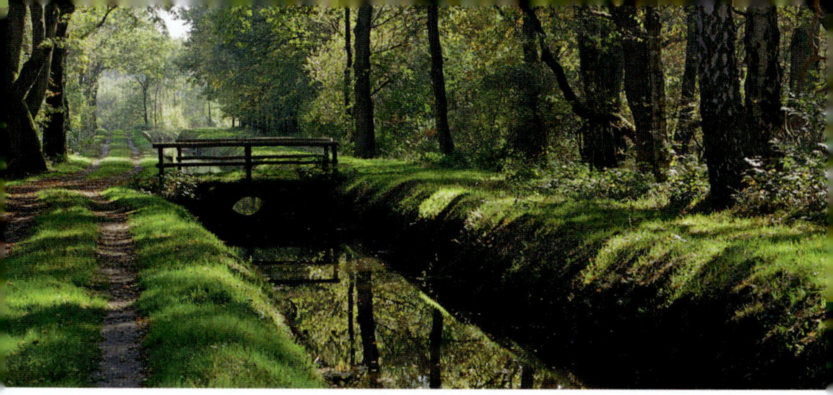

Wassergräben im Wald verbinden die Ahlhorner Teiche.

folgen wir der blauen Markierung nach links und schlängeln uns im Norden der Teichelandschaft auf Waldpfaden zum **Helenensee**, an dessen Ende wir der Blokhaus-Zufahrt nach links folgen und in der nächsten Linkskurve der Straße den rechts abzweigenden **Forstweg** ❻ hinter der Schranke Richtung Ahlhorn 8,4 km nehmen. An der **Verzweigung** ❼ nach Passieren der Landenge zwischen Helenensee und Hubertusteich taucht die vom Beginn der Wanderung bekannte rote Markierung des Zwölf-Apostel-Rundwanderwegs wieder auf, der wir nach links über den Rad-/Schotterweg folgen Richtung Teichwirtschaft. Nach der Abzweigung des Heidegrashüpferwegs (Radweg) erreichen wir eine betagte Sitzgruppe mit Blick auf die vorgeschichtliche Steinsetzung **Zwölf Apostel** ❽. Eine Lehrtafel fordert dazu auf zu zählen, wie viele der zwölf »Apostel« (Steine) noch zu sehen sind; wegen der Unübersichtlichkeit der Anlage kommt fast jedes Mal eine andere Zahl heraus.

Wenig später überquert der Zwölf-Apostel-Weg die durch ein Wehr rauschende Lethe und mündet in die für den öffentlichen Verkehr gesperrte Zufahrt der **Teichwirtschaft Ahlhorn** ❾. An der Fischzucht (mit Hofladen) gibt es Forellen und Aale, von September bis Ostern auch Karpfen, Schleien und andere Speisefische, die bei gutem Wetter an den Holzbänken und Tischen vor Ort verzehrt werden können.

Von der Teichwirtschaft folgt der Zwölf-Apostel-Weg der Zufahrt zurück zum nahen Wanderparkplatz **Am Karpfen** ❶.

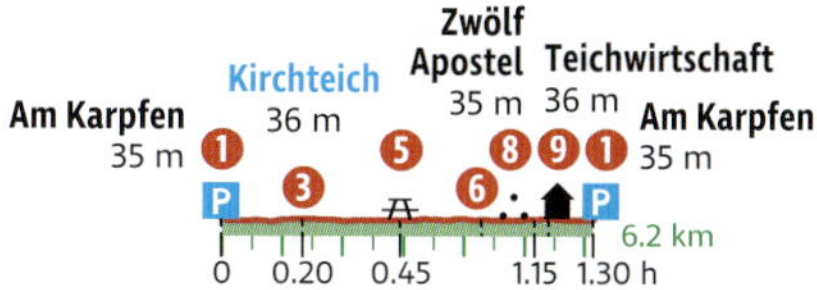

↗ 30 m | ↘ 30 m | 7,4 km

43 Urwald Baumweg

1.45 h

Gespensterbuchen und uralte Eichen

Das Naturschutzgebiet Baumweg umfasst unter anderem eine Fläche von 37,5 Hektar Naturwaldreservat, wo die Natur sich selbst überlassen wird. Ursprünglich wurde der Wald als Hutewald für Vieh genutzt, mittlerweile ist er ein echtes Naturparadies, in dem vor allem höhlenbrütende Vögel und holzbewohnende Insekten einen wichtigen Lebensraum finden. Das Betreten des Naturschutzgebietes mit seinen alten Eichen und krummen Buchen ist nur auf gekennzeichneten Wegen zulässig.

Ausgangspunkt: Wanderparkplatz Urwald Baumweg (44 m) an der B 213 in der Gemeinde Emstek (Navi: 150 m westlich der Abzweigung Baumwegstraße / B 213, 49685 Emstek).
ÖPNV: Keine sinnvolle Verbindungen.
Anforderungen: Leichter Spaziergang.
Einkehr: Keine.

Vom Wanderparkplatz **Urwald Baumweg** ❶ führt ein gepflasterter Forstweg waldeinwärts. An der nächsten Kreuzung gehen wir links, obwohl die lila Markierung geradeaus zeigt. Wir folgen dem Forstweg, gehen bei der ersten **Kreuzung mit NSG-Schild** ❷ geradeaus und an der zweiten Kreuzung rechts. Am Weg erinnern bizarr geformte Buchen an Süntelbuchen; diese Buchen sind aber so gewachsen, weil der Wald ursprünglich als Hutewald für Vieh genutzt wurde und das Vieh die jüngeren Zweigen gerne gefressen hat, sodass die Bäume immer wieder an neuen Stellen austreiben mussten. Bis zur »Säkularisation« genannten Enteignung während der napoleonischen Kriege 1803 befand sich der Wald, wie das gesamte heutige Oldenburger Münsterland, im Besitz der Fürstbischöfe von Münster, die hier ein Jagdrevier unterhielten und dafür sorgten, dass die wildreichen »Urwälder« in ihrer ökologischem Vielfalt erhalten blieben. Zu diesem Zweck untersagten sie den Bauern die Brenn- und Bauholzentnahme und die Jagd, der Eintrieb von Schafen und Schweinen wurde jedoch in den Randbereichen geduldet. So klein der erhaltene »Urwald« heute noch ist – er lässt ahnen, welches artenreiche Paradies er bis vor 200 Jahren war.

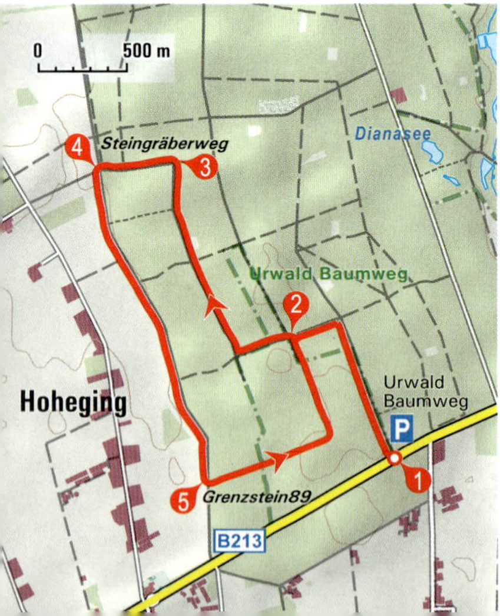

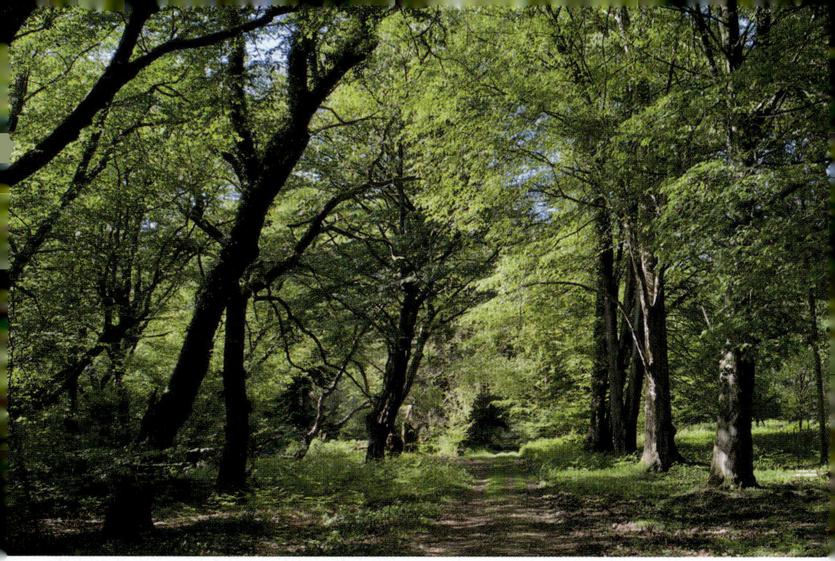

Auf dem Hauptweg durch den Urwald-Baumweg.

Wenn der Hauptweg zuletzt in einen quer verlaufenden **Forstweg** 3 mündet, geht es auf diesem markiert mit schwarzem Pfeil auf rotem Grund links zum Waldrand vor den Wiesen und im Waldrandbereich erneut links weiter auf dem **Steingräberweg** 4, der mit dem Zeichen »Steingrab« markiert ist. Als der Baumweg nach der Aufhebung des Fürstbistums in den Besitz von Oldenburg kam, endete die Hutezeit, der Baumweg wurde durch einen Wall mit einer Knickhecke umgeben, um die Bauern am Vieheintrieb zu hindern: Dieser Wall ist am Waldrand neben dem Steingräberweg gut erhalten.
Etwa 100 m nach einer schwachen Rechtskurve des Weges bei Feldern zweigen wir bei **Grenzstein 89** 5 links in den Wald ab. Rund 5 Minuten später macht der Weg eine Linkskurve bei einer Bank, hier nehmen wir den rechts abzweigenden Weg durch den Wald; später ist dieser gepflastert.
An der Kreuzung mit dem **NSG-Schild** 2 schließt sich der Kreis und wir folgen dem Weg 2 x rechts zurück zum Wanderparkplatz **Urwald Baumweg** 1.

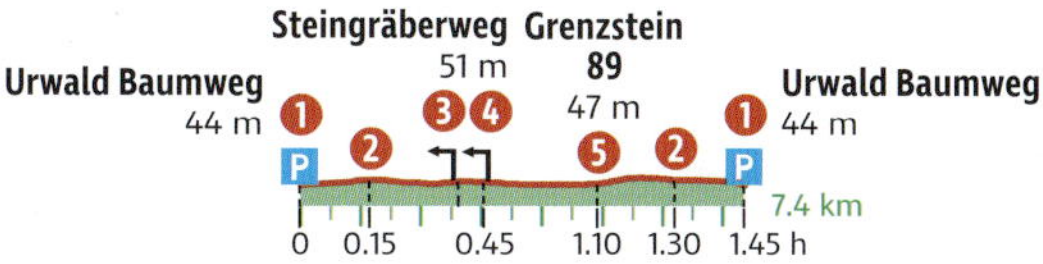

↗ 40 m | ↘ 40 m | 10,6 km

44 Thülsfelder Talsperre – Dreibrücken – Seeblick

2.45 h

Natur- und Freizeitparadies im Soestetal

Der Thülsfelder Stausee ist das Naturschutz- und Badeparadies der waldreichen Cloppenburger Geest. Die Moore, Schilfzonen, Wälder und von Schafen beweideten Heideflächen am buchtenreichen Westufer stehen unter Naturschutz, das Ostufer ist Freizeitbereich mit Sandstränden, Liegewiesen, Gaststätten, Campingplätzen, Jugendherberge und Golfplatz. Ein Natur- und Landschaftslehrpfad führt rund um den See: Moorpflanzen, Lurche, Wasser- und Watvögel haben hier ebenso ein Rückzugsgebiet gefunden wie Tag- und Nachtfalter, Heuschrecken, Libellen und Bodenbrüter.

Ausgangspunkt: Parkplatz Thülsfelder Talsperre Nord (24 m) südlich von Mittelsten-Thüle (Am Stausee 22, 26169 Friesoythe), alternativ Wanderparkplatz bei 6 an Talsperre-Süd, Zufahrt gegenüber Hotel Heidegrund (Navi: Drei-Brücken-Weg 10, 49681 Garrel) oder Parkplatz südlich vom Strandbad 7 hinter dem Campingplatz Waldesruh (Navi: Drei-Brücken-Weg 6, 49681 Garrel).
ÖPNV: Bushaltestelle B72/Abzweigung Talsperre 1 km westlich vom See zwischen 6 und 7, Linie S90 Richtung Augustfehn und Cloppenburg Mo.–Fr. etwa alle 2 Stunden mit S90. Zugang über Drei-Brücken-Weg Richtung Camping Waldesruh.
Anforderungen: Leichte Wege, teilweise als Uferpromenade, Waldweg- und Heideweg, oft sandig und wurzelig.
Markierung: Auf der westlichen Seeseite Geestweg (weißes Steingrab auf schwarzem Grund), sonst Talsperren-Rundweg und an der Promenade viele Wegweiser.
Einkehr: Zahlreiche Möglichkeiten an der Ostseite der Talsperre.

Sandstrand am Ostufer der Thülsfelder Talsperre.

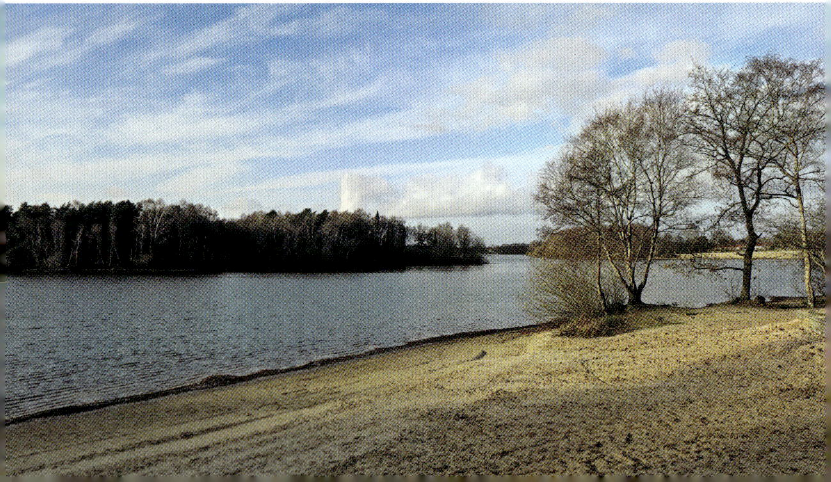

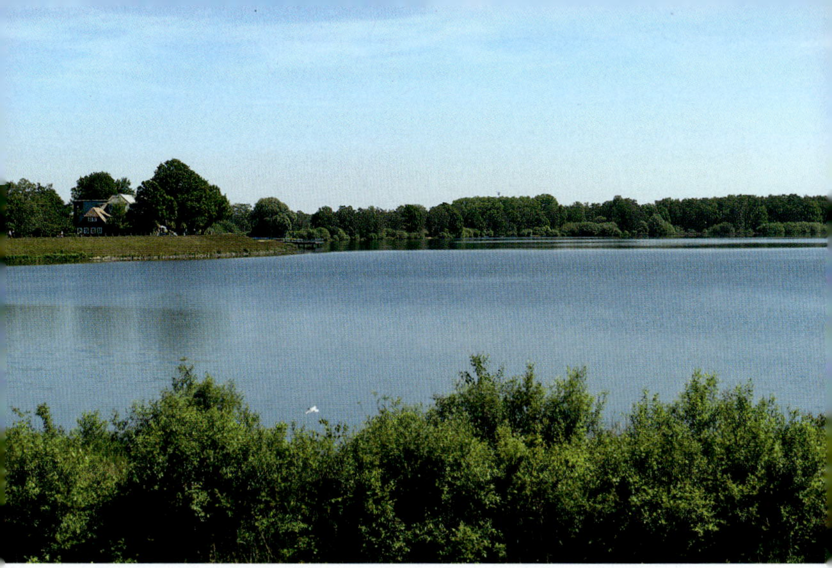

Die Thülsfeder Talsperre gilt als einer der nördlichsten Stauseen Deutschlands.

Vom Parkplatz **Thülsfelder Talsperre Nord** ❶ leiten namentliche Ausschilderungen an einem Ausflugsrestaurant vorbei zum **Kletterwald Nord** ❷, einem Hochseilgarten an der Thülsfelder Talsperre. Oben auf dem Damm, der Frühjahrsüberschwemmungen am Unterlauf der Soeste verhindern soll, bietet sich ein weiter Blick auf den von Wäldern umrahmten See. Der Rundwanderweg folgt der Dammkrone rechts (bis Dreibrücken im Gleichlauf mit dem Geestweg), Informationstafeln geben Hinweise auf Flora, Fauna und Geschichte. Kurz nach Verlassen des Waldes öffnet sich links eine weite Heidefläche. Dort laden Sitzbänke zur Rast ein am **Schafstall** ❸, in dem die Heidschnucken untergebracht sind, die die Heide vor Verwaldung schützen.

Vom Schafstall führt der Naturlehrpfad aussichtsreich durch die Heide zum Geesthügel **Hohe Timpe** ❹, wo in Seenähe unter Bäumen erneut Bänke zur Rast einladen. An der Hohen Timpe schwingt der Weg rechts und überquert auf einer Stegbrücke die **Große Lagune** ❺, eine Bucht in paradiesischer Naturumgebung. Teils in Heideflächen, teils im Wald längs

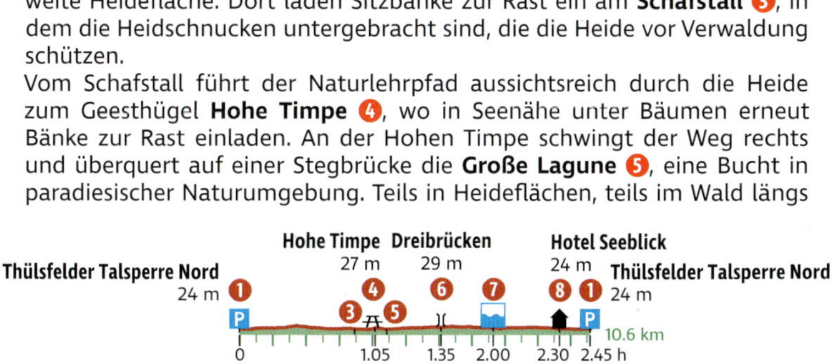

Markierungen weisen den Weg rund um die Talsperre.

der Buchten führt der passagenweise sandige Weg weiter zur **Dreibrücken** ⑥ genannten Südbucht an der Einmündung der Soeste. Hier waren früher drei Brücken notwendig, um die sumpfige Flussniederung zu überqueren. Kurz nach Überqueren der Brücke zweigt der Rundwanderweg links ab und schlängelt sich am Ostufer des Sees am Fuß des Katzenbergs durch Laubwälder mit alten Eichen, Buchen und Kiefern; Bohlenstege überbrücken moorige Buchten. Hinter einer Landzunge erreicht der Weg den frei zugänglichen **Strandbadbereich** ⑦ im Vorfeld der Jugendherberge Thülsfelder Talsperre und eines Campingplatzes.

Hier beginnt die Freizeitküste des Sees: Oben, wo sich mehrfach Einkehrmöglichkeiten befinden, verläuft eine gepflasterte Promenade, unten in den Wiesen am See ist der Weg passagenweise gemulcht. Hier finden sich zwischen den Bäumen lauschige Badeplätze. Schließlich erreicht der Weg beim **Hotel Seeblick** ⑧ wieder die Staumauer und führt am **Kletterwald Nord** ② vorbei zurück zum Parkplatz **Thülsfelder Talsperre Nord** ①.

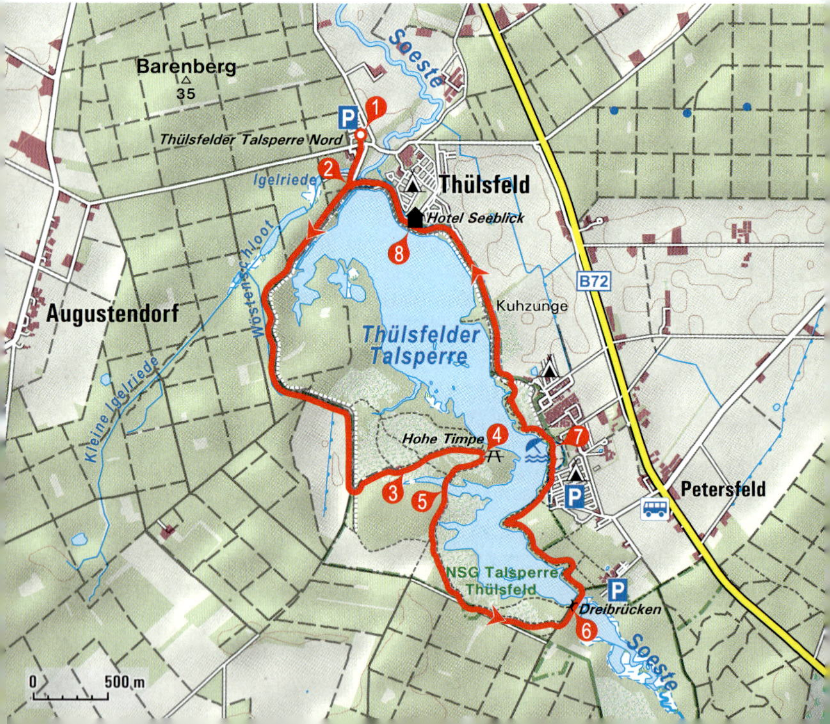

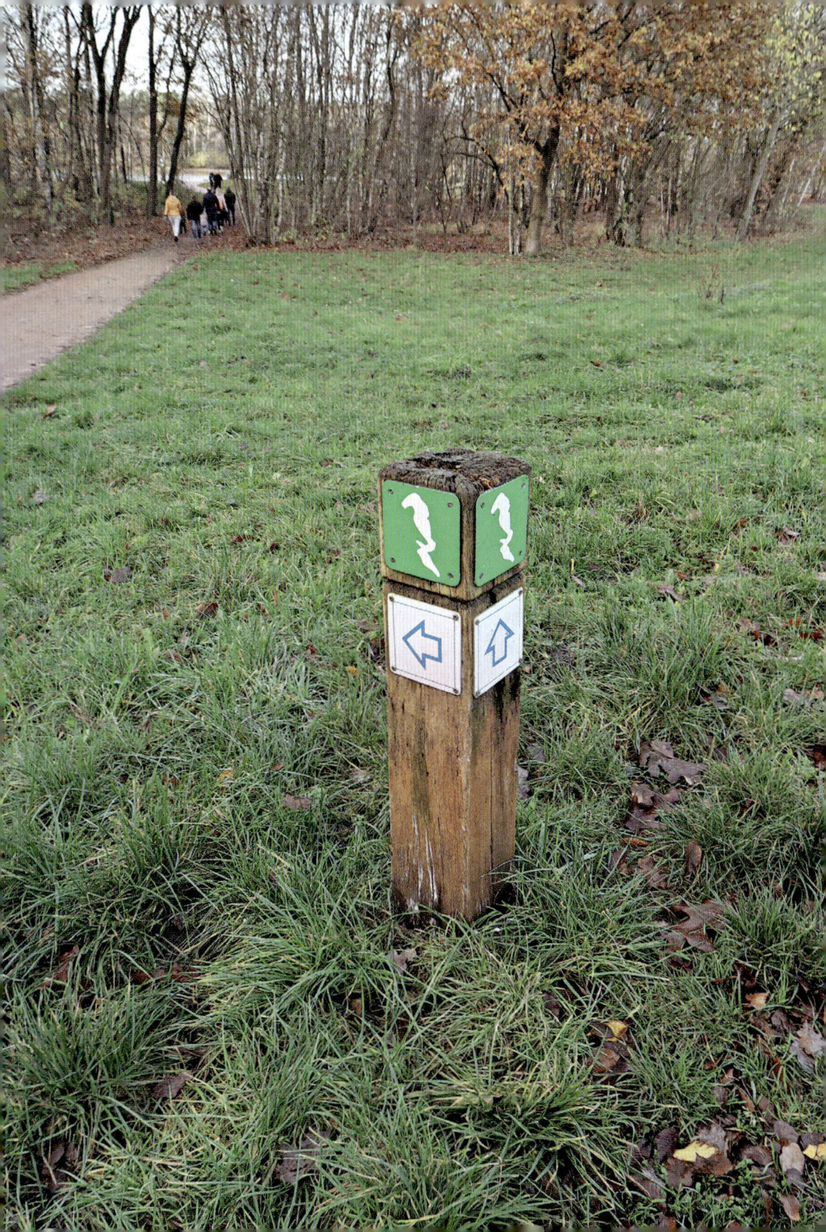

TOP

↗ 80 m | ↘ 80 m | 12,9 km

45 Bad Zwischenahn – Dreibergen

3.45 h

Rund um das Zwischenahner Meer

Uferpromenaden, Wanderwege und Pfade wechseln in den Gehölzen, Wiesen und Parkanlagen rund um das Zwischenahner Meer. Das Segelrevier und Badeparadies im Ammerland ist der größte See im Raum Bremen – Oldenburg, entstanden durch den Einsturz eines mehrere Hundert Meter tief gelegenen Salzstocks als Relikt des Zechsteinmeers.

Ausgangspunkt: Ortsmitte von Bad Zwischenahn »Am Brink« (9 m) zwischen Rathaus und Johanniskirche, daneben Parkplatz Feldhus (Navi: Am Brink 10, 26160 Bad Zwischenahn), dazu viele weitere Parkplätze in der Umgebung.
ÖPNV: Der IC-Bahnhof Bad Zwischenahn an der Linie Oldenburg – Leer liegt 0,5 km südlich vom Startpunkt, erreichbar über die Schulstraße und danach rechts die Lange Straße. Dank der Anleger der Weißen Flotte in Bad Zwischenahn, Rostrup und Dreibergen lässt sich die Wanderung mit einer Schiffsfahrt kombinieren bzw. abkürzen, www.weisse-flotte-zwischenahn.de.
Anforderungen: Leichte Wald-, Ufer- und Parkwanderung.
Markierung: Großteils Jadeweg (»J«) sowie stellenweise Ems-Hunte-Weg und Ringweg um Oldenburg.
Einkehr: Bad Zwischenahn, Rostrup, Seerose, Dreibergen, Jagdhaus Eiden.
Tipps: Am Westufer Gartenkulturzentrum »Park der Gärten«, im Süden Moorheilbad Bad Zwischenahn mit dem Ammerländer Freilichtmuseum, der Kirche am Meer und dem heute als Aussichtsturm mit 180 Stufen genutzten alten 35 m hohen Wasserturm.

Uferpromenade im Kurpark von Bad Zwischenahn.

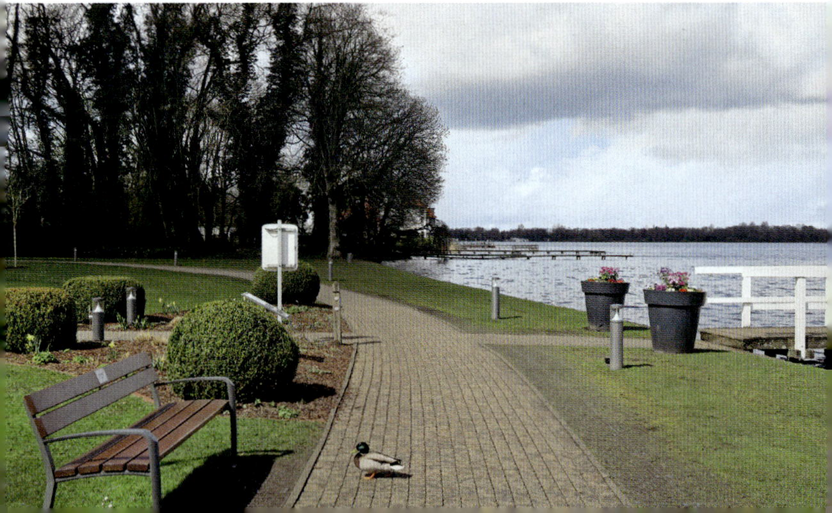

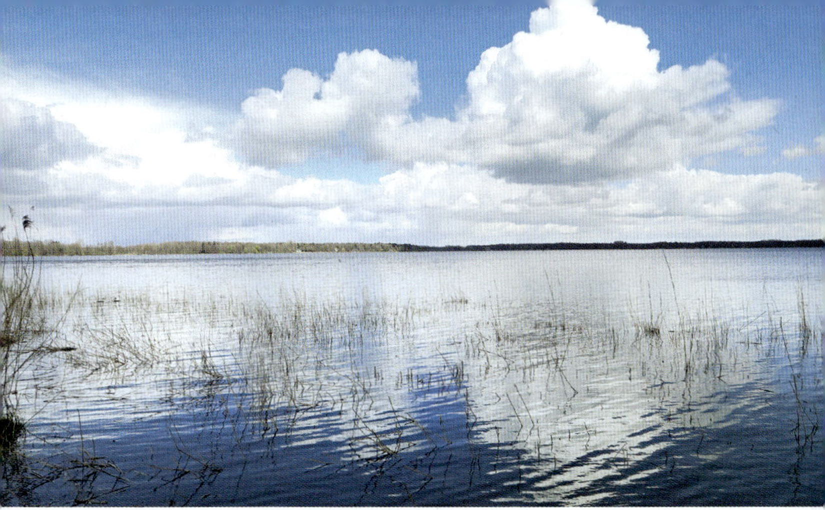

Das 550 ha große Zwischenahner Meer ist im Mittel nur etwa 3 m tief.

Vom Platz **Am Brink** 1 zwischen dem Rathaus von **Bad Zwischenahn** und der im Kern romanischen Kirche Sankt Johannes Baptist, der »Kirche am Meer«, führt eine Promenade unter alten Laubbäumen durch den Ufergarten zum **See** 2, wo der Blick über den Reetgürtel hinweg auf die 5,5 km^2 große Wasserfläche des Zwischenahner Meeres fällt. Der Uferweg führt links am Friedhof entlang (markiert mit dem Buchstaben »J« des Jadewegs) und auf einem Holzsteg durch Bruchwälder, dann in aussichtsreichen Wiesen zum Jachthafen an der Landzunge, an der die Aue das Meer verlässt. Nach einem kurzen Stück landeinwärts längs der Aue überquert der Rundweg das Flüsschen auf einer **Stegbrücke** 3 und leitet an einem weiteren Jachthafen durch Gehölze und Wiesen zum Strandbad von **Rostrup** 4 sowie am Schiffsanleger vorbei und zum **Sportboot- und Fischereihafen** 5; Schilder verweisen auf das nahe Gartenkulturzentrum »Park der Gärten«. Vom Fischereihafen folgt der Rundweg einem Holzplankensteg durch Erlenbruchwälder. Schließlich verlässt der Rundweg bei einem ehemaligen Herrensitz den Uferbereich und zweigt vor der **Kreisstraße** 6 rechts auf einen Waldweg ab, an dem uralte Stechpalmen auffallen. Hinter dem

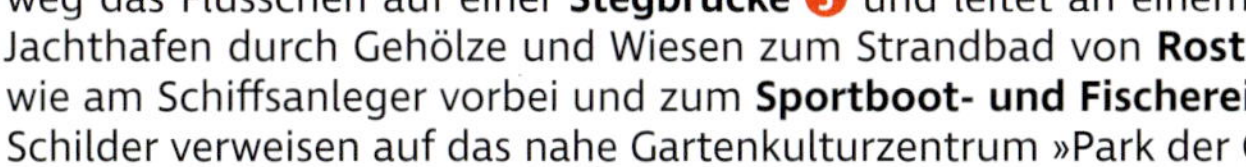

Waldstück lädt die Ausflugsgaststätte **Seerose** 7 zur Einkehr ein, und nach Überqueren der durch aussichtsreiche Wiesen mäandrierenden Otterbäke ist das Dorf Dreibergen erreicht: An den ersten Häusern geht es geradeaus und dann rechts zur **Schiffsanlegestelle** 8 mit exzellentem Blick über den See hinweg. Dreibergen mit dem »53-Grad-Hotel« und dem Restaurant »Fährkroog« ist ein viel besuchtes Ausflugsziel mit Sportboothafen und Schiffsanleger.

Vor dem Spielplatz am Schiffsanleger führt der Jadeweg landeinwärts zu den »Drei Bergen« 9: Zwei der drei Hügel, die die mittelalterliche Elmenburg trugen, sind auf Stufenanlagen begehbar. Zwischen den ersten beiden und dem dritten, etwas niedrigeren Hügel geht es rechts und am Ende geradeaus auf einem Asphaltweg, auf dem die Markierung »J« die Route weist, zwischen Villen mit parkähnlichen Gärten und unter alten Eichen- und Buchenbeständen mit Stechpalmenhorsten. Kurz folgt der Rundweg der Dreiberger Straße und zweigt am **Auebach** 10 rechts in Stechpalmen-

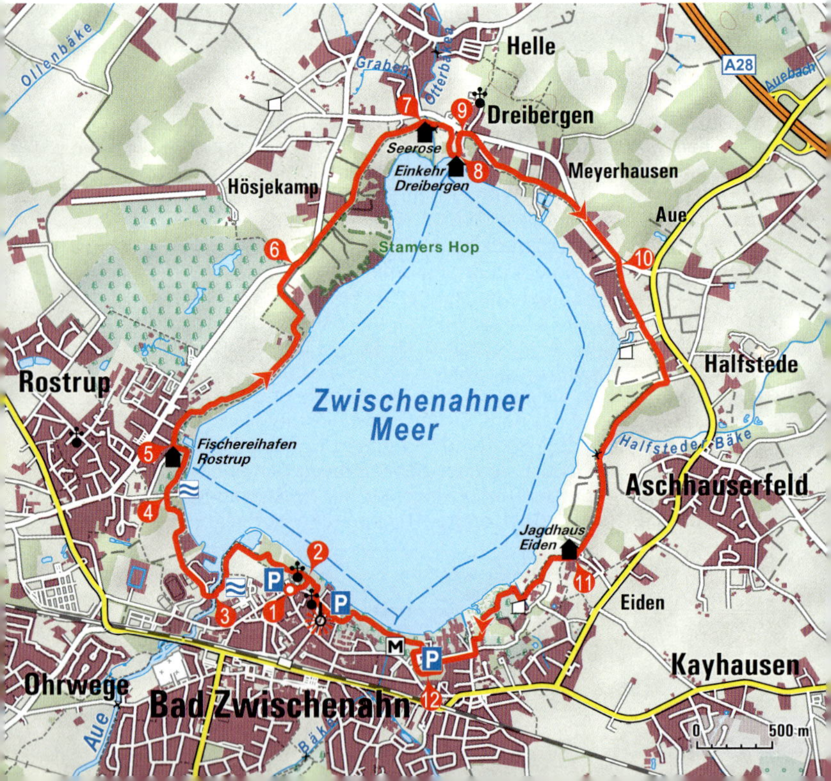

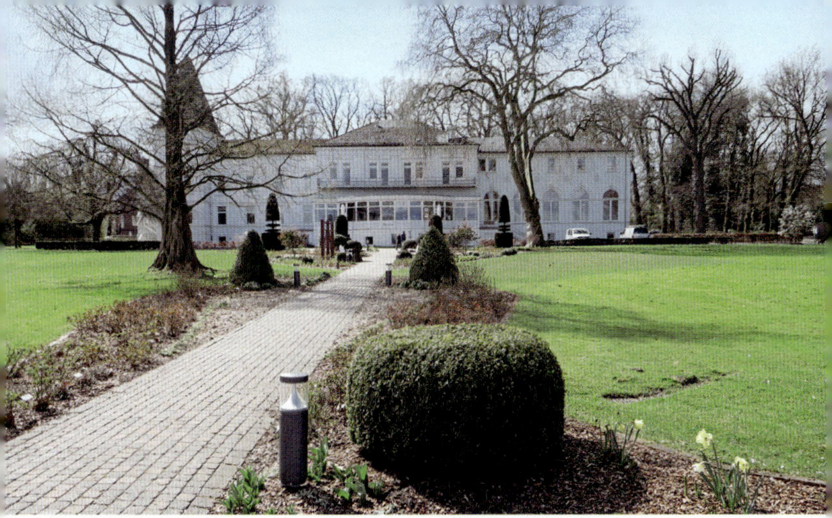

Das Alte Kurhaus in Bad Zwischenahn strahlt gründerzeitlichen Glanz aus.

Eichen-Wälder ab. Nach Passieren der Wiesen von Halfstede taucht der Weg in die Wälder des Freesenbuschs ein, überquert die Halfsteder Bäke und erreicht das Romantik-Hotel **Jagdhaus Eiden** ⑪. Hier zweigt der Wanderweg am Minigolf – stets den Markierungen »J« und »O« folgend – rechts Richtung Schiffsanleger ab, führt dann links durch aussichtsreiche Wiesen, tangiert den Hafen des Zwischenahner Segelklubs und erreicht hinter dem Landschaftspark Seggenwiese wieder die Häuser von **Bad Zwischenahn**. Nach dem Umgehen des Kurzentrums führt der Weg durch das parkähnlich gestaltete Gelände, vorbei am **Ammerländer Freilichtmuseum** ⑫ mit Windmühle, Bauernhausmuseum und Kräutergarten. Anschließend gehen wir wieder rechts zur Uferpromenade und folgen ihr durch den Park vorbei am Schiffsanleger, am Alten Kurhaus zur Linken und zuletzt dem Hotel Fährhaus zur Rechten zurück zum Ausgangspunkt **Am Brink** ① vor der Kirche am Meer.

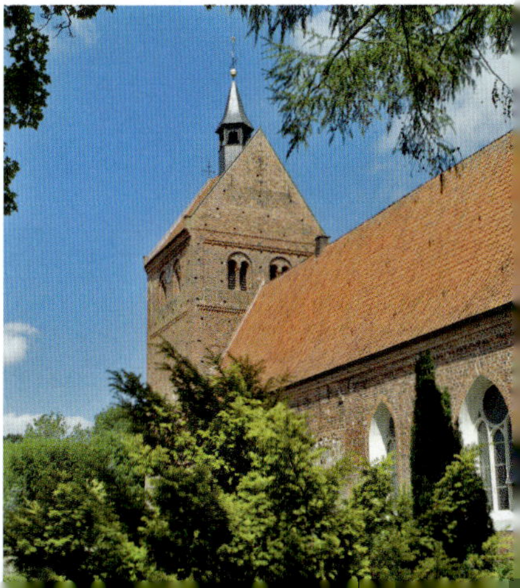

Die St.-Johannis-Kirche Bad Zwischenahn geht auf das 12. Jh. zurück.

↗ 20 m | ↘ 20 m | 16,0 km

46 Dangast – Vareler Siel

4.00 h

Ins Künstlerdorf am Jadebusen

Vom Künstlerküstendorf Dangast folgt der Butjadinger Wanderweg der Salzwiesenküste des Jadebusens zum Vareler Siel – eine herrliche Wanderung am Rand der von zahllosen Vögeln belebten Strandastersalzwiesen.

Ausgangspunkt: Dangaster Siel mit großem (kostenpflichtigem) Parkplatz neben Wohnmobilstellplatz (26316, Edo-Wiemken-Straße 60, 26316 Varel), alternativ Parkplatz bei Dangast-Strand (Navi: Edo-Wiemken-Straße 60, 26316 Varel).
ÖPNV: In Dangast Bushaltestelle Dangast Am Strand bei ❷, Linie 253 täglich stündlich von/nach Varel – hier gilt der Verkehrsverbund Ems-Jade statt VNB, www.reise-freunde.de → Linienverkehr → VEJ-Frieslandnetz. Varel hat einen Bahnhof landeinwärts vom Wendepunkt Vareler Siel ❹; der 3,5 km lange Zubringerweg entlang der Hafenstraße und der kleinen Straße sowie dem Radweg neben dem Vareler Hafen und Tief ist aber kein Höhepunkt.
Anforderungen: Leichte Wege am Deichfuß bzw. Graspfad auf der Deichkrone.
Markierung: Butjadinger Weg (B, E9).
Variante: Abstecher zum Vareler Hafen (1,4 km) mit weiteren Einkehrgelegenheiten rechts auf Fußweg neben dem Vareler Siel. Weiter in 2,2 km zum Bahnhof entlang der Hafenstraße – eine Option für alle, die die ganze Tour einfach gehen (gesamt 11,5 km). Vom Bahnhof mit Bus zurück nach Dangast (→ ÖPNV).
Einkehr: Dangast, Vareler Siel und mit Abstecher-Option Vareler Hafen.
Tipps: Geführte Wattwanderung vom Seebad Dangast zum Leuchtturm Arngast auf der gleichnamigen Sandbank im Jadebusen durch Schlickfelder; Hin- und Rückweg sind jeweils 5 km lang. Nationalparkhaus Dangast an der Hauptstraße vor dem Ortseingang (Mo. Ruhetag).
Hinweis: Siehe Infos Wandern am Deich (→ Allgemeine Hinweise).

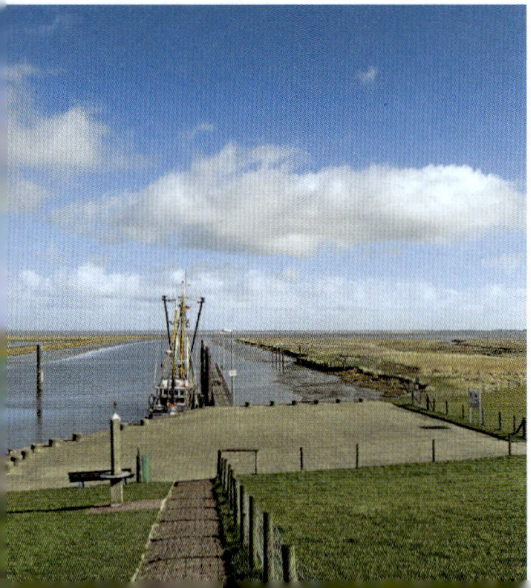

Der Vareler Siel ist Wendepunkt dieser Deichtour.

Vom **Dangaster Siel** ❶ folgen wir der Promenade nordwärts (Schild: Butjadinger Weg E9) mit Blick auf die Industrieanlagen von Nordeham und Bremerhaven in der Ferne, ehe wir vor dem Alten Kurhaus die erste Abzweigung rechts durch einen Park nehmen. Weiter entlang der kleinen Straße An der Rennweide, wo einige von insgesamt 19 Tafeln des »Dangaster Kunstpfads« an die Glanzeit als Künstlerkolonie erinnern: Vor dem Ersten Weltkrieg

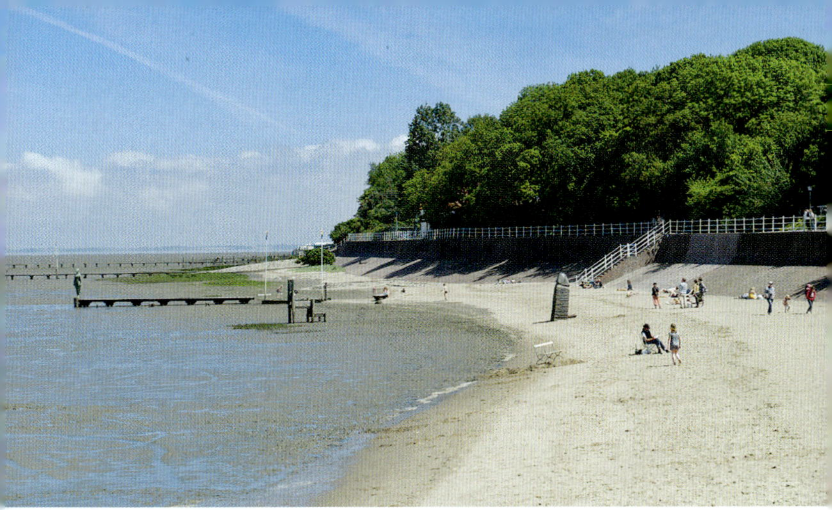

Skulpturenstrand von Dangast unterhalb der Wälder beim Alten Kurhaus.

lebten mehrere Maler der expressionistischen Künstlervereinigung »Die Brücke« in Dangast, so Erich Heckel, Karl Schmidt-Rottluff und Max Pechstein. Am engsten verknüpft ist der Name Dangast mit dem aus der Wesermarsch stammenden Maler Franz Radziwill. An der Kreuzung mit der Edo-Wiemken-Straße links zum **Strandzugang** ❷ mit Bushaltestelle. Die Straße schwenkt nach rechts und vor dem Solebad mit der Touristinfo und dem »Weltnaturerbe Portal« nehmen wir links die Uferpromenade, die nach 5 Gehminuten den Seedeich erreicht, dem wir links bis zum Vareler Tief folgen werden, je nach aktuellen Hinweisen/Zäunen auf der Deichkrone oder binnendeichs entlang dem Radweg. Nach dem seeseitig gelegenen Campingplatz empfängt uns die Weite der Salzwiesen und Watts zur Linken und der Wiesen zur Rechten. Nach 2,5 km wäre ab einer **Deichtrift** ❸ auch links neben den Salzwiesen ein befestigter Weg möglich – sofern begehbar. Außendeichs erstrecken sich vor dem Vareler Watt von Grüppen (kleinen Entwässerungsgräben) durchzogene Salzwiesen, die einschließlich der Wattflächen ein wichtiges Rastgebiet für zahlreiche Vogelarten bilden. Mit dem Fernglas lassen sich draußen auf dem Würdeleher Sand auch See-

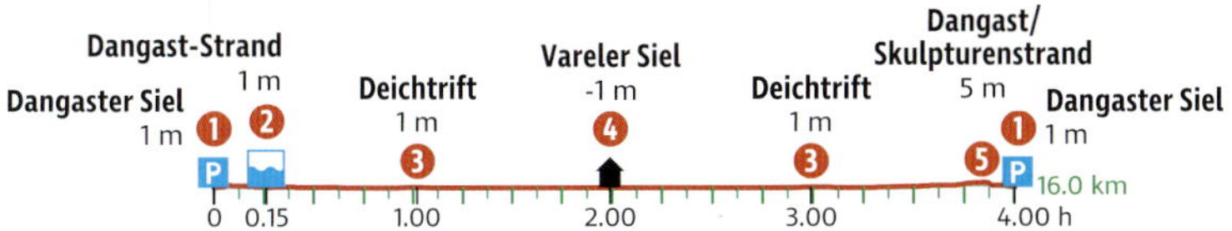

Vareler Siel.

hunde beobachten. Man gelangt zum Wendepunkt am **Vareler Siel** ❹ mit einer Skulptur an der Wilhelm-Kammann-Schleuse, die den Vareler Hafen entwässert. Rechts (oder links) führt neben dem Siel der Weg zum Vareler Hafen (→ Variante).

Der Rückweg führt wie der Hinweg am Deich entlang, je nach Möglichkeit lässt sich nun eine andere Option wählen. Am Anfang von Dangast gehen wir bei der Abzweigung der Promenade zum Solebad nicht wie beim Hinweg links, sondern geradeaus auf dem Deich bis zur Kreuzung mit der Edo-Wiemken-Straße in der Ortsmitte und geradeaus entlang der vom Hinweg bekannten Straße An der Rennweide zur Küste mit dem Alten Kurhaus links. Dieser Abschnitt ist einer der wenigen ohne Deich, weil hier die rund 8 m hohe Geest direkt an die Nordsee heranreicht. Unterhalb vom Kurhaus lohnt der Bade- und **Skulpturenstrand** ❺ einen Abstecher, ehe uns die Promenade rechts am Kurhaus vorbei zurück zum **Dangaster Siel** ❶ führt, vor dem sich noch rechts eine Schleife zum Hafenbecken anbietet.

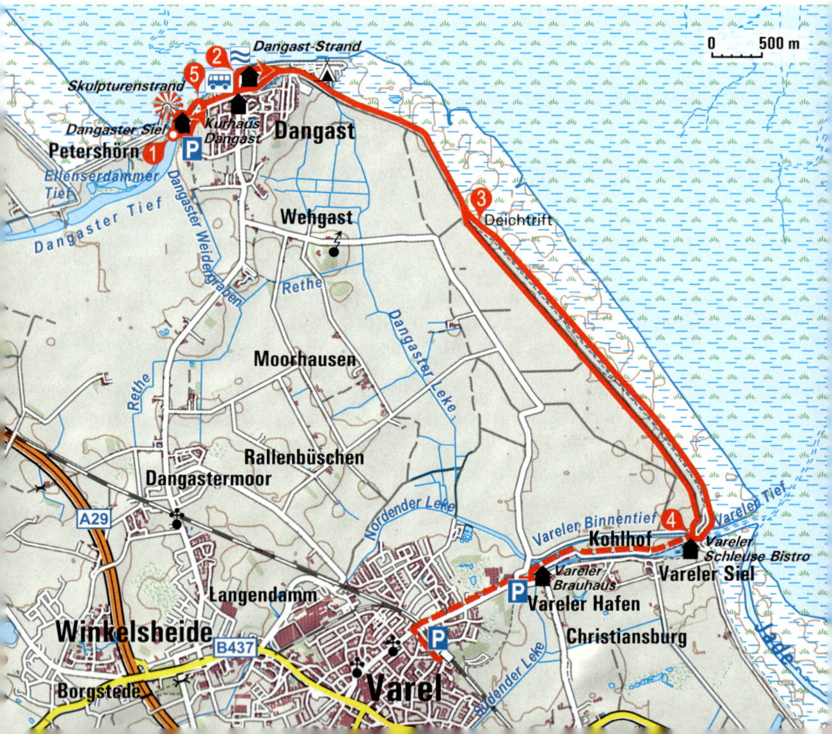

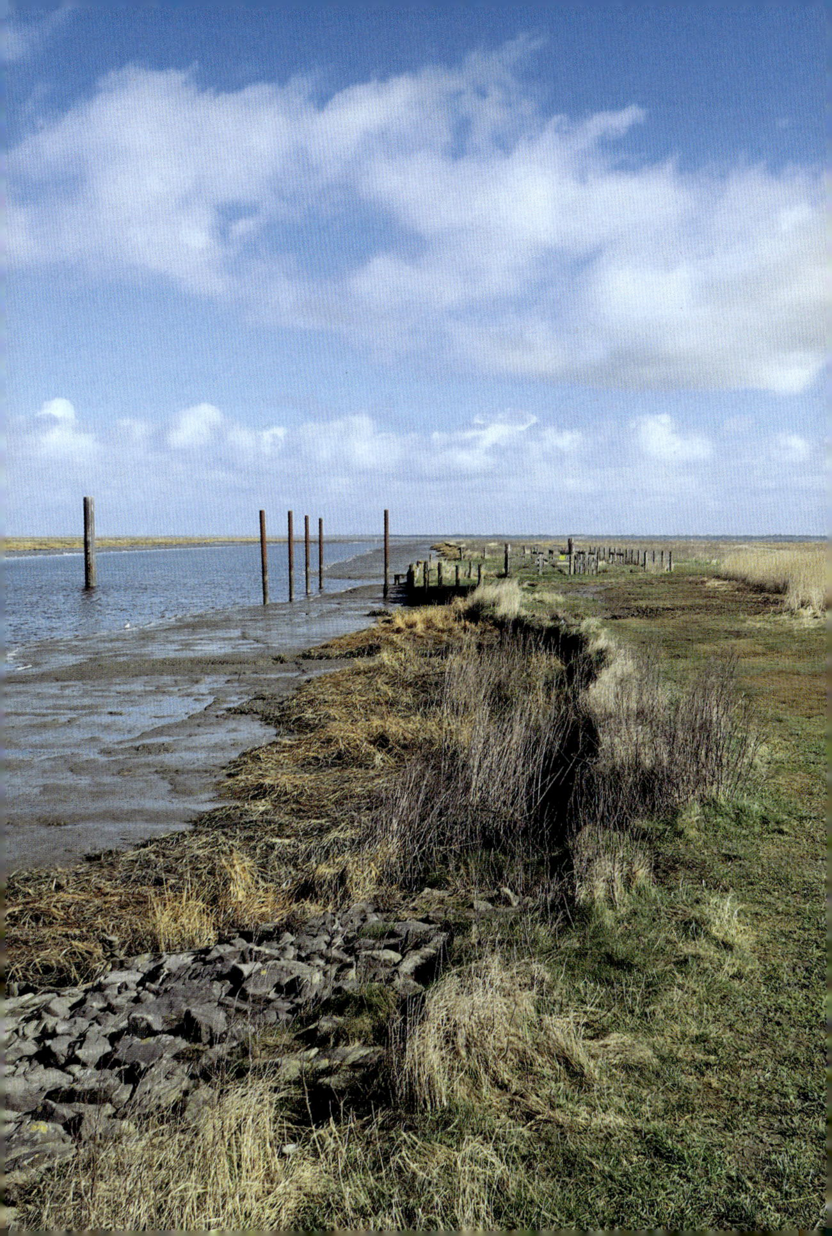

↗ 10 m | ↘ 10 m | 5,9 km

1.30 h

47 Sehestedter Moor

Salzwiesen-Lehrpfad und Schwimmendes Moor am Jadebusen

Ein Salzwiesen-Lehrpfad erschließt das Ufer beim Strandbad Sehestadt und das dahinterliegende »Schwimmende Moor«, der letzte Rest eines Hochmoors, das fast den gesamten Meeresbusen bedeckte, ehe es ab dem Hochmittelalter von Sturmfluten zerrissen wurde. Seit 800 Jahren wird es von Sturmfluten aufgetrieben, weshalb es auch als »schwimmend« bezeichnet wird: Sturmfluten, die auf Höhen von mehr als 1,70 Meter über dem normalen Tidehochwasser auflaufen, lassen das ausgedeichte Hochmoor wie einen Teppich auf den Fluten aufschwimmen; läuft das Wasser wieder ab, senkt sich der etwa 10 Hektar große Moorteppich an seinen Platz zurück, wird jedoch bei jeder schweren Sturmflut ein wenig kleiner.

Ausgangspunkt: Parkplatz »Schwimmendes Moor« nördlich von Schweiburg (Navi: Bäderstraße 192, 26349 Jade).
ÖPNV: Bushaltestelle Sehestedt Strandbad am Deich 200 m südwestlich vom Ausgangspunkt sowie bei Abstecher Schweiburger Siel, Linie 432 Jaderberg – Wapelersiel mit wenigen Verbindungen zu Schulzeiten, www.vbn.de.
Anforderungen: Leichte Deichwanderung.
Markierung: Salzwiesenerlebnispfad mit Infotafeln rund um das Schwimmende Moor, am/auf dem Deich Butjadinger Wanderweg (B, E9).
Einkehr: Bei Abstecher Café To'n Diek bei Schweiburger Siel.
Variante: Abstecher möglich ab Strandbad zum Schweiburger Siel mit Einkehrgelegenheiten auf Uferweg. Vor dem Deich erstreckt sich das Schutzgebiet Schwimmendes Moor.

Metalltafeln erläutern Hintergründe zum Schwimmenden Moor bei Sehestedt.

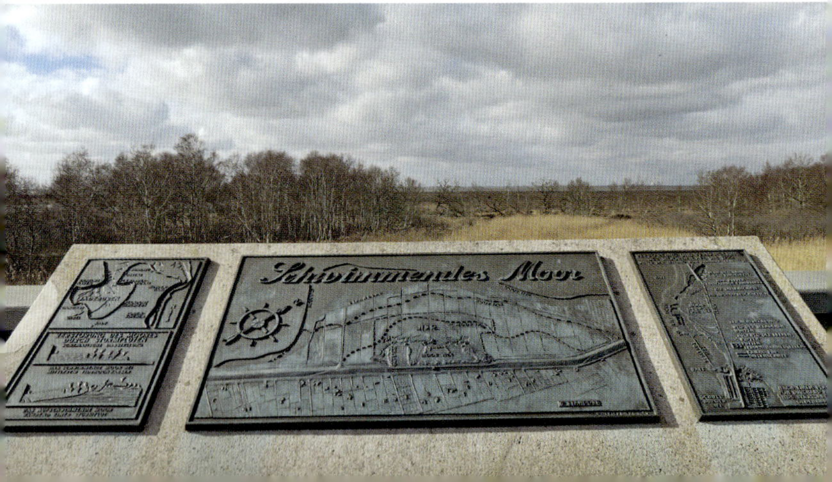

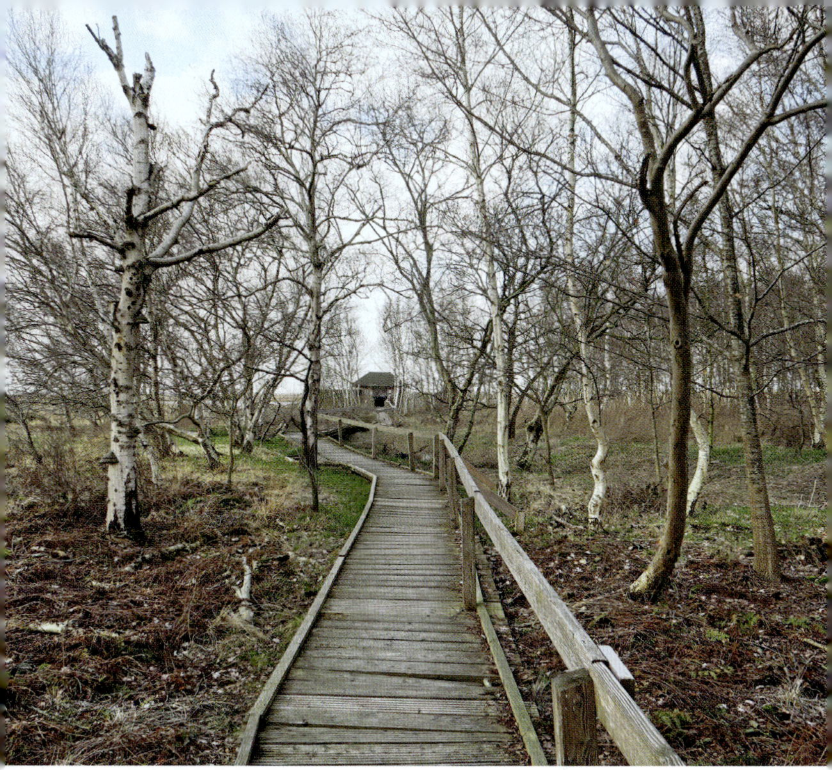

Im Sehestedter Moor führt ein Bohlenweg zur Vogelbeobachtungshütte.

Vom Parkplatz **Schwimmendes Moor** ❶, eher ein Parkstreifen, ersteigen wir auf der Treppe den Deich mit Blick auf das gleichnamige Naturschutzgebiet. Wir folgen links durch das Gatter der gepflasterten Krone des Deichs, der mit einer Spundwand rechts zum Moor befestigt ist. Bei der zum Strandbad querenden Straße scharf rechts am Deichfuß Richtung Gehölz, an dessen Beginn durch ein Tor zum Bohlenweg. Dieser führt durch die urtümlichen Wälder des Schwimmenden Moores zur **Vogelbeobach-**

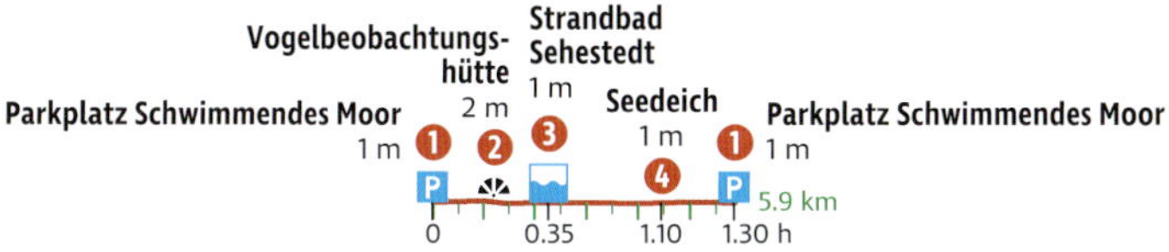

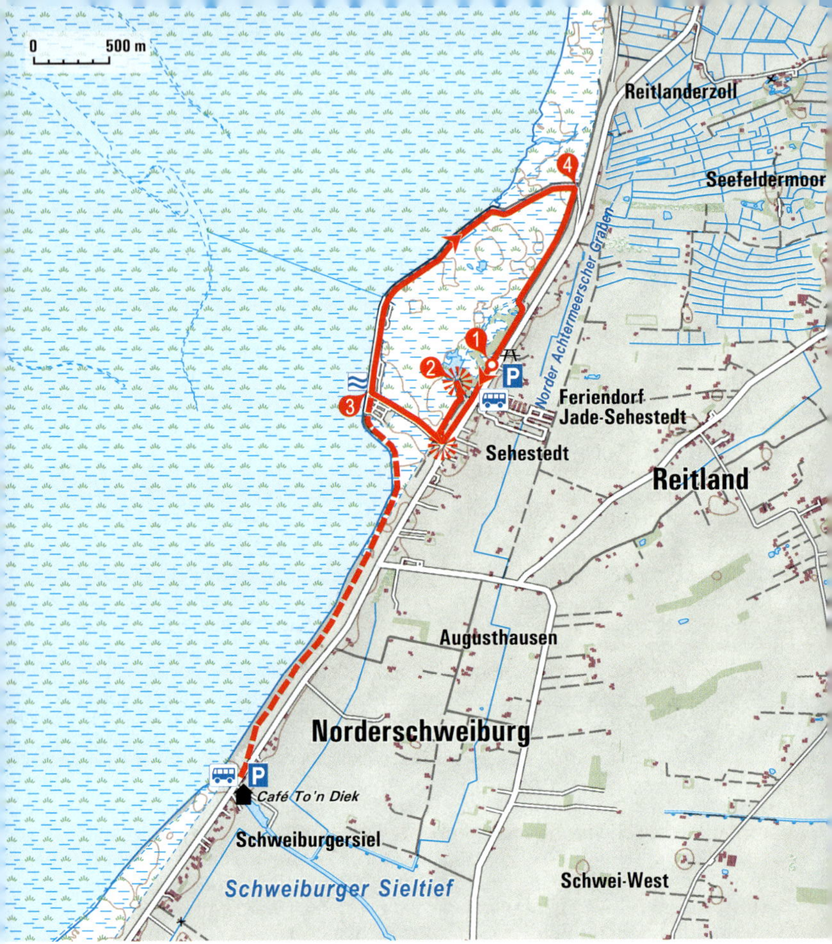

tungshütte ❷. Vorsicht beim Begehen: Der im Jahr 2007 im Rahmen eines Jugendworkcamps angelegte 100 m lange Holzbohlenweg hat schon bessere Tage erlebt! Zurück zur Querung und auf der Zufahrt rechts Richtung See zum **Strandbad Sehestedt** ❸ und zum Weg an der Wasserlinie. Dort biegen wir rechts auf den asphaltierten Uferweg und folgen dem Salzwiesenerlebnispfad mit Infotafeln. Der Weg mündet schließlich in den **Seedeich** ❹, dessen Krone die Route südwärts vorgibt; am Deichfuß verläuft die Bäderstraße mit dem Parkplatz **Schwimmendes Moor** ❶.

↗ 10 m | ↘ 10 m | 14,0 km

3.30 h

Beckmannsfeld – Eckwarderhörne 48

Im Norden des Jadebusens

Der Sintflut-Skulpturenpfad von der Vogelbeobachtungsstelle in der Nordostbucht des Jadebusens zum Kap Hörne zeichnet sich durch Aussichtsreichtum und die wundervolle Ruhe in einer herrlichen Landschaft aus, die auf dem Weg binnendeichs ebenso ein Genuss ist wie auf der Deichkrone und am Wasser.

Ausgangspunkt: Parkplatz Beckmannsfeld (1 m), im Butjadinger Ortsteil Beckmannsfeld (Navi: Beckmannsfelder Weg 8, 26969 Butjadingen), alternativ bei 7 in Eckwarderhörne (Navi: Zum Leuchtfeuer 118, 26969 Butjadingen).
ÖPNV: Keine Bushaltestellen in direkter Nähe, dafür (selten!) Personen-/Fahrradfähre zwischen Eckwarderhörne und Wilhelmshaven, von Mai bis August mehrmals monatlich, www.reederei-warrings.de/personen-fahrrad-faehre.
Anforderungen: Leichte Deichwanderung auf den teilweise asphaltierten Deichverteidigungswegen oder stellenweise dem aussichtsreicheren Graspfad auf der Deichkrone.
Einkehr: Eckwarderhörne.
Hinweis: Infos zum Wandern am Deich (→ Allgemeine Hinweise).

Vom Parkplatz **Beckmannsfeld** 1 mit Schutzhütte und der Sintflut-Skulptur »Arche«, vor den als Angelgewässer ausgewiesenen Kleipütten im Augustgroden, führt ein Weg zum **Naturbeobachtungspunkt** 2 auf

Steinskulptur »Die Arche« aus Bentheimer Sandstein bei Beckmannsfeld.

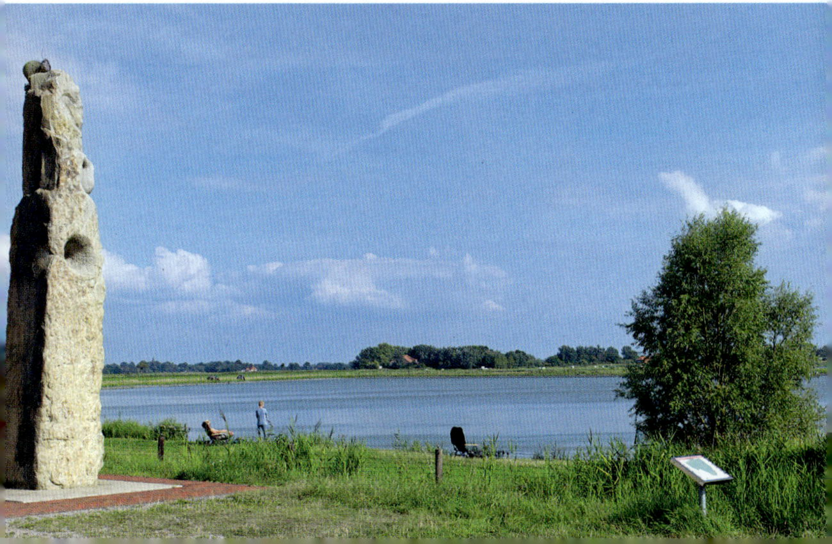

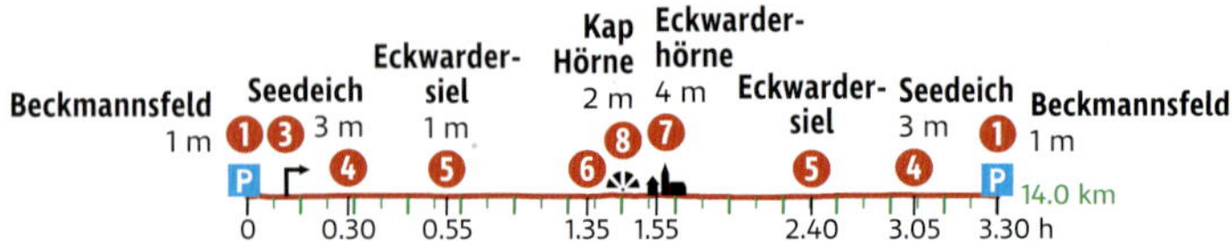

der aussichtsreichen Krone des nahen Seedeichs: Der Blick schweift über die vorgelagerten Salzwiesen hinweg auf den gesamten Jadebusen. In den Pütten außendeichs rasten bei Hochwasser Dunkle Wasserläufer und Rotschenkel, in den Salzwiesen sind Kolonien von Lachmöwen, Säbelschnäblern und Flussseeschwalben zu Hause, während der Zugzeiten halten sich auch Watvögel sowie Ringelgänse – die mit dem weißen »Ring« am Hals – auf. Am Tor im Schutzzaun am Rand der Salzwiesen beginnt ein grasiger Pfad, der einer Lahnung ans Wasser folgt und dort auf eine Querlahnung trifft: Auf der weiter durch das Watt führenden Uferschutzanlage sitzen Tausende von Vögeln, während die **Querlahnung** 3 zwischen Salzwiesen und Wasser rechts weiterführt. Vorsicht: Bei hohen Wasserständen kann das Begehen des »Erlebnispfades« auf der Querlahnung lebensgefährlich sein.

Die Querlahnung mündet nach links in den Verteidigungsweg am **Seedeich** 4, der die Route bis Eckwarderhörne vorgibt: Der Weg an der Wasserlinie ist grob befestigt, während der Nordseeküsten-Radweg dem Asphaltweg binnendeichs folgt. Am Hayenschlooter Sieltief schwingt der Deich endgültig in die Westrichtung. Nahe der schilfumrahmten Pütten bei **Hayenschloot** informiert eine Tafel über die Vogelarten, die in den Gewässern zu beobachten sind, vor allem Gänse – im Herbst in großen Schwärmen –, Enten und Schwäne sowie verschiedene Möwenarten und Kampfläufer. Die Stahlskulptur »Taube mit Deichbauer und Ölzweig« des

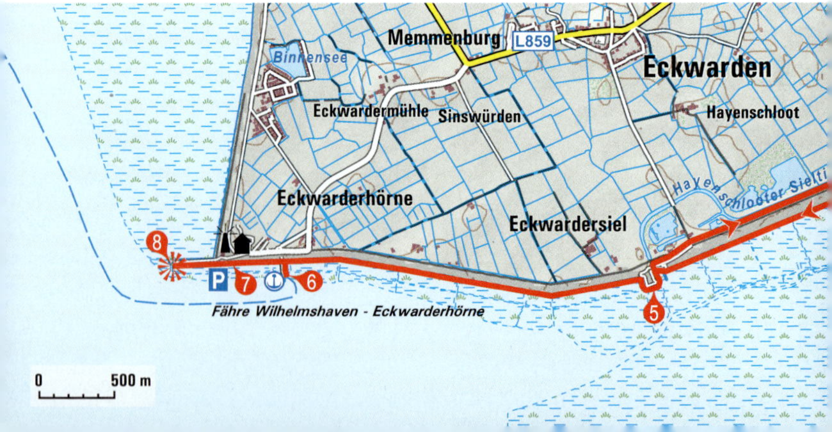

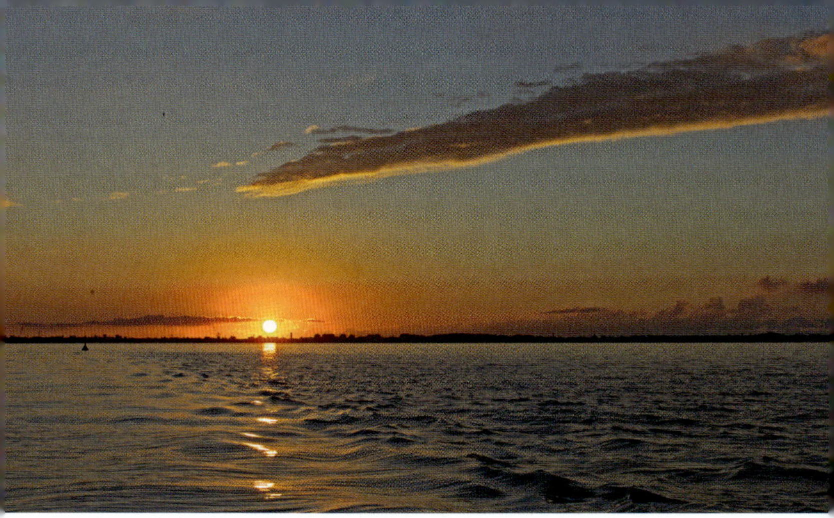

Abendlicher Blick von Eckwarderhörne über den Jadebusen nach Wilhelmshaven.

Sintflut-Skulpturenpfads steht binnendeichs an der Deichtrift zum kleinen Hafen **Eckwardersiel** 5.

Ab hier verändert sich der Deich, der Weg am Wasser ist nun ein befestigter Radweg, während der Graspfad weiter der Deichkrone folgt, die zuletzt eine gepflasterte Promenade und Panoramasitzbänke trägt. Vor dem Deich befindet sich der **Fähranleger Eckwarderhörne** 6 der Personen- und Fahrradfähre nach Wilhelmshaven. Wenig später ist der Badeort **Eckwarderhörne** 7 erreicht, wo die Skulptur »Regenbogen« des Sintflut-Skulpturenpfads steht. Eckwarderhörne ist ein beliebter Ausgangspunkt für geführte Wattwanderungen, ein Klassiker ist die Tour zum Unterfeuer. Am **Kap Hörne** 8 befinden sich Strandbad, Restaurant und Nordseecampingplatz. Von der Spitze schweift der Blick in Sonnenuntergangsrichtung über den Jadebusen zum Seebad Dangast, nach Wilhelmshaven und über das Solthörner Watt und die Außenjade hinweg.

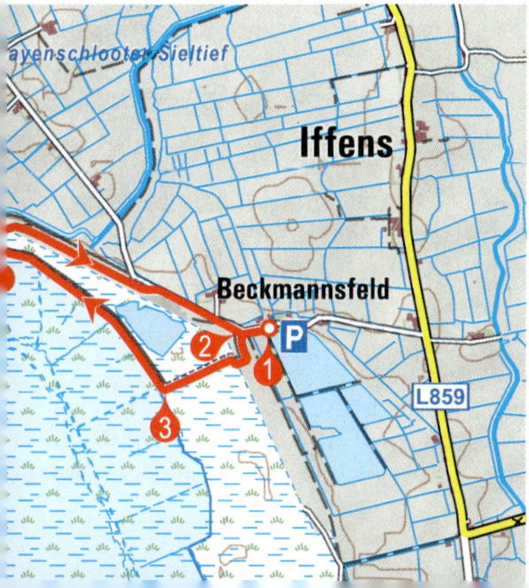

Der Rückweg zum Ausgangspunkt Parkplatz **Beckmannsfeld** 1 folgt wiederum dem Deich auf einer der Deichrouten, die sich an den Triften variieren lassen.

TOP

49

Fedderwardersiel – Langwarder Groden

↗ 5 m | ↘ 5 m | 7,7 km

2.00 h

Salzwiesenparadies zwischen den Mündungen von Weser und Jade

Vom Krabbenkutterhafen Fedderwardersiel leitet ein Naturerlebnispfad zum Vogelschutzgebiet Langwarder Groden, dahinter führt ein prämierter 4 Kilometer langer Rundwanderweg mit 400 Meter langem Holzbohlensteg durch die Salzwiesen – saisonal in Begleitung riesiger Vogelschwärme.

Ausgangspunkt: Am Hafen (3 m) in Fedderwardersiel; gebührenpflichtiger Großparkplatz östlich des Hafens am Ende der Sielstraße Richtung Campingplatz (Navi: Lagunenweg 1, 26969 Butjadingen).
ÖPNV: Bushaltestelle Fedderwardersiel im Ausgangsort, Linie 400 Mo. – Sa. stündlich, So. zweistündlich Richtung Nordenhamm und Tossens, www.vbn.de.
Anforderungen: Zuerst leichter, nicht fahrradfähiger Weg auf dem Naturlehrpfad mit einem Holzbohlenweg.
Markierung: Salzwiesen-Rundweg «Wanderbares Deutschland« mit 2 Schafen markiert.
Einkehr: Fedderwardersiel.
Tipps: Am Hafen Fedderwardersiel ❷ startet ein Ausflugsschiff zu Seehundsbänken, Leuchttürmen und nach Bremerhaven, www.cassen-eils.de/ausfluege/ab-fedderwardersiel. Das Museum Nationalparkhaus am Hafen informiert über das Ökosystem Wattenmeer und die Kulturlandschaft Butjadingen.
Hinweis: Infotafeln, interaktive Modelle und weiteres Inventar am Rundweg werden im Winterhalbjahr (15.10. – 15.4.) nach Vorgaben des zuständigen Deichverbands entfernt.

Vom Großparkplatz in **Fedderwardersiel** ❶ vor dem Campingplatz führt in der Ecke am Rand der Wiese ein schmaler Weg durchschlupfartig unmittelbar zur Häuserzeile am **Krabbenkutterhafen**, den er neben dem **Museum Nationalparkhaus** erreicht. Vom Museum geht es links um das Hafenbecken herum, an der Sielschleuse besteht die Möglichkeit, auf den oberen Weg (ebenfalls autofrei) zu wechseln; dort bietet sich die bessere Übersicht.

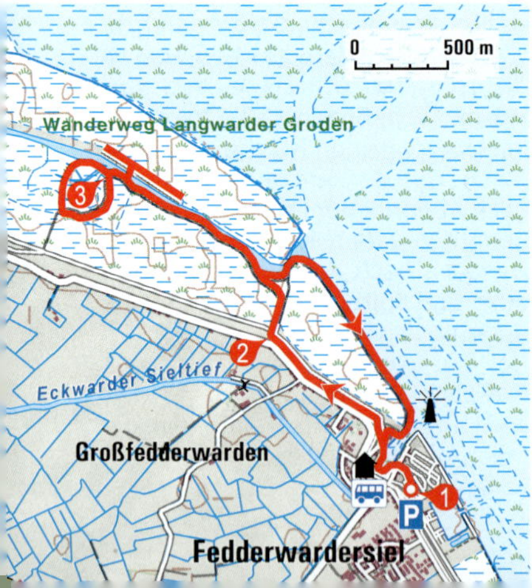

Auf der Westseite des Krabbenkutterhafens beginnt hinter dem letzten Haus der Rundweg, offizielle Gehrichtung ist hier links haltend zuerst nordwestlich am Deichfuß entlang.

Nach etwa 10 Min. erreichen wir eine Gabelung mit einem **Flutmodell** ❷ und Informationstafel zu den Pütten. Diese Wasserlöcher

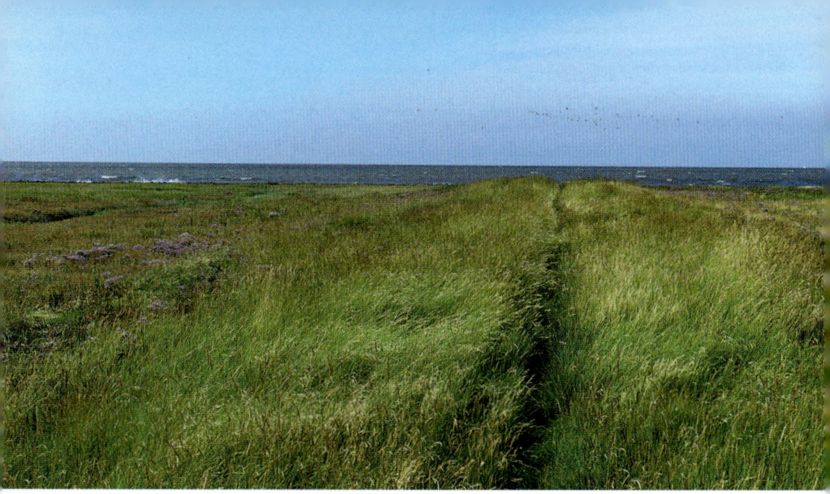

Langwarder Außengroden.

entstanden durch Aushub für den Deichbau oder auch natürlich durch Strömungen. Hier folgen wir dem markierten Weg rechts zu den Pütten, alternativ dem Deich zum nächsten Informationspunkt. Nach 300 m, vor einer weiteren Infotafel links und an den Pütten entlang. Am Ende kurz vor dem Bohlenweg bietet sich rechts ein Abstecher zu Aussichtspunkten an den Salzwiesen über die Brücke an. Dahinter führt der Rundweg über den **Bohlenweg** 3 und zurück auf demselben markierten Weg an den Pütten entlang. Hinter dem Seedeich ragt der Spitzhelm der Langwarder Kirche in den Himmel, jenseits der Salzwiesen zeigt sich im Wattenmeer der Leuchtturm Hohe Weg am Fahrwasserrand der Außenweser, links davon erstreckt sich zwischen Außenweser und Jade die riesige Sandbank der Hohe Weg, an der Nordspitze des Hohen Weges wächst die Düneninsel Alte Mellum. Zum Langwarder Groden gehören das unbedeichte Salzwiesen-Vorland und der durch den Sommerdeich geschützte Sommergroden. In den feuchten Wiesen nisten Rotschenkel, Wiesenpieper, Kiebitz, Uferschnepfe sowie Säbelschnäbler und Lachmöwen. Im Winter finden sich große Schwärme von Alpenstrandläufern, Brachvögeln und Ringelgänsen ein, für die Wintergäste ist der Langwarder Groden ein wichtiges Nahrungs- und Rastgebiet.
An der Gabelung bei der Infotafel geht es den Markierungen folgend am Watt entlang zurück nach **Fedderwardersiel** 1.

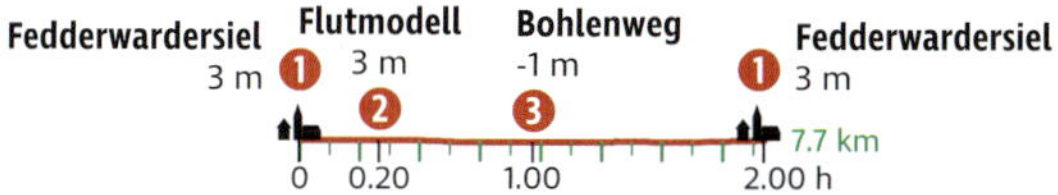

↗ 10 m | ↘ 10 m | 8,2 km

50 Fedderwardersiel – Burhaversiel

2.00 h

Seebrücke, Nordseelagune, Salzwiesen

Vom Krabbenkutterhafen Fedderwardersiel spannt sich die Freizeitküste Butjadingens zum Nordseebad Burhave mit dem Wattensteg, der einzigen Seebrücke an der deutschen Nordseeküste. Hinter Burhave beginnt die Salzwiesenküste: Der grüne Seedeich führt längs der Salzwiesen Richtung Weser, markantester Blickfang sind die Bremer Container- und Überseehäfen in Bremerhaven.

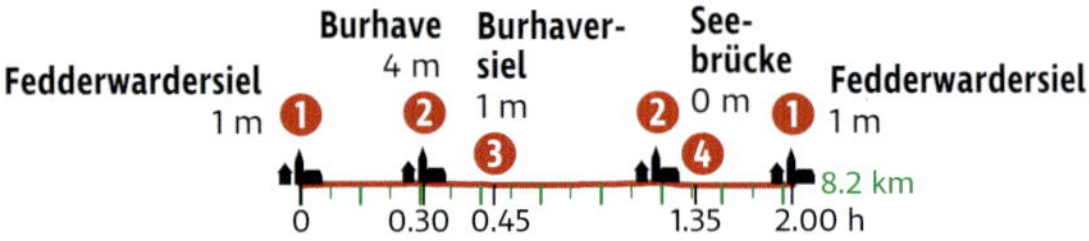

Ausgangspunkt: Am Hafen (1 m) in Fedderwardersiel; gebührenpflichtiger Großparkplatz östlich des Hafens am Ende der Sielstraße vor dem Campingplatz (Navi: Lagunenweg 1, 26969 Butjadingen), alternativ Parkplatz bei ❷ in Burhave (Navi: Strandallee 88, 26969 Butjadingen).
ÖPNV: Bushaltestellen Fedderwardersiel und Burhave-Strand bei ❷, beide mit Linie 400 Mo. – Sa. stündlich, So. zweistündlich Richtung Nordenhamm und Tossens, www.vbn.de.
Anforderungen: Uferpromenaden und befestigte Pfade auf der Deichkrone.
Einkehr: Fedderwardersiel, Burhave.
Tipps: In Burhave Seebad Nordseelagune mit flachen Stränden und im Wasserbecken tideunabhängigem Badevergnügen in biologisch gereinigtem Nordseewasser – ideal für Familien mit Kindern, im Hochsommer (täglich ab 1 Uhr, im Hochsommer abends bis 20 Uhr), Fedderwardersiel → Tour 49.

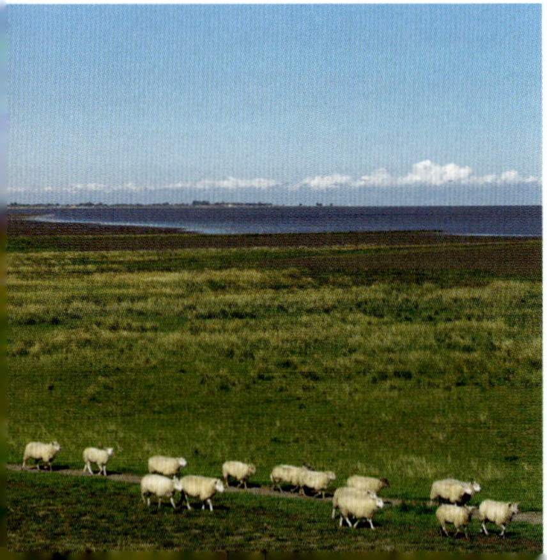

Vom Großparkplatz **Fedderwardersiel** ❶ vor dem Campingplatz führt uns der Zufahrtsweg auf den Deich, wo wir rechts am Jachthafen vorbei dem gepflasterten Fußweg auf der Deichkrone in südlicher Richtung folgen. Nach etwa 20 Minuten ist das Nordseebad **Burhave** ❷ erreicht, Hauptort der Gemeinde Butjadingen. Hinter Burhave bleiben wir noch 20 weitere Gehminuten auf dem Deich, ehe uns der Weg 250 m

Salzwiesen-Anlandungen südlich von Burhave.

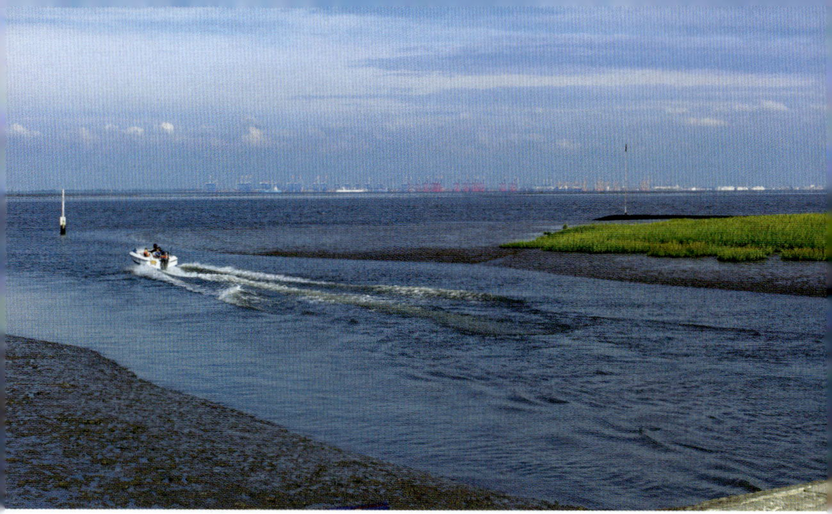

Blick von Fedderwardersiel über die Wesermündung auf die Häfen von Bremerhaven.

nach dem **Burhaver Siel** 3 links zur Küste führt, wo wir noch nach Belieben dem Uferweg nach rechts folgen können (und wieder zurück). Der Rückweg führt links entlang der Küste Richtung Burhave. Nach dem Campingplatz bei Burhave erreichen wir den **Wattensteg** 4, eine 200 m lange **Seebrücke**, die bei der Strand- und Badelandschaft Nordseelagune bis an den Fedderwarder Priel führt: Mehr als 80 Holzpfähle wurden von den Uferterrassen aus in den Wattenmeerboden gerammt, um das bei Springtiden besonders prickelnde Gefühl inmitten tanzender Wellen genießen zu können; der 2,50 m breite Wattensteg verläuft 2,40 m über NN, 70 cm über dem mittleren Tidehochwasser. Die Wasserlinie begleitet uns geradeaus zurück zum Jachthafen, links um diesen herum und weiter zum Großparkplatz von **Fedderwardersiel** 1.

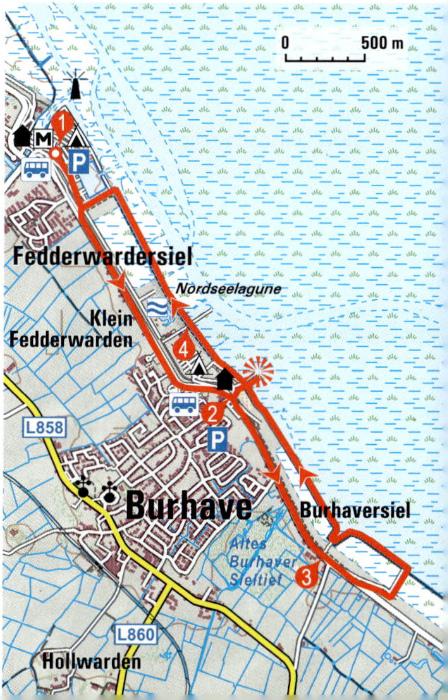

STICHWORTVERZEICHNIS

Umschlagbild: Museumsschiff »Großherzogin Elisabeth«, ein Dreimaster von 1909, an der Mündung der Hunte in die Weser bei Elsfleth.
Bild im Innentitel: Krabbenkutterhafen Wremer Tief mit Blick zum Wremer Kirchturm.

Fotos:
Idhuna Barelds (Seiten 8 u.li., 10, 15, 17, 18, 22, 23, 26, 27, 28, 29, 30, 31, 32–33, 35, 41, 47, 52, 54, 55, 57, 66, 70, 71, 74, 75, 77, 81, 82, 85, 87, 89, 92, 93, 95, 97, 98, 102, 103, 105, 106 u., 108, 109, 120, 125, 133, 137, 141, 142, 143, 146, 149 o., 150, 152, 155, 156, 157, 165, 168, 169, 170, 173, 174, 175, 182, 185, 186, 187, 189 o., 190, 193, 194, 195), alle übrigen Bernhard Pollmann.

Kartografie:
53 Wanderkärtchen im Maßstab 1:25.000, 1:50.000, 1:75.000
Geodaten © OpenStreetMap und Mitwirkende
Kartografisches Design: Freytag & Berndt, www.freytagberndt.cz.
Zwei Übersichtskarten im Maßstab 1:700.000 und 1:1.500.000
© Freytag & Berndt, Wien.

3., vollständig neu bearbeitete Auflage 2022

ISBN 978-3-7633-4405-5

MIX
Papier aus verantwortungsvollen Quellen
FSC® C021956

Wir freuen uns über jeden Korrekturhinweis zu diesem Wanderführer!
Bitte per E-Mail an: leserzuschrift@rother.de

ROTHER BERGVERLAG · Keltenring 17 · D-82041 Oberhaching
Tel. +49 89 608669-0 · www.rother.de